全面注册制
与北交所上市
合规之路

高慧 / 编著

企业管理出版社

图书在版编目（CIP）数据

全面注册制与北交所上市合规之路 / 高慧编著. —北京：企业管理出版社，2023.11

ISBN 978-7-5164-2961-7

Ⅰ.①全… Ⅱ.①高… Ⅲ.①中小企业—上市公司—企业管理—研究—中国 Ⅳ.①F279.246

中国国家版本馆CIP数据核字（2023）第186365号

书　　名：	全面注册制与北交所上市合规之路
书　　号：	ISBN 978-7-5164-2961-7
作　　者：	高　慧
策　　划：	蒋舒娟
责任编辑：	刘玉双
出版发行：	企业管理出版社
经　　销：	新华书店
地　　址：	北京市海淀区紫竹院南路17号　　邮　编：100048
网　　址：	http://www.emph.cn　　电子信箱：metcl@126.com
电　　话：	编辑部（010）68701661　发行部（010）68701816
印　　刷：	三河市荣展印务有限公司
版　　次：	2023年11月第1版
印　　次：	2023年11月第1次印刷
开　　本：	700mm×1000mm　1/16
印　　张：	18.75印张
字　　数：	367千字
定　　价：	78.00元

版权所有　翻印必究　·　印装有误　负责调换

PREFACE 序言

资本市场并不缺少有价值的公司，而是缺少发现的眼睛。

北京证券交易所（以下简称"北交所"）和全国中小企业股份转让系统（以下简称"全国股转系统"）就像金矿，挖矿的过程是一条长期主义之路。

我们所处的这个时代可以称作 VUCA 时代，世界以 Volatility（易变性）、Uncertainty（不确定性）、Complexity（复杂性）、Ambiguity（模糊性）呈现在我们面前。

资本是市场创新的润滑剂，从这个角度看，今天的市场是二维的，一维是非资本市场，一维是资本市场。

在非资本市场领域，我们可以看到诸如华为和老干妈这样卓越的未上市企业；在资本市场领域，我们能看到借助于资本市场崛起且取得竞争优势的新能源上市公司宁德时代和比亚迪。

新一代勇于创新的企业家借助于资本的力量，抓住机遇获取人才优势、竞争优势，通过企业资产证券化，让更多的创新型人才获得和企业共同成长的流动性溢价，使得企业生命的未来收益得以在当下变现。

当前，中小企业如雨后春笋般涌现，它们迫切需要和大企业同台竞技、公平竞争。

每一个中小企业都有一个资本梦。中国资本市场经历多次变革，在激荡中前行，无论怎样，我们都选择做时间的朋友，在长期主义之路上，与有大格局的企业家同行，必然会发现有价值的公司。

北交所诞生在中国企业创新创业的新时代，为中小企业，特别是坚定创新创业的专精特新企业进入资本市场打开了一扇大门。

2019 年 12 月 28 日，第十三届全国人民代表大会常务委员会第十五次会议审议通过了修订后的《中华人民共和国证券法》（以下简称"《证券法》"），自 2020 年 3 月 1 日起施行。

资产证券化、数字化，改变了人类活动的经济结构和生活结构，新的《证券法》不仅开启了中国资本市场的注册制时代，也开启了中国资本市场进一步市场化、国际化的征程。

高慧
二〇二三年十月

CONTENTS 目录

第一章　企业家契约精神和敬畏之心..................001

　　第一节　企业家契约精神..................001
　　第二节　企业家敬畏之心..................003

第二章　北交所上市之《证券法》规制下的合规要点..................005

第三章　北交所上市之《虚假陈述若干规定》合规要点..................021

第四章　注册制与多层次资本市场..................037

　　第一节　如何理解注册制..................037
　　第二节　中国多层次资本市场的体系和定位..................038
　　第三节　北交所上市之税收优势..................039
　　第四节　中国资本市场注册制的法律监管体系与法律责任..................040

第五章　基础层与创新层..................042

　　第一节　基础层挂牌条件与审核标准..................042
　　第二节　挂牌公司进入创新层的标准..................048
　　第三节　申请挂牌同时进入创新层的标准..................050
　　第四节　创新层挂牌公司调层制度..................051
　　第五节　创新层的进层和降层调整程序..................052

第六节　定向发行股票 053
第七节　重大资产重组 058
第八节　非公开发行优先股 067
第九节　非公开定向发行可转换公司债券 071

第六章　北交所上市之定位选择 076

第一节　北交所主要服务创新型中小企业的定位 076
第二节　专精特新发展战略与北交所服务创新型中小企业的定位 076
第三节　成为国家级专精特新"小巨人"企业的条件 078

第七章　北交所上市条件及上市标准 080

第一节　北交所上市合规体系 080
第二节　北交所上市条件 082
第三节　北交所上市市值及财务指标要求 083
第四节　北交所上市审核关注事项及关注要点 085

第八章　北交所转板上市 098

第一节　北交所上市公司转板上市条件 098
第二节　北交所上市公司转板上市审核程序 100

第九章　北交所上市之募集资金与股份变动管理合规要点 102

第一节　募集资金管理 102
第二节　股份变动管理 103

第十章　北交所上市之再融资合规要点 107

第一节　北交所上市再融资的规则 107
第二节　北交所小额快速定增规则要点 110

第十一章　北交所上市之发行可转换为股票的公司债券 111

    第一节　北交所发行可转债的基本条件 111

    第二节　北交所发行可转债的负面清单 111

第十二章　北交所上市之重大资产重组 113

    第一节　北交所重大资产重组基本规定 113

    第二节　北交所重大资产重组案例 120

第十三章　北交所上市之公司治理合规要点 122

    第一节　北交所上市"五独立、五分开"的公司治理准则 123

    第二节　北交所上市组织架构设计的路径 123

    第三节　家族企业治理之关联关系的合规性 129

    第四节　公司治理之商业贿赂的陷阱 132

    第五节　公司治理之欺诈发行、操纵证券市场的陷阱 134

第十四章　北交所上市之尽职调查与规范整改合规要点 145

    第一节　尽职调查的目的、小组组建及流程 146

    第二节　历史沿革的核查 147

    第三节　主要资产权属、债权债务、重大合同的核查要点 149

    第四节　重大诉讼、仲裁和行政处罚，生产经营合规性，业务经营资质核查 150

    第五节　企业员工与劳动人事情况核查 150

    第六节　企业财务和税务情况尽职核查 151

    第七节　企业上市互联网核查方法 152

    第八节　企业上市主要法律问题整改方案 155

第十五章　北交所上市之引进私募融资合规要点 157

    第一节　企业上市前引进私募融资的战略规划 157

第二节　企业私募融资的对赌问题 158

第三节　企业上市之私募融资出让股权比例和价格 165

第四节　附回售条款的股权投资问题 166

第十六章　北交所上市之公司改制合规要点 169

第一节　上市工作机制及整体工作计划 169

第二节　企业上市改制重组的基本路径 173

第三节　企业上市改制之同业竞争解决方案 175

第四节　企业上市改制之资产整合及同一控制下企业合并方案 179

第五节　公司股份改制工作操作细则 184

第六节　企业改制以未分配利润、盈余公积、资本公积转增股本是否应当缴纳个人所得税问题 189

第十七章　北交所上市之重大问题解决合规要点 191

第一节　劳务派遣、劳务分包、劳务外包业务模式合规问题 191

第二节　股东超过 200 人合规问题 210

第三节　公司以自有资产评估调账转增股本合规问题 231

第四节　国有股东认定合规问题 234

第五节　知识产权合规问题 236

第六节　返程投资外汇登记合规问题 267

第七节　红筹回归合规问题 272

第八节　税务合规问题 280

第九节　商业特许经营（加盟）的合规问题 286

第十节　客户、供应商入股问题 290

第一章
企业家契约精神和敬畏之心

第一节 企业家契约精神

企业家精神的一个重要部分就是企业家契约精神，因为市场经济的本质就是契约经济。真正的企业家将守护契约精神放在企业经营的第一位，没有契约精神的创业者成不了企业家，也不适合进入资本市场。

企业计划上市时，一般会先咨询中介机构（如券商、律师、会计师），评估上市的可行性。对于企业家而言，他需要知道上市失败可能带来的风险，如税务风险、引入战略投资的对赌风险、股权稀释风险、合规风险、沉没成本风险，等等，而这些风险的应对都与企业家契约精神有关。

企业家契约精神是企业家最为宝贵的品质，也是企业在资本市场的立足之本。没有这种精神，企业最终会被投资者以用脚投票的方式抛弃。

一、管住权力

企业上市前，企业家的权力在企业内部较少受到制约；但是上市后，企业成为公众公司，企业家就要受到上市公司治理规则的约束。

民营企业家在上市前基于快速占领市场、把握先机的初衷，往往容易专断行事，造成一言堂的局面。当企业上市后，如果这种一言堂的局面不改变，企业家个人的野心会膨胀，其会忘记经营实业创造价值的初心，而热衷于风险极高的资本运作。

因此，企业上市前，企业家需要考虑自身是否愿意、是否准备好管住自己的权力，带领企业在契约下、在规则下实现发展的目标。

二、合规

诚信经营并不代表经营是合规的。很多民营企业从规模上看已经走上快速发展之路，但是，企业家总觉得诚信经营就代表经营合规，以致企业既没有法务部，也没有外聘的法律顾问。这说明企业家并没有真正理解合规的意义。合规是一把矫正尺，任何时候，企业都需要合规部门把握方向，尤其是在飞速发展或弯道超车的过程中。

合规部门同意吗？我们的律师看过了吗？这是企业家在做决策的时候应该问的最后两个问题。无论是大企业还是小企业，都要做好风控工作，哪怕只设置一个法务岗位，或者外聘一个律师。企业家对合规部门的重视程度、对外聘律师的重视程度，反映出企业家是否具有契约精神。

因此，看一个企业家的风控意识如何，就看他身边是不是有一名律师。

在商业领域或者资本市场，一些专业律师发挥着十分重要的作用，如并购律师、证券律师是企业进行并购、证券发行和交易的智库专家。专业律师熟悉商业规则，熟悉相关的行业，他们的使命就是促成商业交易，保障交易安全。企业家要想基业长青，一定要重视律师的作用。

三、摆正心态

资本市场无论是配额制、邀请制、审核制，还是最终的注册制，对于合规的企业来说，永远都是注册制。问题的关键是企业家能否做到不为周遭环境所左右，不为上市公司资本运作所诱惑。

企业家还要有"经得住多少诋毁，就能担得起多少赞美"的心态。上市之路，一路波折，关键是做好企业本身，要顺势而为。努力，尽力，企业上市是一次凤凰涅槃，对企业家和管理层来说，上市相当于再次创业，只有抱有一颗平常心，才能笑到最后。

四、自律

你有多自律，就有多自由。毕达哥拉斯说："不能约束自己的人不能称他为自由的人。"康德说："自由不是我要做什么就做什么，相反，自由是我不想做什么就能够不做什么。"

资本市场自律有别于企业家个人自律。企业进入资本市场看似给自己套上了规则之治的枷锁，实际上是获得了一个更加广阔的证券市场平台。证券市场是一个产业与金融的创新平台，自律的企业家一定会遵守证券市场的治理规则，同时，自己不想做什么就能够不做什么。企业家应当以基业长青和做大做强为目标，不要试图借助于规则的灰色谋求私利。企业需要长青，只有自律的企业家才能带领企业在资本市场上基业长青。

第二节　企业家敬畏之心

一、敬畏市场

资本市场是实体经济的晴雨表。上市公司通过资本市场的流动性溢价和未来收益变现获得金融杠杆优势和信用优势，通过资本优势获得人才竞争优势，这些优势在非资本市场领域是很难获得的。当企业家在非资本市场领域获得了某方面的成就，他会习惯性地认为利用相关经验可以在资本市场上获得更大的成功。

企业家这种习惯性思维往往将企业带入一条不归之路。因此，企业家从非资本市场进入资本市场后要坚守的第一条底线就是尊重资本市场的基本规律。

企业家进入资本市场，要敬畏资本市场，尊重资本市场基本规律和游戏规则，尊重资本市场用脚投票的基本思维方式，尊重资本市场服务实体经济的基本功能，尊重资本市场中小投资者的基本权利，尊重资本市场公众公司的治理规则。

二、敬畏法治

经得起多大的诱惑，才能撑得起多大的企业。资本市场诱惑太多、太大，但是，资本市场不是法外之地，相对于非资本市场，资本市场对法人治理的要求要高很多。

欺诈上市、财务舞弊、操纵证券市场、内幕交易是资本市场的四大顽疾，是全球资本市场治理的重中之重。欣泰电气、康得新、康美药业、金亚科技、长生生物等上市公司就因为未能敬畏法治付出了代价，如强制退市、惩罚性处罚、惩罚性赔偿，甚至实际控制人和主要董事、监事、高级管理人员承担刑事责任。

因此，进入资本市场的企业家的第二条底线就是敬畏法治，要认真学习《证券法》和《中华人民共和国刑法》（以下简称"《刑法》"），远离欺诈上市、财务舞弊、大股东违规占用资金、操纵业绩、操纵并购、内幕交易等违法行为。

三、敬畏专业

专业的人做专业的事，对于在非资本市场取得成功的企业家来说，进入资本市场，第三条底线就是敬畏专业。

在企业上市的过程中，要充分尊重券商、律师、会计师的专业意见，保持初心和学习的态度，规范法人治理结构，完善公司财务制度和内控制度，提升公司生产经营的合规性，坚定地打好进入资本市场的基础。

当企业家进入资本市场后，敬畏专业还有更深刻的意义，就是坚持做好主业，做自己最擅长的事，不要轻易进入陌生领域，不要动不动就开展资本运作，进行并购整合。纵观 A 股资本市场并购的历史，很多企业没有坚持做好主业，跨界做自己不擅长的事，或者盲目并购，结果是得不偿失，以致影响了主业的发展。

所以，敬畏专业，一方面是敬畏资本市场的专业机构和团队，专业的事让专业的人去做；另一方面是敬畏自己的专业，不要做自己不擅长做的事。

四、敬畏风险

企业上市的本质是获得流动性溢价和未来收益的变现。对企业家来说，不能只盯着资本市场流动性溢价和未来收益变现的价值，还应当警惕证券市场杠杆的风险性。企业一旦插上金融杠杆的翅膀，就会有飞得更高的冲动，而并购整合、股票质押、债券，甚至场外配资都会像影子一样跟随着企业，灰犀牛、黑天鹅、明斯基时刻等资本市场的风险的存在更要求企业和企业家居安思危。

因此，敬畏风险是守住财富的金钥匙。

第二章
北交所上市之《证券法》规制下的合规要点

2019年12月28日，第十三届全国人民代表大会常务委员会第十五次会议审议通过了修订后的《证券法》，自2020年3月1日起施行。

资产证券化、数字化，改变了人类活动的经济结构和生活结构，新的《证券法》不仅开启了中国资本市场的注册制时代，也开启了资本市场的市场化、国际化、全球化之路。

《证券法》明确规定公开发行的证券，应当在依法设立的证券交易所上市交易或者在国务院批准的其他全国性证券交易场所交易。证券在证券交易所上市交易，应当采用公开的集中交易方式或者国务院证券监督管理机构批准的其他方式。

一、关于规范体系

（一）存托凭证和资产支持证券、资产管理产品等准证券被纳入新《证券法》监管体系

①允许搭建红筹架构的境内实体企业，通过境外搭建的红筹架构主体在不拆除红筹架构的基础上在境内证券市场发行存托凭证，即CDR。

②明确资产支持证券、资产管理产品作为准证券的法律地位。此前，资产支持证券和资产管理产品主要由《证券公司及基金管理公司子公司资产证券化业务管理规定》和《中国人民银行 中国银行保险监督管理委员会 中国证券监督管理委员会 国家外汇管理局关于规范金融机构资产管理业务的指导意见》予以规范，新《证券法》从根本上解决了多头监管的问题。

（二）适应资本市场全球化趋势，引入"长臂管辖"

针对境外证券发行交易损害境内市场秩序和损害境内投资人合法权益的情况，监管机构和司法机构需要具有"长臂管辖"权力。

上海证券交易所（以下简称"上交所"）和深圳证券交易所（以下简称"深交所"）陆续开通了"沪港通""深港通"和"沪伦通"，推进中国资本市场的全球化，对于境外证券发行交易涉及操控价格、虚假披露或具有误导性的资料等扰乱境内市场秩序的市场失当行为，境内投资人可以依据《证券法》的规定，提起代表人诉讼，中国证券监督管理委员会（以下简称"证监会"）可以根据《证券法》赋予的"长臂管辖"权力开展调查。

二、《证券法》明确实行股票发行注册制，支持员工持股计划

新的《证券法》明确证券发行实行注册制，证券发行注册制的具体范围、实施步骤，由国务院规定。上交所、深交所、北交所根据《证券法》有序推进注册制具体制度的落地。

①非公开引进投资人属于私募股权投资的范畴，向特定对象融资的人数限制为不超过200人。

②《证券法》明确规定，实施员工持股计划的员工人数不计算在公开发行证券的范围内。公司首次公开发行股票，可以通过有限合伙或者资管计划等合法方式实施股权激励计划，每一个合伙企业或者资管计划视为1人，不需要穿透计算股东人数是否超过200人。

三、股票发行市场化注册条件

（一）具备健全且运行良好的组织机构

公开、透明、制度化的公司治理必须建构在股东会、董事会、监事会（监事或者董事会设审计委员会）和独立董事等制度建设和权力制衡上，董事、监事、高级管理人员、核心技术人员和核心业务人员结构的稳定是保障组织机构健全且运行良好的基础。因此，是否具备该条件成为判断企业是否具备现代企业制度的重要参考依据。

（二）具有持续经营能力

证券发行的注册制制度设计，是设立一套估值体系，根据主板、创业板和专精特新创新板的定位和特点，制定符合资本市场现状的上市市值指标审核体系。

市值是判断企业是否具备上市条件的依据之一。但是，任何估值都是建立在判断企业是否具备持续经营能力的基础上。当企业存在以下情形，应关注其持续经营能力是否受到影响。

①企业所处行业受国家政策限制或国际贸易条件影响存在重大不利变化

风险；

②企业所处行业出现周期性衰退、产能过剩、市场容量骤减、增长停滞等情况；

③企业所处行业准入门槛低、竞争激烈，相比于竞争者，企业在技术、资金、规模效应等方面不具有明显优势；

④企业所处行业上下游供求关系发生重大变化，导致原材料采购价格或产品售价出现重大不利变化；

⑤企业因业务转型的负面影响，营业收入、毛利率、成本费用及盈利水平出现重大不利变化，且最近一期经营业绩尚未出现明显好转趋势；

⑥企业重要客户本身发生重大不利变化，进而对企业业务的稳定性和持续性产生重大不利影响；

⑦企业由于工艺过时、产品落后、技术更迭、研发失败等原因，市场占有率持续下降，重要资产或主要生产线出现重大减值风险，主要业务停滞或萎缩；

⑧企业多项业务数据和财务指标呈现恶化趋势，且短期内没有好转迹象；

⑨对企业业务经营或收入实现有重大影响的商标、专利、专有技术以及特许经营权等重要资产或技术存在重大纠纷或诉讼，已经或者未来将对发行人财务状况或经营成果产生重大影响；

⑩其他明显影响或导致丧失持续经营能力的情形。

（三）最近三年财务会计报告被出具无保留意见审计报告

发行人经营情况、财务状况等，由专业证券服务机构、会计师事务所进行判断，并以是否出具保留意见的审计报告判断企业财务会计的规范程度。会计师事务所对出具的标准无保留意见的审计报告的真实性、准确性、完整性负责，这加大了证券服务机构的职业责任和职业风险。

（四）发行人及其控股股东、实际控制人最近三年不存在贪污、贿赂、侵占财产、挪用财产或者破坏社会主义市场经济秩序的刑事犯罪

①最近三年一般指最近36个月；

②关于发行人及其控股股东、实际控制人涉及刑事犯罪，除了贪污、贿赂罪外，侵占财产和挪用财产罪也属于刑法分则规定的破坏社会主义市场经济秩序犯罪。

（五）经国务院批准的国务院证券监督管理机构规定的其他条件

根据《证券法》的规定，证券交易所上市规则规定的上市条件，应当对发行人的经营年限、财务状况、最低公开发行比例和公司治理、诚信记录等提出要求。

四、《证券法》设立专章强化信息披露

《证券法》建立以信息披露为核心的注册制法律体系,其本质是将选择权交给市场,政府作为扶持之手,重在事后监管。

实施以信息披露为核心的注册制,关键是把握信息披露。

(一)如何判断信息披露充分、真实、准确、完整

①发行人报送的证券发行申请文件,应当充分披露投资者作出价值判断和投资决策所必需的信息,内容应当真实、准确、完整;

②为证券发行出具有关文件的证券服务机构和人员,必须严格履行法定职责,保证所出具文件的真实性、准确性和完整性。

信息披露的内容真实、准确主要基于不得欺诈发行证券的规定;但是,信息披露的完整性,则需要发行人和证券服务机构即会计师事务所、律师事务所作出预判,判断证券服务机构是否勤勉尽职,是否需要承担对投资人损失的连带赔偿责任,需要评估其是否充分披露投资者作出价值判断和投资决策所必需的信息。

(二)充分披露投资者作出价值判断和投资决策所必需的信息的几个特征

1. 充分性

发行上市申请文件披露的内容是否包含对投资者作出投资决策有重大影响的信息,披露程度是否满足投资者作出投资决策所需。包括但不限于是否充分、全面披露发行人业务、技术、财务、公司治理、投资者保护等方面的信息以及本次发行的情况和对发行人的影响,是否充分揭示可能对发行人经营状况、财务状况产生重大不利影响的所有因素等事项。

2. 一致性

发行上市申请文件的内容及信息披露内容是否一致,内容是否合理和具有内在逻辑性。包括但不限于财务数据是否勾稽合理,是否符合发行人实际情况,非财务信息与财务信息是否相互印证,保荐人、证券服务机构核查依据是否充分,能否对财务数据的变动或者与同行业公司存在的差异作出合理解释。

3. 可理解性

发行上市申请文件披露内容是否简明易懂,是否便于一般投资者阅读和理解。包括但不限于是否使用浅白语言,是否简明扼要、重点突出、逻辑清晰,是否结合企业自身特点进行有针对性的信息披露。

五、《证券法》增强企业发行上市时间的可预见性

股票发行实行注册制,在执行落地层面,审核问询时间要有可预见性或者可控性。首次公开发行股票,审核问询时间以 3 个月为限,但发行人回复问询的时间不计算在内。一般来说,治理规范的公司发行股票上市时间加上回复问询的时间可以控制在 6 个月左右。

六、欺诈发行责令回购机制

《证券法》规定,发行人在招股说明书等证券发行文件中隐瞒重要事实或者编造重大虚假内容,已经发行并上市的,国务院证券监督管理机构可以责令发行人回购证券,或者责令负有责任的控股股东、实际控制人买回证券。

七、关于股票发行时间和发行失败

实行注册制存在发行人不被投资人看好或者估值过高导致发行失败的可能,因此,《证券法》对此作出了规定。

①证券的代销、包销期限最长不得超过 90 日。

②股票发行采用代销方式,代销期限届满,向投资者出售的股票数量未达到拟公开发行股票数量 70% 的,为发行失败。发行人应当按照发行价并加算银行同期存款利息返还股票认购人。

八、规范的股票限售制度

依法发行的证券,《中华人民共和国公司法》(以下简称"《公司法》")和其他法律对其转让期限有限制性规定的,在限定的时间内不得转让。具体规定如下。

①发起人持有的本公司股份,自公司成立之日起一年内不得转让。公司公开发行股份前已发行的股份,自公司股票在证券交易所上市交易之日起一年内不得转让。

②公司董事、监事、高级管理人员应当向公司申报所持有的本公司的股份及其变动情况。在任职期间每年转让的股份不得超过其所持有本公司股份总数的 25%;所持本公司股份自公司股票上市交易之日起一年内不得转让;离职后半年内,不得转让其所持有的本公司股份。公司章程可以对公司董事、监事、高级管理人员转让其所持有的本公司股份作出其他限制性规定。

上市公司持有 5% 以上股份的股东、实际控制人、董事、监事、高级管理人

员，以及其他持有发行人首次公开发行前发行的股份或者上市公司向特定对象发行的股份的股东，转让其持有的本公司股份的，不得违反法律、行政法规和国务院证券监督管理机构关于持有期限、卖出时间、卖出数量、卖出方式、信息披露等的规定，并应当遵守证券交易所的业务规则。

在限制转让期内转让证券，或者转让股票不符合法律、行政法规和国务院证券监督管理机构规定的，责令改正，给予警告，没收违法所得，并处以买卖证券等值以下的罚款。

九、证券服务机构和人员限制交易制度

《证券法》将限制交易的对象扩大到会计师事务所和律师事务所及其人员。

①为证券发行出具审计报告或者法律意见书等文件的证券服务机构和人员，在该证券承销期内和期满后6个月内，不得买卖该证券。

②为发行人及其控股股东、实际控制人，或者收购人、重大资产交易方出具审计报告或者法律意见书等文件的证券服务机构和人员，自接受委托之日起至上述文件公开后5日内，不得买卖该证券。实际开展上述有关工作之日早于接受委托之日的，自实际开展上述有关工作之日起至上述文件公开后5日内，不得买卖该证券。

十、关于北交所公开发行股票和采用集合竞价交易方式

《证券法》明确规定，公开发行的证券应当在依法设立的证券交易所上市交易，或者在国务院批准的其他全国性证券交易场所交易。证券在证券交易所上市交易，应当采用公开的集中交易方式或者国务院证券监督管理机构批准的其他方式。

十一、关于短线交易归入权

上市公司、股票在国务院批准的其他全国性证券交易场所交易的公司持有5%以上股份的股东、董事、监事、高级管理人员，将其持有的该公司的股票或者其他具有股权性质的证券在买入后6个月内卖出，或者在卖出后6个月内又买入，由此所得收益归该公司所有，公司董事会应当收回其所得收益。

董事、监事、高级管理人员、自然人股东持有的股票或者其他具有股权性质的证券，包括其配偶、父母、子女持有的及利用他人账户持有的股票或者其他具有股权性质的证券。

十二、《证券法》建立募集资金使用制度，改变募集资金用途须经股东大会作出决议

公司对公开发行股票所募集的资金，必须按照招股说明书或者其他公开发行募集文件所列资金用途使用；改变资金用途，必须经股东大会作出决议。擅自改变用途，未作纠正的，或者未经股东大会认可的，不得公开发行新股。

企业确立了募集资金使用的基本原则，但是可以基于市场环境的变化，在经股东大会作出决议后变更募集资金的用途。

擅自改变公开发行证券所募集资金的用途的，责令改正，处以50万元以上500万元以下的罚款；对直接负责的主管人员和其他直接责任人员给予警告，并处以10万元以上100万元以下的罚款。

发行人的控股股东、实际控制人从事或者组织、指使从事违法改变募集资金用途的，给予警告，并处以50万元以上500万元以下的罚款；对直接负责的主管人员和其他直接责任人员，处以10万元以上100万元以下的罚款。

十三、证券交易结果恒定制度及例外规则

《证券法》第一百一十一条和第一百一十七条是对证券交易结果恒定原则的规定，即按照依法制定的交易规则进行的交易，不得改变其交易结果。

证券交易结果恒定的例外是指人工智能所带来的可能在程序化交易中出现的重大事件。不可抗力、意外事件、重大技术故障、重大人为差错等突发性事件影响证券交易正常进行时，为维护证券交易的正常秩序和市场公平，证券交易所可以按照业务规则采取技术性停牌、临时停市等处置措施，并应当及时向国务院证券监督管理机构报告。突发性事件导致证券交易结果出现重大异常，按交易结果进行交收将对证券交易正常秩序和市场公平造成重大影响的，证券交易所按照业务规则可以采取取消交易、通知证券登记结算机构暂缓交收等措施，并应当及时向国务院证券监督管理机构报告并公告。

通过计算机程序自动生成或者下达交易指令进行程序化交易的，应当符合国务院证券监督管理机构的规定，并向证券交易所报告，不得影响证券交易所系统安全或者正常交易秩序。

采取程序化交易影响证券交易所系统安全或者正常交易秩序的，责令改正，并处以50万元以上500万元以下的罚款；对直接负责的主管人员和其他直接责任人员给予警告，并处以10万元以上100万元以下的罚款。

十四、关于内幕交易行为

内幕交易屡禁不止，主要是因为规范内幕交易行为的制度不完善，内幕交易概念和内幕信息知情人范围界定不清，惩罚力度不够。《证券法》基于人工智能时代大数据分析的优势，进一步明确了内幕交易概念的内涵和外延，并且扩展了内幕信息知情人的范围。

内幕信息是指在证券交易活动中，涉及发行人的经营、财务或者对该发行人证券的市场价格有重大影响的尚未公开的信息。

内幕信息知情人包括：

①发行人及其董事、监事、高级管理人员；

②持有公司5%以上股份的股东及其董事、监事、高级管理人员，公司的实际控制人及其董事、监事、高级管理人员；

③发行人控股或者实际控制的公司及其董事、监事、高级管理人员；

④由于所任公司职务或者因与公司业务往来可以获取公司有关内幕信息的人员；

⑤上市公司收购人或者重大资产交易方及其控股股东、实际控制人、董事、监事和高级管理人员；

⑥因职务、工作可以获取内幕信息的证券交易场所、证券公司、证券登记结算机构、证券服务机构的有关人员；

⑦因职责、工作可以获取内幕信息的证券监督管理机构工作人员；

⑧因法定职责对证券的发行、交易或者对上市公司及其收购、重大资产交易进行管理可以获取内幕信息的有关主管部门、监管机构的工作人员；

⑨国务院证券监督管理机构规定的可以获取内幕信息的其他人员。

证券交易内幕信息的知情人和非法获取内幕信息的人，在内幕信息公开前，不得买卖该公司的证券，或者泄露该信息，或者建议他人买卖该证券。

证券交易内幕信息的知情人或者非法获取内幕信息的人违反《证券法》规定从事内幕交易的，责令依法处理非法持有的证券，没收违法所得，并处以违法所得1倍以上10倍以下的罚款；没有违法所得或者违法所得不足50万元的，处以50万元以上500万元以下的罚款。单位从事内幕交易的，还应当对直接负责的主管人员和其他直接责任人员给予警告，并处以20万元以上200万元以下的罚款。

在调查操纵证券市场、内幕交易等重大证券违法行为时，经国务院证券监督管理机构主要负责人或者其授权的其他负责人批准，可以限制被调查的当事人的证券买卖，但限制的期限不得超过 3 个月；案情复杂的，可以延长 3 个月。

通知出境入境管理机关依法阻止涉嫌违法人员、涉嫌违法单位的主管人员和其他直接责任人员出境。

为防范证券市场风险，维护市场秩序，国务院证券监督管理机构可以采取责令改正、监管谈话、出具警示函等措施。

十五、《证券法》建立负面清单制度，严惩操纵证券市场行为

一部分上市公司大股东、实际控制人为了获取巨大利益，通过各种方式操纵证券市场，达到获取暴利的目的，损害中小投资者利益。《证券法》建立负面清单制度，对操纵证券市场行为进行严惩。

操纵证券市场的不当行为主要包括：

①单独或者通过合谋，集中资金优势、持股优势或者利用信息优势联合或者连续买卖；

②与他人串通，以事先约定的时间、价格和方式相互进行证券交易；

③在自己实际控制的账户之间进行证券交易；

④不以成交为目的，频繁或者大量申报并撤销申报；

⑤利用虚假或者不确定的重大信息，诱导投资者进行证券交易；

⑥对证券、发行人公开作出评价、预测或者投资建议，并进行反向证券交易；

⑦利用在其他相关市场的活动操纵证券市场；

⑧操纵证券市场的其他手段。

新的《证券法》全面规范新型操纵证券市场的行为，净化市场环境。操纵证券市场的，责令依法处理其非法持有的证券，没收违法所得，并处以违法所得 1 倍以上 10 倍以下的罚款。没有违法所得或者违法所得不足 100 万元的，处以 100 万元以上 1,000 万元以下的罚款。单位操纵证券市场的，还应当对直接负责的主管人员和其他直接责任人员给予警告，并处以 50 万元以上 500 万元以下的罚款。

十六、关于编造、传播虚假信息或误导性信息，扰乱证券市场的行为

禁止任何单位和个人编造、传播虚假信息或者误导性信息，扰乱证券市场。

禁止证券交易场所、证券公司、证券登记结算机构、证券服务机构及其从业人员，证券业协会、证券监督管理机构及其工作人员，在证券交易活动中作出虚

假陈述或者信息误导。

各种传播媒介传播证券市场信息必须真实、客观，禁止误导。传播媒介及其从事证券市场信息报道的工作人员不得从事与其工作职责发生利益冲突的证券买卖。

编造、传播虚假信息或者误导性信息，扰乱证券市场，给投资者造成损失的，应当依法承担赔偿责任。

编造、传播虚假信息或者误导性信息，扰乱证券市场的，没收违法所得，并处以违法所得1倍以上10倍以下的罚款；没有违法所得或者违法所得不足20万元的，处以20万元以上200万元以下的罚款。

在证券交易活动中作出虚假陈述或者信息误导的，责令改正，处以20万元以上200万元以下的罚款；属于国家工作人员的，还应当依法给予处分。

传播媒介及其从事证券市场信息报道的工作人员从事与其工作职责发生利益冲突的证券买卖的，没收违法所得，并处以买卖证券等值以下的罚款。

十七、关于出借账户行为

任何单位和个人不得违反规定，出借自己的证券账户或者借用他人的证券账户从事证券交易。

投资者应当使用实名开立的账户进行交易。

出借自己的证券账户或者借用他人的证券账户从事证券交易的，责令改正，给予警告，可以处50万元以下的罚款。

十八、投资者不得违规利用财政资金、银行信贷资金买卖证券

禁止使用财政资金和银行信贷资金买卖证券，对于违反该规定购买的证券是否有效及如何处理，《证券法》并没有作出规定。这主要是限制国资背景的投资公司使用财政资金举牌上市公司以及民营企业通过嵌套或者资管计划利用信贷资金举牌上市。

十九、关于上市公司收购行为

《证券法》对举牌上市公司的收购行为作出了明确的规定，解决了恶意举牌上市公司的难题。

①通过证券交易所的证券交易，投资者持有或者通过协议、其他安排与他人共同持有一个上市公司已发行的有表决权股份达到5%时，应当在该事实发生之日起3日内，向国务院证券监督管理机构、证券交易所作出书面报告，通知该上

市公司，并予公告，在上述期限内不得再行买卖该上市公司的股票，但国务院证券监督管理机构规定的情形除外。

②投资者持有或者通过协议、其他安排与他人共同持有一个上市公司已发行的有表决权股份达到 5% 后，其所持该上市公司已发行的有表决权股份比例每增加或者减少 5%，应当依照规定进行报告和公告，在该事实发生之日起至公告后 3 日内，不得再行买卖该上市公司的股票，但国务院证券监督管理机构规定的情形除外。

③投资者持有或者通过协议、其他安排与他人共同持有一个上市公司已发行的有表决权股份达到 5% 后，其所持该上市公司已发行的有表决权股份比例每增加或者减少 1%，应当在该事实发生的次日通知该上市公司，并予公告。

④违反①②两项规定买入上市公司有表决权的股份的，在买入后的 36 个月内，对该超过规定比例部分的股份不得行使表决权。

二十、限制倒壳卖壳行为

在上市公司收购中，收购人持有的被收购的上市公司的股票，在收购行为完成后的 18 个月内不得转让。

二十一、上市公司发生重大事件立即报告和公告义务制度

獐子岛扇贝事件、长生生物疫苗事件、新城控股实际控制人违法犯罪事件对上市公司产生重大影响，《证券法》针对该类事件就如何履行信息披露义务作出了明确的规定。该类重大事件发生后，上市公司须立即报告和公告。公司的控股股东或者实际控制人对重大事件的发生、进展产生较大影响的，应当及时将其知悉的有关情况书面告知公司，并配合公司履行信息披露义务。

发生可能对上市公司、股票在国务院批准的其他全国性证券交易场所交易的公司的股票交易价格产生较大影响的重大事件，投资者尚未得知时，公司应当立即将有关该重大事件的情况向国务院证券监督管理机构和证券交易场所报送临时报告，并予公告，说明事件的起因、目前的状态和可能产生的法律后果。

重大事件包括：

①公司的经营方针和经营范围的重大变化；

②公司的重大投资行为，公司在一年内购买、出售重大资产超过公司资产总额 30%，或者公司营业用主要资产的抵押、质押、出售或者报废一次超过该资产的 30%；

③公司订立重要合同、提供重大担保或者从事关联交易，可能对公司的资

产、负债、权益和经营成果产生重要影响；

④公司发生重大债务和未能清偿到期重大债务的违约情况；

⑤公司发生重大亏损或者重大损失；

⑥公司生产经营的外部条件发生的重大变化；

⑦公司的董事、三分之一以上监事或者经理发生变动，董事长或者经理无法履行职责；

⑧持有公司 5% 以上股份的股东或者实际控制人持有股份或者控制公司的情况发生较大变化，公司的实际控制人及其控制的其他企业从事与公司相同或者相似业务的情况发生较大变化；

⑨公司分配股利、增资的计划，公司股权结构的重要变化，公司减资、合并、分立、解散及申请破产的决定，或者依法进入破产程序、被责令关闭；

⑩涉及公司的重大诉讼、仲裁，股东会、董事会决议被依法撤销或者宣告无效；

⑪ 公司涉嫌犯罪被依法立案调查，公司的控股股东、实际控制人、董事、监事、高级管理人员涉嫌犯罪被依法采取强制措施；

⑫ 国务院证券监督管理机构规定的其他事项。

二十二、不履行承诺给投资者造成损失的，应当依法承担赔偿责任

发行人及其控股股东、实际控制人、董事、监事、高级管理人员等作出公开承诺的，应当披露。不履行承诺给投资者造成损失的，应当依法承担赔偿责任。

上市公司控股股东、实际控制人、董事、监事、高级管理人员作出公开承诺，因客观原因或者其他原因未履行，即使上市公司召开股东大会通过了豁免上述人员因未履行承诺而负有赔偿义务的议案，但未在股东大会中投赞成票的股东（投资人），只要其因上述人员未履行承诺遭受损失，均可以通过诉讼方式主张赔偿。

二十三、对投资人承担过错连带赔偿责任制度

《证券法》加大了中介机构的责任，增加了保荐机构、承销机构直接责任人员的过错连带赔偿责任，增加了律师事务所和会计师事务所、评估师事务所、财务顾问等证券服务机构的过错连带赔偿责任；增加了发行人控股股东、实际控制人的过错连带赔偿责任；增加了发行人董事、监事、高级管理人员和直接责任人员的过错连带赔偿责任。

新的《证券法》直接震慑中介机构及直接责任人员，强调直接责任人员的责任，净化证券服务市场。一方面，《证券法》可以促进监事履行职责；另一方

面,《证券法》对独立董事具有震慑作用。独立董事由上市公司发放薪酬,且一般由上市公司控股股东、实际控制人提名,其独立性受到限制;独立董事承担连带赔偿责任,且目前薪酬津贴水平相对不高,权责利完全不匹配。目前绝大多数上市公司并没有给独立董事购买责任保险,这将直接影响其继续担任职务的意愿。

①信息披露义务人未按照规定披露信息,或者公告的证券发行文件、定期报告、临时报告及其他信息披露资料存在虚假记载、误导性陈述或者重大遗漏,致使投资者在证券交易中遭受损失的,信息披露义务人应当承担赔偿责任;发行人的控股股东、实际控制人、董事、监事、高级管理人员和其他直接责任人员以及保荐人、承销的证券公司及其直接责任人员,应当与发行人承担连带赔偿责任,但是能够证明自己没有过错的除外。

②证券服务机构为证券的发行、上市、交易等证券业务活动制作、出具审计报告及其他鉴证报告、资产评估报告、财务顾问报告、资信评级报告或者法律意见书等文件,应当勤勉尽责,对所依据的文件资料内容的真实性、准确性、完整性进行核查和验证。其制作、出具的文件有虚假记载、误导性陈述或者重大遗漏,给他人造成损失的,应当与委托人承担连带赔偿责任,但是能够证明自己没有过错的除外。

③发行人因欺诈发行、虚假陈述或者其他重大违法行为给投资者造成损失的,发行人的控股股东、实际控制人和相关的证券公司可以委托投资者保护机构,就赔偿事宜与受到损失的投资者达成协议,予以先行赔付。先行赔付后,可以依法向发行人以及其他连带责任人追偿。

④证券服务机构违反《证券法》的规定,未勤勉尽责,所制作、出具的文件有虚假记载、误导性陈述或者重大遗漏的,责令改正,没收业务收入,并处以业务收入1倍以上10倍以下的罚款;没有业务收入或者业务收入不足50万元的,处以50万元以上500万元以下的罚款;情节严重的,并处暂停或者禁止从事证券服务业务。对直接负责的主管人员和其他直接责任人员给予警告,并处以20万元以上200万元以下的罚款。

⑤保荐人出具有虚假记载、误导性陈述或者重大遗漏的保荐书,或者不履行其他法定职责的,责令改正,给予警告,没收业务收入,并处以业务收入1倍以上10倍以下的罚款;没有业务收入或者业务收入不足100万元的,处以100万元以上1,000万元以下的罚款;情节严重的,并处暂停或者撤销保荐业务许可。对直接负责的主管人员和其他直接责任人员给予警告,并处以50万元以上500万元以下的罚款。

⑥信息披露义务人未按照规定报送有关报告或者履行信息披露义务的,责令改正,给予警告,并处以50万元以上500万元以下的罚款;对直接负责的主管

人员和其他直接责任人员给予警告，并处以20万元以上200万元以下的罚款。发行人的控股股东、实际控制人组织、指使从事上述违法行为，或者隐瞒相关事项导致发生上述情形的，处以50万元以上500万元以下的罚款；对直接负责的主管人员和其他直接责任人员，处以20万元以上200万元以下的罚款。

⑦信息披露义务人报送的报告或者披露的信息有虚假记载、误导性陈述或者重大遗漏的，责令改正，给予警告，并处以100万元以上1,000万元以下的罚款；对直接负责的主管人员和其他直接责任人员给予警告，并处以50万元以上500万元以下的罚款。发行人的控股股东、实际控制人组织、指使从事上述违法行为，或者隐瞒相关事项导致发生上述情形的，处以100万元以上1,000万元以下的罚款；对直接负责的主管人员和其他直接责任人员，处以50万元以上500万元以下的罚款。

二十四、征集股东投票权制度

上市公司董事会、独立董事、持有1%以上有表决权股份的股东或者依照法律、行政法规或者国务院证券监督管理机构的规定设立的投资者保护机构，可以作为征集人，自行或者委托证券公司、证券服务机构，公开请求上市公司股东委托其代为出席股东会，并代为行使提案权、表决权等股东权利。

①征集股东权利的，征集人应当披露征集文件，上市公司应当予以配合。

②禁止以有偿或者变相有偿的方式公开征集股东权利。

③公开征集股东权利违反法律、行政法规或者国务院证券监督管理机构有关规定，导致上市公司或者其股东遭受损失的，应当依法承担赔偿责任。

二十五、投资者保护机构直接起诉董监高职务损害行为制度

发行人的董事、监事、高级管理人员执行公司职务时违反法律、行政法规或者公司章程的规定给公司造成损失，发行人的控股股东、实际控制人等侵犯公司合法权益给公司造成损失，投资者保护机构持有该公司股份的，可以为公司的利益以自己的名义向人民法院提起诉讼，持股比例和持股期限不受《公司法》规定的限制。

二十六、"明示退出，默示加入"原则

投资者提起虚假陈述等证券民事赔偿诉讼时，诉讼标的是同一种类，且当事人一方人数众多的，可以依法推选代表人进行诉讼。

对此类诉讼，可能存在有相同诉讼请求的其他众多投资者的，人民法院可以发出公告，说明该诉讼请求的案件情况，通知投资者在一定期间向人民法院登

记。人民法院作出的判决、裁定，对参加登记的投资者发生效力。

投资者保护机构受 50 名以上投资者委托，可以作为代表人参加诉讼，并为经证券登记结算机构确认的权利人依照规定向人民法院登记，但投资者明确表示不愿意参加该诉讼的除外。

二十七、部分机构从事证券业务的备案制度

律师事务所、会计师事务所、资产评估事务所从事证券业务，须报国务院证券监督管理机构和国务院有关主管部门备案。

二十八、证券服务机构底稿保存期限不少于10年

证券服务机构应当妥善保存客户委托文件，核查和验证资料，工作底稿以及与质量控制、内部管理、业务经营有关的信息和资料，任何人不得泄露、隐匿、伪造、篡改或者毁损。上述信息和资料的保存期限不得少于 10 年，自业务委托结束之日起算。

二十九、证券违法调查和解制度

国务院证券监督管理机构对涉嫌证券违法的单位或者个人进行调查期间，被调查的当事人书面申请，承诺在国务院证券监督管理机构认可的期限内纠正涉嫌违法行为，赔偿有关投资者损失，消除损害或者不良影响的，国务院证券监督管理机构可以决定中止调查。被调查的当事人履行承诺的，国务院证券监督管理机构可以决定终止调查；被调查的当事人未履行承诺或者有国务院规定的其他情形的，应当恢复调查。具体办法由国务院规定。

三十、证券违法举报奖励制度

对涉嫌证券违法、违规行为，任何单位和个人有权向国务院证券监督管理机构举报。

对涉嫌重大违法、违规行为的实名举报线索经查证属实的，国务院证券监督管理机构按照规定给予举报人奖励。

国务院证券监督管理机构应当对举报人的身份信息保密。

三十一、禁止证券业务数据出境制度

境外证券监督管理机构不得在中华人民共和国境内直接进行调查取证等活动。未经国务院证券监督管理机构和国务院有关主管部门同意，任何单位和个人

不得擅自向境外提供与证券业务活动有关的文件和资料。

三十二、《证券法》明确市场禁入，净化证券市场环境

《证券法》明确证券市场禁入是指在一定期限内直至终身不得从事证券业务、证券服务业务，不得担任证券发行人的董事、监事、高级管理人员，或者一定期限内不得在证券交易所、国务院批准的其他全国性证券交易场所交易证券的制度。

三十三、承担民事赔偿责任优先

《证券法》规定：违反本法规定，应当承担民事赔偿责任和缴纳罚款、罚金、违法所得，违法行为人的财产不足以支付的，优先用于承担民事赔偿责任。这是对中小投资者进行优先保护。

第三章
北交所上市之《虚假陈述若干规定》合规要点

2022年1月22日,《最高人民法院关于审理证券市场虚假陈述侵权民事赔偿案件的若干规定》（法释〔2022〕2号）（以下简称"《虚假陈述若干规定》"）正式实施，其与《证券法》共同构筑证券市场保护中小投资者合法权益的法治基石。

一、明确虚假陈述引发的侵权民事赔偿案件的适用范围

（一）关于证券交易场所的认定

《虚假陈述若干规定》将证券交易场所明确为证券交易所、国务院批准的其他全国性证券交易场所。

证券交易所即上交所、深交所和北交所，国务院批准的其他全国性证券交易场所即全国股转系统（新三板）。

国务院规定设立的区域性股权市场（新四板）参照适用《虚假陈述若干规定》。新四板即按照《国务院办公厅关于规范发展区域性股权市场的通知》（国办发〔2017〕11号）、《区域性股权市场监督管理试行办法》设立的区域股权市场。已在证监会公示备案的区域性股权市场共35家。

（二）关于证券的认定

《虚假陈述若干规定》所规定的证券涵盖了前述认定的证券交易场所根据《上市公司证券发行注册管理办法》《公司债券发行与交易管理办法》《全国中小企业股份转让系统业务规则（试行）》确定的证券和证监会授权证券交易场所制定的债券交易规则确定的证券。证券，指下列证券品种：①股票（包括首次公开发行、公开发行和非公开发行）；②可转换公司债券；③证监会认可的其他品种。证监会认可的其他品种包括存托凭证、债券（包括公开和非公开）、资产支持证券和其他具有固定收益特征的产品。

在区域性股权市场（新四板）非公开发行、转让中小微企业股票、可转换为股票的公司债券参照适用《虚假陈述若干规定》。

（三）关于在证券交易场所进行特定事项协议转让是否适用《虚假陈述若干规定》

《虚假陈述若干规定》规定的交易因果关系的认定条件之一是原告在虚假陈述实施日之后、揭露日或更正日之前实施了相应的交易行为，即在诱多型虚假陈述中买入了相关证券，或者在诱空型虚假陈述中卖出了相关证券。

据此，根据《上海证券交易所上市公司股份协议转让业务办理指引》《深圳证券交易所上市公司股份协议转让业务办理指引》《北京证券交易所上市公司股份协议转让业务办理指引》《全国中小企业股份转让系统挂牌公司股份特定事项协议转让细则》规定，在证券交易场所进行特定事项的协议转让不适用《虚假陈述若干规定》。

特定事项协议转让，是指转让双方因收购及股东权益变动、存在控制关系、引进战略投资者等特定事项达成转让协议。包括转让股份数量不低于上市公司总股本5%的协议转让；转让双方存在实际控制关系，或均受同一控制人所控制的协议转让；外国投资者战略投资上市公司涉及的协议转让。

特定事项协议转让并不存在在诱多型虚假陈述中买入了相关证券，或者在诱空型虚假陈述中卖出了相关证券的行为，因此，在证券交易场所进行特定事项协议转让不适用《虚假陈述若干规定》。

二、关于虚假陈述及重大性的认定

（一）关于虚假陈述的认定

依据《虚假陈述若干规定》，信息披露义务人违反法律、行政法规、监管部门制定的规章和规范性文件关于信息披露的规定，在披露的信息中存在虚假记载、误导性陈述或者重大遗漏的，人民法院应当认定为虚假陈述。

虚假记载，是指信息披露义务人披露的信息中对相关财务数据进行重大不实记载，或者对其他重要信息作出与真实情况不符的描述。

误导性陈述，是指信息披露义务人披露的信息隐瞒了与之相关的部分重要事实，或者未及时披露相关更正、确认信息，致使已经披露的信息因不完整、不准确而具有误导性。

重大遗漏，是指信息披露义务人违反关于信息披露的规定，对重大事件或者重要事项等应当披露的信息未予披露。

虚假陈述可以分为诱多型虚假陈述和诱空型虚假陈述。

诱多型虚假陈述，是指虚假陈述行为人故意违背事实真相发布虚假的利多信息，或者隐瞒实质性的利空信息不予公布或不及时公布等，以使投资人在股价处于相对高位时，仍然保持积极的心态进行买入或持有股票的行为。

诱空型虚假陈述，是指虚假陈述行为人发布虚假的消极利空信息，或者隐瞒实质性的利好信息不予公布或不及时公布等，以使投资人在股价向下运行或处于相对低位时，因受其虚假陈述影响怀着消极心态卖出股票，在虚假陈述被揭露或者被更正后股价上涨从而使投资人遭受损失的行为。

（二）关于重大性的认定

信息披露义务人及其他责任方可以因虚假陈述不具有重大性抗辩免责。判断虚假陈述是否具有重大性，应当以虚假陈述是否导致相关证券交易价格或交易量明显变化作为依据，法律明确规定的重大事件或者重大事项是认定虚假陈述重大性的重要依据。

具体地，根据《证券法》和《虚假陈述若干规定》，重大性指的是以下情形。

1.《证券法》规定的情形

（1）《证券法》第八十条规定的情形

①公司的经营方针和经营范围的重大变化；

②公司的重大投资行为，公司在一年内购买、出售重大资产超过公司资产总额30%，或者公司营业用主要资产的抵押、质押、出售或者报废一次超过该资产的30%；

③公司订立重要合同、提供重大担保或者从事关联交易，可能对公司的资产、负债、权益和经营成果产生重要影响；

④公司发生重大债务和未能清偿到期重大债务的违约情况；

⑤公司发生重大亏损或者重大损失；

⑥公司生产经营的外部条件发生的重大变化；

⑦公司的董事、三分之一以上监事或者经理发生变动，董事长或者经理无法履行职责；

⑧持有公司5%以上股份的股东或者实际控制人持有股份或者控制公司的情况发生较大变化，公司的实际控制人及其控制的其他企业从事与公司相同或者相似业务的情况发生较大变化；

⑨公司分配股利、增资的计划，公司股权结构的重要变化，公司减资、合并、分立、解散及申请破产的决定，或者依法进入破产程序、被责令关闭；

⑩涉及公司的重大诉讼、仲裁，股东会、董事会决议被依法撤销或者宣告

无效；

⑪ 公司涉嫌犯罪被依法立案调查，公司的控股股东、实际控制人、董事、监事、高级管理人员涉嫌犯罪被依法采取强制措施；

⑫ 国务院证券监督管理机构规定的其他事项。

（2）《证券法》第八十一条规定的情形

①公司股权结构或者生产经营状况发生重大变化；

②公司债券信用评级发生变化；

③公司重大资产抵押、质押、出售、转让、报废；

④公司发生未能清偿到期债务的情况；

⑤公司新增借款或者对外提供担保超过上年末净资产的20%；

⑥公司放弃债权或者财产超过上年末净资产的10%；

⑦公司发生超过上年末净资产10%的重大损失；

⑧公司分配股利，作出减资、合并、分立、解散及申请破产的决定，或者依法进入破产程序、被责令关闭；

⑨涉及公司的重大诉讼、仲裁；

⑩公司涉嫌犯罪被依法立案调查，公司的控股股东、实际控制人、董事、监事、高级管理人员涉嫌犯罪被依法采取强制措施；

⑪ 国务院证券监督管理机构规定的其他事项。

2. 其他情形

①虚假陈述的内容属于监管部门制定的规章和规范性文件中要求披露的重大事件或者重要事项。

②虚假陈述的实施、揭露或者更正导致相关证券的交易价格或者交易量产生明显的变化。

三、关于交易因果关系的认定

（一）不具有交易因果关系的情形

依据《虚假陈述若干规定》，信息披露义务人及其他责任方能够证明下列情形之一的，交易因果关系不成立。

①原告的交易行为发生在虚假陈述实施前，或者是在揭露或更正之后；

②原告在交易时知道或者应当知道存在虚假陈述，或者虚假陈述已经被证券市场广泛知悉；

③原告的交易行为是受到虚假陈述实施后发生的上市公司的收购、重大资产重组等其他重大事件的影响；

④原告的交易行为构成内幕交易、操纵证券市场等证券违法行为;

⑤原告的交易行为与虚假陈述不具有交易因果关系的其他情形。

(二)交易因果关系认定的难点

1. 情形之一

信息披露义务人多次实施了不同的虚假陈述且均构成重大性,不同阶段的投资者应当以其交易行为发生时最近的诱多型虚假陈述或者诱空型虚假陈述作为索赔的依据。

2. 情形之二

信息披露义务人持续实施同一虚假陈述行为,应当认定投资者交易行为是多因一果。

3. 情形之三

投资者基于信息披露义务人在虚假陈述之后发生收购、重大资产重组以及《证券法》第八十条、第八十一条规定的重大事件后买入或者卖出股票的,交易因果关系阻断。这里的因果关系阻断也包括新三板公司自基础层转入创新层,决定将交易方式由集合竞价变更为做市转让等重大事件。

4. 情形之四

信息披露义务人同次实施了不同的虚假陈述,应当认定投资者交易行为是多因一果。

四、关于损失因果关系的认定

依据《虚假陈述若干规定》,人民法院应当查明虚假陈述与原告损失之间的因果关系,以及导致原告损失的其他原因等案件基本事实,确定赔偿责任范围。

被告能够举证证明原告的损失部分或者全部是由他人操纵市场、证券市场风险、证券市场对特定事件的过度反应、上市公司内外部经营环境等其他因素所导致的,对其关于相应减轻或者免除责任的抗辩,人民法院应当予以支持。

(一)关于系统性风险因素的扣除

依据《虚假陈述若干规定》,系统性风险主要指证券市场风险、证券市场对特定事件的过度反应。

1. 证券市场风险

(1)经济周期波动风险

经济周期是经济发展的一个客观规律,即经济总是在繁荣、萧条、衰退、复苏中循环往复。资本市场是实体经济的晴雨表,能够直接反映经济周期的变化。经济繁荣和复苏时期,资本市场表现为牛市,各板块指数上涨;经济萧条和衰退时期，资本市场表现为熊市，各板块指数下跌。因此，可以通过分析产业或者行业周期波动来判断经济周期及资本市场的变化，进而通过行业指数波动判断经济周期风险对股票价格的影响。有证据表明股票受周期性波动影响较大的，应当予以扣除。

（2）政策风险

政策风险主要是指国家出台某些行业或产业政策引发的证券市场风险。如出台"双碳"政策对新能源行业是利好，出台硬科技支持性政策对科创企业是利好，而政府对平台公司的反垄断整顿、对直播行业的整顿、对影视行业的整顿、对游戏行业的整顿等对相关行业或企业是利空。有证据证明行业股票重大变动系政策风险引起的，应当予以扣除。

（3）利率风险

一般地，美联储的加息会使美股市场的股票下跌，进而影响全球股市。提高存款准备金率也会引发同样的利率风险，银根收紧，证券市场的钱减少，资金就会流向高收益的债券。有证据证明利率变动对证券市场影响较大的，应当予以扣除。

（4）通货膨胀风险

CPI、PPI、GDP等指标可以衡量经济是否存在通货膨胀，以及通货膨胀对经济、对证券市场的影响。有证据证明 CPI、PPI、GDP 等指数波动较大，通货膨胀影响证券市场的，应当予以扣除。

在康美药业案件中，广州市中级人民法院认为，案涉虚假陈述行为从实施日到揭露日时间较长，在此期间，证券市场走势波动亦较大。投资者的损失中，部分损失是由证券市场系统因素造成的，该部分损失应予扣除。至于扣除方式，投保基金选取医药生物（申万）指数作为比对指数，并采用个体相对比例法测算投资者证券市场系统风险扣除比例，即从投资者第一笔有效买入开始，假设投资者买卖案涉股票时，同时买入卖出相同数量的医药生物（申万）指数，每一笔交易均同步对应指数的买入卖出，并将每个投资者持股期间的指数加权平均跌幅与个股加权平均跌幅进行对比，扣除证券市场系统风险的影响。投保基金具体所采用的计算公式为：市场系统风险扣除比例 = 证券买入与卖出期间指数加权平均跌幅 / 证券买入与卖出期间个股加权平均跌幅；指数加权平均跌幅 =（指数卖出损失 + 指数持有损失）/（有效索赔股数 × 指数买入均价）；个股加权平均跌幅 =（个股卖出损失 + 个股持有损失）/（有效索赔股数 × 个股买入均价）。法院认为该测算方法可以更合理地计算不同时期买入康美药业股票的各投资者因市场系统风险受到的损失，投保基金以此方法测算系统风险扣除比例并无不妥。根据测算情况，除去损失金额在扣除系统风险后为 0 或者负数的 3,289 名投资者后，共计 52,037 名投资者有损失。

2.证券市场对特定事件的过度反应

一般来说,过度反应是指某一事件引起证券市场交易价格剧烈变动,超过预期的理论水平,然后再以反向修正的形式回归应有价位的现象。如部分芯片企业受美国制裁引发投资者对整个行业的过度反应,新冠疫情引发部分行业股票价格上涨或下跌的过度反应。

当一系列利好消息披露后,投资者将会对未来的利好消息保持更高的预期,或者连续的利空消息使投资者对未来过分悲观,从而导致股价过度偏离基本面,形成过度反应。

因此,证券市场一般通过设置涨跌幅限制和熔断机制对证券市场过度反应进行修正。

(二)关于非系统性风险因素的扣除

依据《虚假陈述若干规定》,非系统性风险主要是指他人操纵证券市场和上市公司内部经营环境的变化。

关于证券市场虚假陈述案件中是否存在他人操纵证券市场造成投资者损失的情形,监管机构启动对操纵证券市场的行政调查或者刑事追责会为判定投资者损失是否存在非系统风险提供重要证据。被告能够通过自行调查初步证明存在操纵证券市场行为的,可以通过向监管机构举报的方式获得行政监管调查的证据。

一般地,上市公司内部经营环境的变化主要有以下几种情形:

①董监高不能正常履职,或者主要董监高辞职,导致的交易价格或者交易量产生明显的变化;

②上市公司不能正常披露年报,导致的交易价格或者交易量产生明显的变化;

③上市公司发生控制权之争,导致的交易价格或者交易量产生明显的变化;

④上市公司董监高或者实际控制人出现个人道德问题等负面新闻,导致的交易价格或者交易量产生明显的变化;

⑤上市公司出现生产经营停滞、停产,或者违反市场监管、税务、环保等行政法规,或者董监高涉嫌违法违规、涉嫌犯罪等,导致的交易价格或者交易量产生明显的变化;

⑥上市公司出现重大诉讼或者重大合同违约等情形,导致的交易价格或者交易量产生明显的变化。

五、关于举证责任的分配

（一）人民法院依职权调查取证

为了查明事实，人民法院可以依法向证监会有关部门或者派出机构调查收集有关证据。

案件审理过程中，人民法院可以就诉争虚假陈述行为违反信息披露义务规定情况、对证券交易价格的影响、损失计算等专业问题征求证监会或者相关派出机构、证券交易场所、证券业自律管理组织、投资者保护机构等单位的意见。

（二）被告的举证责任

依据《证券法》《虚假陈述若干规定》，证券虚假陈述民事侵权案件，被告提出抗辩的，能够举证证明不存在以下四项规则要件之一的，可以抗辩免责。

①原告的交易行为与虚假陈述不具有交易因果关系；
②虚假陈述不具有重大性；
③被告对虚假陈述不存在过错，包括证明勤勉尽职免责；
④原告的损失部分或者全部是由他人操纵市场、证券市场的风险、证券市场对特定事件的过度反应、上市公司内外部经营环境等其他因素所导致。

（三）原告的举证责任

根据《最高人民法院关于适用〈中华人民共和国民事诉讼法〉的解释》，当事人对自己提出的诉讼请求所依据的事实或者反驳对方诉讼请求所依据的事实，应当提供证据加以证明，但法律另有规定的除外。

因此，除了人民法院依据职权调取的证据以及法律规定应当由被告举证证明的事项外，其他证明事项均应当按照"谁主张、谁举证"的原则由原告举证。

特别地，对于按照法律规定由被告举证证明其可以免责或者减轻责任的抗辩，原告不仅有权进行质证和反驳，也要积极主动搜集证据予以抗辩。

六、关于行为人董监高、独立董事过错的认定

（一）过错的两种情形

依据《虚假陈述若干规定》，过错分为：

①行为人故意制作、出具存在虚假陈述的信息披露文件，或者明知信息披露文件存在虚假陈述而不予指明、予以发布；
②行为人严重违反注意义务，对信息披露文件中虚假陈述的形成或者发布存在过失。

（二）行为人董监高、独立董事的免责抗辩适用

1. 董监高

董监高应当对自己已勤勉尽职、没有过错承担举证责任。在无主观过错情形下，董监高需要举证证明其没有严重违反注意义务、不存在过失。一般来说，司法实践中判定董监高是否勤勉尽职有以下几种情形。

①人民法院根据董监高工作岗位和职责、在信息披露资料的形成和发布等活动中所起的作用、取得和了解相关信息的渠道、为核验相关信息所采取的措施等实际情况进行审查认定是否存在过错，以及过错的大小。

②发行人董监高仅以其不从事日常经营管理、无相关职业背景和专业知识、相信发行人或者管理层提供的资料、相信证券服务机构出具的专业意见等理由主张其没有过错的，人民法院不予支持。

③发行人董监高无法保证证券发行文件和定期报告内容的真实性、准确性、完整性或者有异议的，以书面方式发表附具体理由的意见并依法披露的，人民法院可以认定其主观上没有过错，但在审议、审核信息披露文件时投赞成票的除外。即发行人董监高投反对或者弃权并发表具体理由的可免责。

因此，董监高在没有参与证券欺诈的情形下，基于是否严重违反注意义务应当在以下几个方面做到合规。

①需要董监高审议、决策、签字披露的重大信息，董监高应当基于同业惯例、所担任职务职责、职业敏感性、特别注意义务综合判断，决策或者签字披露重大事项应当排除合理怀疑，需要具体负责人书面说明的应当由其通过书面形式（包括电子邮件）予以说明；需要第三方中介出具专业意见的，应当由其出具书面的意见（包括电子邮件及专项意见）予以说明；需要启动现场尽职调查的应当启动必要的调查访谈，访谈决议事项具体负责人，访谈决议事项的相关方，形成书面的调查记录。如果上述勤勉尽职核查程序仍然无法排除合理怀疑或者所决议事项存在重大程序瑕疵，或者严重缺乏谨慎性的，或者缺乏商业合理性的，应当投反对票，而不是弃权。

②董监高应当通过与公司签订的聘任协议明确自己的职责范围。一般的劳动合同并不能明确董监高的责任，建议签订董监高聘任协议，补充完善职责权限，明确工作职责和范围，或者通过签订责任书明确职责范围。基于证券欺诈的特殊注意义务，董事长、财务总监、董事会秘书和主管公司证券业务的副职高管，如副董事长、副总裁等，其与其他董监高相比注意义务要高很多。另外，具体到某一重大事项披露涉及具体负责的董监高，如供应商、客户协助企业造假，不知情但负责采购或者销售的副总就要承担比其他董监高更高的注意义务。

③重视董事会会议纪要。董事在审议重大事项的决议前应当以电子邮件的方式和董事会秘书沟通，对初步审议文件提出补充说明或者支持依据的，应当提前通过电子邮件提供，越详细越好。董事会现场会议期间，董事应当积极发言，即便其他董事已经就相关问题充分发言，仍应当发言对相关董事的建议予以附议并可适当补充意见，该类意见应当明确记入董事会会议纪要，并拍照留存。

2. 独立董事

独立董事能够证明下列情形之一的，人民法院应当认定其没有过错：

①在签署相关信息披露文件之前，对不属于自身专业领域的相关具体问题，借助会计、法律等专门职业的帮助仍然未能发现问题的；

②在揭露日或更正日之前，发现虚假陈述后及时向发行人提出异议并监督整改或者向证券交易场所、监管部门书面报告的；

③在独立意见中对虚假陈述事项发表保留意见、反对意见或者无法表示意见并说明具体理由的，但在审议、审核相关文件时投赞成票的除外；

④因发行人拒绝、阻碍其履行职责，导致无法对相关信息披露文件是否存在虚假陈述作出判断，并及时向证券交易场所、监管部门书面报告的；

⑤能够证明勤勉尽责的其他情形。

独立董事提交证据证明其在履职期间能够按照法律、监管部门制定的规章和规范性文件以及公司章程的要求履行职责的，或者在虚假陈述被揭露后及时督促发行人整改且效果较为明显的，人民法院可以结合案件事实综合判断其过错情况。

依据《上市公司独立董事履职指引》，独立董事每年为所任职上市公司有效工作的时间原则上不少于15个工作日，包括出席股东会、董事会及各专门委员会会议，对公司生产经营状况、管理和内部控制等制度的建设及执行情况、董事会决议执行情况等进行调查，与公司管理层进行工作讨论，对公司重大投资、生产、建设项目进行实地调研等。独立董事应当按照《上市公司独立董事履职指引》第十条和第十一条的规定勤勉履职。

①按照第十条的规定，对上市公司及相关主体进行监督和调查。独立董事发现上市公司或相关主体存在下列情形时，应积极主动履行尽职调查义务，必要时可聘请中介机构进行专项调查：a. 重大事项未按规定提交董事会或股东会审议；b. 公司未及时或适当地履行信息披露义务；c. 公司发布的信息中可能存在虚假记载、误导性陈述或重大遗漏；d. 公司生产经营可能违反法律、法规或者公司章程；e. 其他涉嫌违法违规、损害社会公众股股东权益或社会公众利益的情形。

确认上述情形确实存在的，独立董事应立即督促上市公司或相关主体改正，并向证监会派出机构和公司证券上市地的证券交易所报告。

②按照第十一条规定制作工作笔录。独立董事应当将其履行职责的情况记入独立董事工作笔录，包括对上市公司生产经营状况、管理和内部控制等制度的建设及执行情况、董事会决议执行情况等进行调查，与公司管理层讨论，参加公司董事会，发表独立意见等内容。独立董事与公司内部机构和工作人员以及中介机构人员的工作邮件、电话、短信及微信等电子通信往来记录，是工作笔录的组成部分。

独立董事履职的工作笔录及上市公司向独立董事提供的资料，独立董事应当妥善保存至少 5 年。

七、关于中介机构过错的认定

（一）过错的分类

依据《虚假陈述若干规定》，过错分为：

①行为人故意制作、出具存在虚假陈述的信息披露文件，或者明知信息披露文件存在虚假陈述而不予指明、予以发布；

②行为人严重违反注意义务，对信息披露文件中虚假陈述的形成或者发布存在过失。

（二）中介机构的免责抗辩适用

依据《关于注册制下督促证券公司从事投行业务归位尽责的指导意见》，各中介机构对各自出具的专项文件负责，对与本专业相关的业务事项履行特别注意义务，对其他业务事项履行普通注意义务。招股说明书、重组报告书、债券募集说明书等引用会计师事务所、律师事务所、评估机构等其他中介机构专业意见或内容的，出具意见或文件的中介机构依法承担责任。证券公司对注册申请文件和信息披露资料进行全面核查验证，对其他中介机构的专业意见以"合理信赖"为一般原则，对存在"重大异常""前后重大矛盾""重大差异"等特殊情形进行调查、复核，对未引用其他中介机构专业意见的内容依法承担责任。

证券公司应当复核但未复核，或复核工作未全面到位的，依法承担责任。按照定性与定量相结合原则，细化需要证券公司复核的"重大事项"的标准及程序；研究明确证券公司对注册申请文件和信息披露资料进行"全面核查验证"的标准和程序。

因此，中介机构要证明其没有严重违反注意义务，不存在过失，唯有勤勉尽责、言必有据、合理信赖一条路。

1. 发行人保荐机构、承销机构及其直接责任人员

依据《虚假陈述若干规定》，保荐机构、承销机构等机构及其直接责任人员提交的尽职调查工作底稿、尽职调查报告、内部审核意见等证据能够证明下列情形的，人民法院应当认定其没有过错。

①已经按照法律、行政法规、监管部门制定的规章和规范性文件、相关行业执业规范的要求，对信息披露文件中的相关内容进行了审慎尽职调查；

②对信息披露文件中没有证券服务机构专业意见支持的重要内容，经过审慎尽职调查和独立判断，有合理理由相信该部分内容与真实情况相符；

③对信息披露文件中证券服务机构出具专业意见的重要内容，经过审慎核查和必要的调查、复核，有合理理由排除职业怀疑并形成合理信赖。

保荐机构应当严格按照《证券发行上市保荐业务工作底稿指引》《保荐人尽职调查工作准则》开展全面尽职调查，所有披露事项都应当有底稿支撑并做好工作记录。

鉴于保荐机构作为发行人最关键和最核心的中介机构，其所承担的责任必然与其所获得的收益相匹配。在全面尽职调查的基础上，合理信赖会计师事务所和律师事务所等证券服务机构的专业意见，但仍然要尽到一般注意义务。

2. 会计师事务所、律师事务所、资信评级机构、资产评估机构、财务顾问等证券服务机构

依据《虚假陈述若干规定》，会计师事务所、律师事务所、资信评级机构、资产评估机构、财务顾问等证券服务机构制作、出具的文件存在虚假陈述的，人民法院应当按照法律、行政法规、监管部门制定的规章和规范性文件，参考行业执业规范规定的工作范围和程序要求等内容，结合其核查、验证工作底稿等相关证据，认定其是否存在过错。

证券服务机构的责任限于其工作范围和专业领域。证券服务机构依赖保荐机构或者其他证券服务机构的基础工作或者专业意见，出具的专业意见存在虚假陈述，能够证明其对所依赖的基础工作或者专业意见经过审慎核查和必要的调查、复核，排除了职业怀疑并形成合理信赖的，人民法院应当认定其没有过错。

（1）会计师事务所

会计师事务所应当严格按照《中国注册会计师审计准则第1101号——注册会计师的总体目标和审计工作的基本要求》（2022年）和《中国注册会计师审计准则第1131号——审计工作底稿》（2022年）的规定开展专项尽职调查，专项意见应当有底稿支撑，函证程序独立合法，查验事项应当交叉复核。

会计师事务所能够证明下列情形之一的，人民法院应当认定其没有过错：

①按照执业准则、规则确定的工作程序和核查手段并保持必要的职业谨慎，仍未发现被审计的会计资料存在错误的；

②审计业务必须依赖的金融机构，发行人的供应商、客户等相关单位提供不实证明文件，会计师事务所保持了必要的职业谨慎仍未发现的；

③已对发行人的舞弊迹象提出警告并在审计业务报告中发表了审慎审计意见的；

④能够证明没有过错的其他情形。

（2）律师事务所

律师事务所作为证券服务机构，对于法律事项应当尽到特别注意义务，对于披露的事项应当严格按照《公开发行证券公司信息披露的编报规则第 12 号——公开发行证券的法律意见书和律师工作报告》《律师事务所从事证券法律业务管理办法》《律师事务所证券法律业务执业规则（试行）》及《监管规则适用指引——法律类第 2 号：律师事务所从事首次公开发行股票并上市法律业务执业细则》开展尽职调查，做好工作记录，每一项披露和专项意见应当有底稿支撑。

八、关于诉讼时效的认定

《虚假陈述若干规定》将投资者提起证券虚假陈述的诉讼时效起算日确定为揭露日或更正日。除了诉讼时效中断事由外，投资者提起虚假陈述诉讼的诉讼时效自揭露日或更正日起算时间为 3 年，3 年诉讼时效届满，投资者将因被告提出诉讼时效抗辩而丧失胜诉的实体权利。

因此，投资者应当在虚假陈述揭露日或者更正日之后尽快启动虚假陈述的损害赔偿，并不需要等证监会等有关部门作出行政处罚决定书，或者法院作出判决书后以此作为证据提起诉讼。

九、"三日一价"及投资者损失的确定

（一）"三日一价"的确定（如表 3-1 所示）

表 3-1　"三日一价"的确定

实施日	信息披露义务人作出虚假陈述或者发生虚假陈述之日	信息披露义务人在证券交易场所的网站或者符合监管部门规定条件的媒体上公告发布具有虚假陈述内容的信息披露文件，以披露日为实施日
		通过召开业绩说明会、接受新闻媒体采访等方式实施虚假陈述的，以该虚假陈述的内容在具有全国性影响的媒体上首次公布之日为实施日

续表

实施日	信息披露义务人作出虚假陈述或者发生虚假陈述之日	信息披露文件或者相关报道内容在交易日收市后发布的，以其后的第一个交易日为实施日
		因未及时披露相关更正、确认信息构成误导性陈述，或者未及时披露重大事件或者重要事项等构成重大遗漏的，以应当披露相关信息期限届满后的第一个交易日为实施日
揭露日/更正日	虚假陈述在具有全国性影响的报刊、电台、电视台或监管部门网站、交易场所网站、主要门户网站、行业知名的自媒体等媒体上，首次被公开揭露并为证券市场知悉之日/信息披露义务人在证券交易场所网站或者符合监管部门规定条件的媒体上，自行更正虚假陈述之日	监管部门以涉嫌信息披露违法为由对信息披露义务人立案调查的信息公开之日
		证券交易场所等自律管理组织因虚假陈述对信息披露义务人等责任主体采取自律管理措施的信息公布之日
		信息披露义务人实施的虚假陈述呈连续状态的，以首次被公开揭露并为证券市场知悉之日为揭露日
		信息披露义务人实施多个相互独立的虚假陈述的，人民法院应当分别认定其揭露日
基准日	在虚假陈述揭露或更正后，为将原告应获赔偿限定在虚假陈述所造成的损失范围内，确定损失计算的合理期间而规定的截止日期	在采用集中竞价的交易市场中，自揭露日或更正日起，被虚假陈述影响的证券集中交易累计成交量达到可流通部分100%之日为基准日
		自揭露日或更正日起，集中交易累计换手率在10个交易日内达到可流通部分100%的，以第10个交易日为基准日
		在30个交易日内未达到可流通部分100%的，以第30个交易日为基准日
基准价格	虚假陈述揭露日或更正日起至基准日期间每个交易日收盘价的平均价格，为损失计算的基准价格。无法以此确定基准价格的，人民法院可以根据有专门知识的人的专业意见，参考对相关行业进行投资时的通常估值方法确定基准价格	

（二）投资者损失的计算

在集中竞价的交易市场中，原告因虚假陈述买入相关股票所造成的投资差额损失，按照表3-2所示的方法计算。

表 3-2　因虚假陈述买入相关股票所造成的投资差额损失的计算方法

买入	卖出	投资差额损失
在实施日之后、揭露日或更正日之前买入	在揭露日或更正日之后、基准日之前卖出	按买入股票的平均价格与卖出股票的平均价格的差额，乘以已卖出的股票数量
在实施日之后、揭露日或更正日之前买入	基准日之前未卖出	按买入股票的平均价格与基准价格的差额，乘以未卖出的股票数量

在集中竞价的交易市场中，原告因虚假陈述卖出相关股票所造成的投资差额损失，按照表 3-3 所示的方法计算。

表 3-3　因虚假陈述卖出相关股票所造成的投资差额损失的计算方法

卖出	买入	投资者差额损失
在实施日之后、揭露日或更正日之前卖出	在揭露日或更正日之后、基准日之前买回	按买回股票的平均价格与卖出股票的平均价格的差额，乘以买回的股票数量
在实施日之后、揭露日或更正日之前卖出	基准日之前未买回	按基准价格与卖出股票的平均价格的差额，乘以未买回的股票数量

十、关于配合造假的供应商、客户、金融机构的责任

证券欺诈等虚假陈述案件中，供应商、客户、金融机构配合发行人财务造假，具有一定的隐蔽性和欺骗性，如果不追究帮助造假者，并不能从源头上消除证券欺诈等虚假陈述行为。正是因为帮助造假的隐蔽性和欺骗性，保荐机构、承销商和其他证券服务机构在已经尽到勤勉义务和排除职业合理怀疑的情形下才得以免责。因此，根据《虚假陈述若干规定》，有证据证明发行人的供应商、客户，以及为发行人提供服务的金融机构等明知发行人实施财务造假活动，仍然为其提供相关交易合同、发票、存款证明等予以配合，或者故意隐瞒重要事实致使发行人的信息披露文件存在虚假陈述，原告起诉请求判令其与发行人等责任主体赔偿由此导致的损失的，人民法院应当予以支持。

十一、承担连带责任的当事人之间的责任分担与追偿

根据《虚假陈述若干规定》，承担连带责任的当事人之间的责任分担与追偿，按照《中华人民共和国民法典》第一百七十八条的规定处理，但《虚假陈述

若干规定》第二十条第二款规定的情形除外。

因此,连带责任人的责任份额根据各自责任大小确定;难以确定责任大小的,平均承担责任。实际承担责任超过自己责任份额的连带责任人,有权向其他连带责任人追偿。

关于证券欺诈虚假陈述中责任的划分,造假者承担全部责任,这是毋庸置疑的。发行人,发行人实际控制人,发行人董监高,发行人客户、供应商,为发行人提供服务的金融机构,发行人的保荐机构、承销机构、证券服务机构中任何一方造假,应当直接并连带承担赔偿责任。

从全球证券市场证券欺诈案件的特征和赔偿机制来看,关于中介机构的赔偿责任的认定主要基于中介机构是否勤勉尽职,是否在其专业领域尽到了特别注意义务,对于其他中介机构出具的意见是否尽到了一般注意义务。

无论是特别注意义务还是一般注意义务,关键都在于是否排除职业合理怀疑,是否履行了必要的尽职调查程序。在财务造假的证券欺诈案件中,会计师事务所的注意义务要高于保荐机构和律师事务所的注意义务。

在承担责任上,一般地,应当按照责任的大小、注意义务的性质确定比例。

在五洋债案例中,五洋建设董事长陈某、德邦证券、大信会所承担487名自然人投资者合计7.4亿元债务本息的连带赔偿责任,锦天城和大公国际分别在5%和10%范围内承担上述债务的连带赔偿责任。

在康美药业案例中:康美药业实际控制人马某和许某,董事、副总经理、董事会秘书邱某,财务总监庄某,职工监事、副总经理温某,监事、独立董事马某和审计机构广东正中珠江会计师事务所,正中珠江合伙人、签字会计师杨某承担100%连带责任;董事马某等三人、监事会(监事或者董事会设审计委员会)主席罗某、监事林某、副总经理李某等三人承担20%连带责任(约4.92亿元);独立董事江某等三人承担10%连带责任(约2.46亿元);独立董事郭某等两人承担5%连带责任(约1.23亿元)。

第四章
注册制与多层次资本市场

第一节　如何理解注册制

从国家监管的角度看，注册制作为扶持之手，重在提供资本市场资源配置的制度设计和金融市场稳定的法治化、持续性、惩罚性监管环境；从资本市场的角度看，注册制以信息披露为核心，把选择权交给市场。

企业（发行人）作为信息披露第一责任人，应当诚实守信，依法充分披露投资者作出价值判断和投资决策所必需的信息。企业申请上市应遵守市场规则、法治规则、风险规则、专业规则，信息披露要以投资人的角度思考，只有达到以下信息披露的要求才能真正为注册制落地夯实基础。

①信息披露真实、准确、完整，符合招股说明书内容与格式准则的要求。

②信息披露包含对投资者作出投资决策有重大影响的信息，披露程度达到满足投资者作出投资决策所需的水平。包括但不限于充分、全面披露发行人业务、技术、财务、公司治理、投资者保护等方面的信息以及本次发行的情况，充分揭示可能对发行人经营状况、财务状况产生重大不利影响的所有因素。

③信息披露内容一致、合理和具有内在逻辑性，包括但不限于财务数据勾稽合理，符合发行人实际情况，非财务信息与财务信息相互印证，保荐人、证券服务机构核查依据充分，对财务数据的变动或者与同行业公司存在的差异作出合理解释。

④信息披露简明易懂，便于一般投资者阅读和理解，包括但不限于使用浅白语言，简明扼要、重点突出、逻辑清晰，结合企业自身特点进行有针对性的信息披露。

交易所受理企业公开发行股票并上市的申请，审核并判断企业是否符合发行条件、上市条件和信息披露要求。审核工作主要通过提出问题、回答问题的方式展开，督促发行人完善信息披露内容。

第二节　中国多层次资本市场的体系和定位

中国资本市场进入注册制时代以来，逐步形成了上交所的主板市场和科创板市场、深交所的主板市场和创业板市场、北交所的专精特新创新型企业板、全国股转系统创新层、以基础层为主的新三板市场和区域性股权转让市场（如图 4-1 所示）。

2013 年 12 月 14 日，国务院发布《关于全国中小企业股份转让系统有关问题的决定》，明确了全国股转系统全国性公开证券市场的市场性质，主要为创新型、创业型、成长型中小企业发展服务的市场定位，符合条件的股份公司均可通过主办券商申请挂牌，公开转让股份，进行股权融资、债权融资、资产重组等。

2020 年 3 月 1 日正式施行的《证券法》进一步明确了新三板作为"国务院批准的其他全国性证券交易场所"的法律地位，夯实了新三板场内、集中、公开市场的性质。

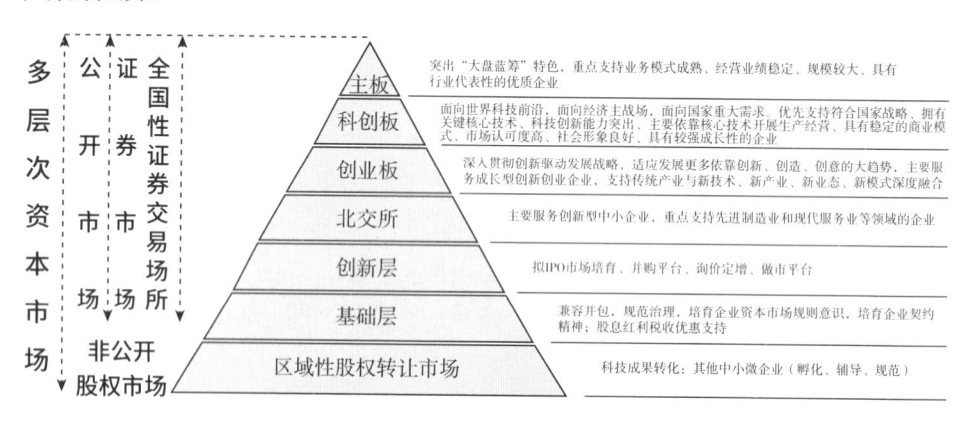

图 4-1　注册制时代的多层次资本市场

主板突出"大盘蓝筹"特色，重点支持业务模式成熟、经营业绩稳定、规模较大、具有行业代表性的优质企业。

科创板面向世界科技前沿，面向经济主战场，面向国家重大需求，优先支持符合国家战略、拥有关键核心技术、科技创新能力突出、主要依靠核心技术开展生产经营、具有稳定的商业模式、市场认可度高、社会形象良好、具有较强成长性的企业。

创业板深入贯彻创新驱动发展战略，适应发展更多依靠创新、创造、创意的大趋势，主要服务成长型创新创业企业，支持传统产业与新技术、新产业、新业态、新模式深度融合。

北交所主要服务创新型中小企业，重点支持先进制造业和现代服务业等领域的企业。

创新层市场在基础层市场中遴选具有一定规模的创新型、创业型、成长型中小企业，为北交所培育种子企业。

基础层市场的定位是为创新型、创业型、成长型中小企业发展服务的证券市场，为中小企业提供资本市场股息红利税收优惠支持，为中小企业提供询价模式的定向发行股票、发行优先股、可转债等证券市场金融工具，规范中小企业公司治理，为创新层培养种子企业。

区域性股权转让市场主要服务所在区域的其他中小微企业，为中小微企业提供市场化融资、产权交易和合规治理方面的服务。

第三节　北交所上市之税收优势

根据《财政部 税务总局 证监会关于继续实施全国中小企业股份转让系统挂牌公司股息红利差别化个人所得税政策的公告》和《关于个人转让全国中小企业股份转让系统挂牌公司股票有关个人所得税政策的通知》，北交所及全国股转系统作为全国性的证券交易场所，其自然人股东享受包括转让公司股票所得，股息红利所得，以未分配利润、盈余公积、资本公积（不含股票发行溢价）向个人股东转增股本所得，股票发行溢价形成的资本公积转增股本所得的个税优惠政策。相关税收政策如表 4-1 所示。

表 4-1　相关税收政策

征税对象	新三板	上市公司	高新技术企业	其他公司
股息红利所得	个人持有挂牌公司的股票：持股期限＞1年，暂免征个人所得税；1个月＜持股期限≤1年，暂减按50%计入应纳税所得额；持股期限≤1个月，全额征税	个人从公开发行和转让市场取得的上市公司股票：持股期限＞1年，暂免征个人所得税；1个月＜持股期限≤1年，暂减按50%计入应纳税所得额；持股期限≤1个月，全额征税。原始股东持有原始股，不享受税收优惠	20%个人所得税	20%个人所得税
以未分配利润、盈余公积、资本公积（不含股票发行溢价）向个人股东转增股本	按照股息红利所得缴纳个人所得税	按照股息红利所得缴纳个人所得税	不超过5个年度分期缴纳	一次性缴纳个人所得税
股票发行溢价形成的资本公积转增股本	不征收个人所得税	不征收个人所得税		
转让股票/股权/股份	个人转让非原始股，暂免征收个人所得税；个人转让原始股，20%个人所得税	个人转让非原始股，暂免征收个人所得税；个人转让原始股，20%个人所得税	20%个人所得税	20%个人所得税

第四节　中国资本市场注册制的法律监管体系与法律责任

与以信息披露为核心的注册制相对应，《证券法》和《刑法》针对欺诈发行的违法行为设立了高额的惩罚制度，大幅增加了欺诈发行的违法成本。

一、行政责任

《证券法》第十三章"法律责任"中集中对发行人违规发行、欺诈发行、信息披露违法行为、虚假陈述等违法行为加大了处罚力度,并大幅提高处罚金额上限。对于欺诈发行的行为,对发行人处以罚款的上限从原来的 60 万元或非法所募资金金额的 5% 调整为 2,000 万元或非法所募资金金额的 1 倍,对责任人员处以罚款的上限从 30 万元调整为 1,000 万元。

二、民事责任

《证券法》第九十三条规定发行人因欺诈发行、虚假陈述或者其他重大违法行为给投资者造成损失时相关主体的先行赔付机制。

此外,《证券法》第九十五条允许投资者推选代表人参加证券民事赔偿诉讼,在法院公告登记的情况下,投资者在一定期间向人民法院登记,人民法院作出的判决、裁定对参加登记的投资者发生效力。同时,对于投资者保护机构接受 50 名以上投资者的委托作为代表人参加的诉讼,实行"默示加入、明示退出"的诉讼机制,为保护投资者权益提供了强有力的制度支持。

三、刑事责任

对于构成刑事犯罪的欺诈发行行为,《刑法》将欺诈发行的刑期上限由 5 年有期徒刑提高至 15 年有期徒刑,并将对个人的罚金由非法募集资金的 1%~5% 修改为"并处罚金",取消 5% 的上限限制,对单位的罚金由非法募集资金的 1%~5% 提高至 20%~100%。

第五章
基础层与创新层

第一节 基础层挂牌条件与审核标准

一、基本业务规则及挂牌标准

相关业务规则如图 5-1 所示。

股份有限公司申请股票在全国股转系统挂牌，不受股东所有制性质的限制，不限于高新技术企业。

《全国中小企业股份转让系统业务规则（试行）》（2013 年）规定，申请在基础层挂牌应当符合下列条件。

①依法设立且存续满两年。有限责任公司按原账面净资产值折股整体变更为股份有限公司的，存续时间可以从有限责任公司成立之日起计算。

②业务明确，具有持续经营能力。

③公司治理机制健全，合法规范经营。

④股权明晰，股票发行和转让行为合法合规。

⑤主办券商推荐并持续督导。

二、基础层挂牌条件标准指引

根据《全国中小企业股份转让系统股票挂牌审核业务规则适用指引第 1 号》及《全国中小企业股份转让系统股票挂牌规则》，申请股票在全国股转系统挂牌应当按照基本标准指引逐项核对企业是否符合挂牌上市的要求。

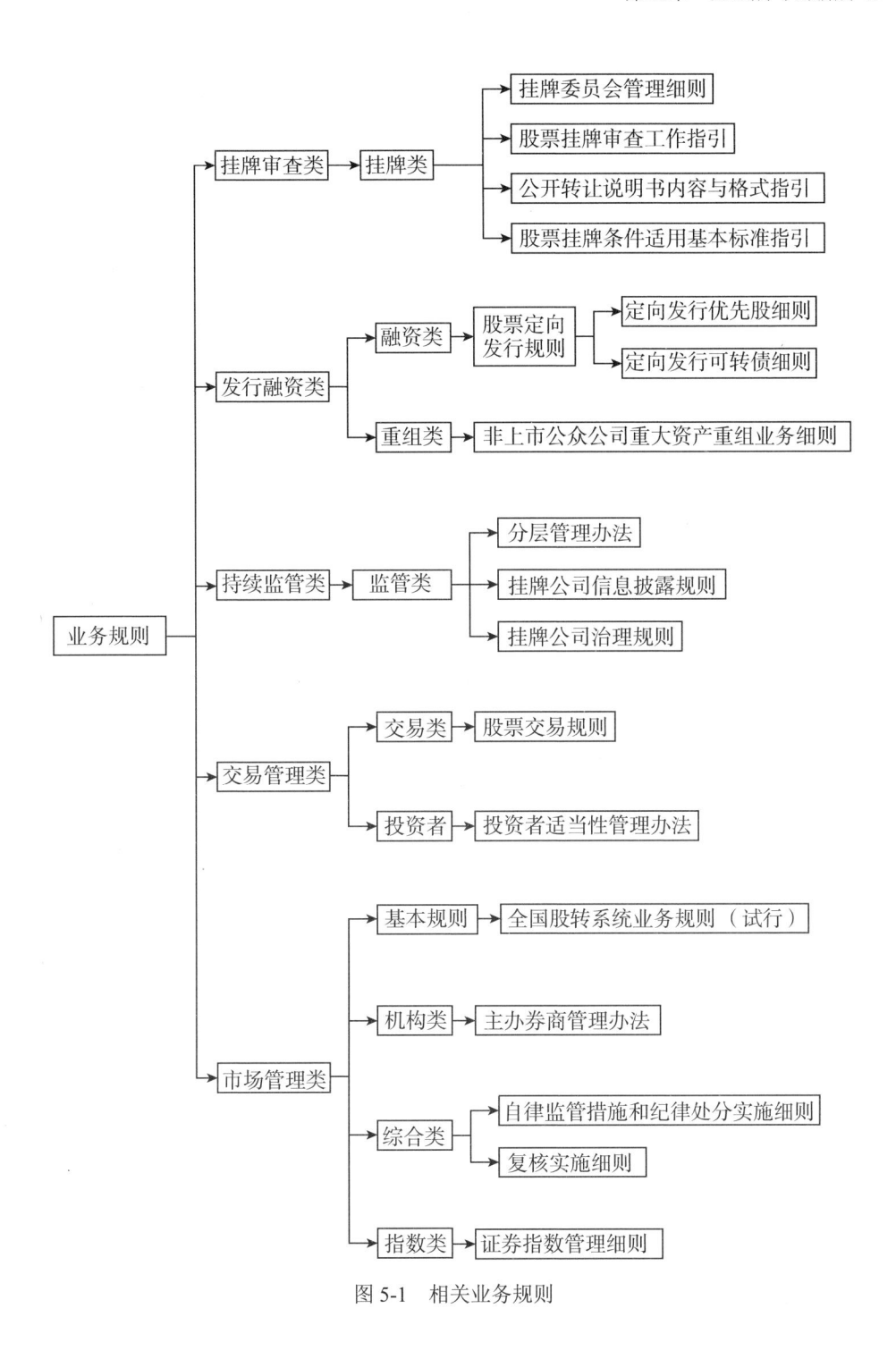

第五章 基础层与创新层

```
业务规则
├── 挂牌审查类 ── 挂牌类
│                   ├── 挂牌委员会管理细则
│                   ├── 股票挂牌审查工作指引
│                   ├── 公开转让说明书内容与格式指引
│                   └── 股票挂牌条件适用基本标准指引
├── 发行融资类
│       ├── 融资类 ── 股票定向发行规则
│       │                ├── 定向发行优先股细则
│       │                └── 定向发行可转债细则
│       └── 重组类 ── 非上市公众公司重大资产重组业务细则
├── 持续监管类 ── 监管类
│                   ├── 分层管理办法
│                   ├── 挂牌公司信息披露规则
│                   └── 挂牌公司治理规则
├── 交易管理类
│       ├── 交易类 ── 股票交易规则
│       └── 投资者 ── 投资者适当性管理办法
└── 市场管理类
        ├── 基本规则 ── 全国股转系统业务规则（试行）
        ├── 机构类 ── 主办券商管理办法
        ├── 综合类
        │       ├── 自律监管措施和纪律处分实施细则
        │       └── 复核实施细则
        └── 指数类 ── 证券指数管理细则
```

图 5-1　相关业务规则

（一）依法设立且存续满两年

1. 依法设立

依法设立是指公司依据《公司法》等法律、法规及规章的规定向公司登记机关申请登记，并已取得企业法人营业执照。

（1）公司设立的主体、程序合法合规

①国有企业须提供相应的国有资产监督管理机构或国务院、地方政府授权的其他部门、机构关于国有股权设置的批复文件。

国有企业应严格按照国有资产管理法律法规的规定提供国有股权设置批复文件，但因客观原因确实无法提供批复文件且符合以下条件的，在公司和中介机构保证国有资产不流失的前提下，可按以下方式解决：以国有产权登记表（证）替代国资监管机构的国有股权设置批复文件；公司股东中含有财政参与出资的政府引导型股权投资基金的，可以基金的有效投资决策文件替代国资监管机构或财政部门的国有股权设置批复文件；国有股权由国资监管机构以外的机构监管的公司以及国有资产授权经营单位的下属子公司，可提供相关监管机构或国有资产授权经营单位出具的批复文件或经其盖章的产权登记表（证）替代国资监管机构的国有股权设置批复文件；公司股东中存在为其提供做市服务的国有做市商的，暂不要求提供该类股东的国有股权设置批复文件。

②外商投资企业须提供商务主管部门出具的设立批复或备案文件。

③《公司法》修改（2006年1月1日）前设立的股份公司，须取得国务院授权部门或者省级人民政府的批准文件。

（2）公司股东的出资合法合规，出资方式及比例应符合《公司法》相关规定

①以实物、知识产权、土地使用权等非货币财产出资的，应当评估作价，核实财产，明确权属，财产权转移手续办理完毕。

②以国有资产出资的，应遵守有关国有资产评估的规定。

③公司注册资本缴足，不存在出资不实情形。

2. 存续两年

存续两年是指存续两个完整的会计年度。

有限责任公司按原账面净资产值折股整体变更为股份有限公司的，存续时间可以从有限责任公司成立之日起计算。整体变更不应改变历史成本计价原则，不应根据资产评估结果进行账务调整，应以改制基准日经审计的净资产额为依据折合为股份有限公司股本。公司申报财务报表最近一期截止日不得早于股份有限公司成立日。

（二）业务明确，具有持续经营能力

业务明确，是指公司能够明确、具体地阐述其经营的业务、产品或服务、用途及其商业模式等信息。

公司可同时经营一种或多种业务，每种业务应具有相应的关键资源要素，该要素组成应具有投入、处理和产出能力，能够与商业合同、收入或成本费用等相匹配。

公司业务在报告期内应有持续的营运记录。营运记录包括现金流量、营业收入、交易客户、研发费用支出等。公司营运记录应满足下列条件。

①公司应在每一个会计期间形成与同期业务相关的持续营运记录，不能仅存在偶发性交易或事项。

②最近两个完整会计年度的营业收入累计不低于1,000万元。因研发周期较长导致营业收入少于1,000万元，但最近一期末净资产不少于3,000万元的除外。

③报告期末股本不少于500万元。

④报告期末每股净资产不低于1元/股。

持续经营能力，是指公司在可预见的将来，有能力按照既定目标持续经营下去。

公司存在以下情形之一的，应认定为不符合持续经营能力要求。

①存在依据《公司法》规定解散的情形，或法院依法受理重整、和解或者破产申请。

②公司存在《中国注册会计师审计准则第1324号——持续经营》应用指南中列举的影响其持续经营能力的相关事项或情况，且相关事项或情况导致公司持续经营能力存在重大不确定性。

③存在其他对公司持续经营能力产生重大影响的事项或情况。

（三）公司治理机制健全，合法规范经营

1. 公司治理机制健全

公司治理机制健全，是指公司按规定建立由股东会、董事会、监事会（监事或者董事会设审计委员会）和高级管理层（简称"三会一层"）组成的公司治理架构，制定相应的公司治理制度，并能证明有效运行，保护股东权益。

①公司依法建立"三会一层"，并按照《公司法》《非上市公众公司监督管理办法》及《非上市公众公司监管指引第3号——章程必备条款》等规定制定公司章程、"三会一层"运行规则、投资者关系管理制度、关联交易管理制度等，建立健全公司治理制度。

②公司"三会一层"应按照公司治理制度进行规范运作。公司在报告期内应

遵守《公司法》的相关规定。

③公司董事会应对报告期内公司治理机制执行情况进行讨论、评估。

④公司现任董事、监事和高级管理人员应具备《公司法》规定的任职资格，履行《公司法》和公司章程规定的义务，且不存在以下情形：

a. 最近 24 个月内受到证监会行政处罚，或者被证监会采取证券市场禁入措施且期限尚未届满，或者被全国中小企业股份转让系统有限责任公司（以下简称"全国股转公司"）认定不适合担任挂牌公司董事、监事、高级管理人员；

b. 因涉嫌犯罪被司法机关立案侦查或者涉嫌违法违规被证监会立案调查，尚未有明确结论意见。

⑤公司进行关联交易应依据法律法规、公司章程、关联交易管理制度的规定履行审议程序，保证交易公平、公允，维护公司的合法权益。

⑥公司的控股股东、实际控制人及其关联方存在占用公司资金、资产或其他资源情形的，应在申请挂牌前予以归还或规范（完成交付或权属变更登记）。

占用公司资金、资产或其他资源的具体情形包括：从公司拆借资金；由公司代垫费用、代偿债务；由公司承担担保责任而形成债权；无偿使用公司的土地房产、设备动产等资产；无偿使用公司的劳务等人力资源；在没有商品和服务对价情况下其他使用公司的资金、资产或其他资源的行为。

2. 合法规范经营

合法规范经营，是指公司及其控股股东、实际控制人、下属子公司（下属子公司是指公司的全资、控股子公司或通过其他方式纳入合并报表的公司或其他法人）须依法开展经营活动，经营行为合法合规，不存在重大违法违规行为。

①公司及其下属子公司的重大违法违规行为是指公司及其下属子公司最近 24 个月内因违反国家法律、行政法规、规章的行为，受到刑事处罚或适用重大违法违规情形的行政处罚。行政处罚是指经济管理部门对涉及公司经营活动的违法违规行为给予的行政处罚。凡被行政处罚的实施机关给予没收违法所得、没收非法财物以上行政处罚的行为，属于重大违法违规情形，但处罚机关依法认定不属于的除外；被行政处罚的实施机关给予罚款的行为，除主办券商和律师能依法合理说明或处罚机关认定该行为不属于重大违法违规行为的，都视为重大违法违规情形。公司及其下属子公司最近 24 个月内不存在涉嫌犯罪被司法机关立案侦查，尚未有明确结论意见的情形。

②控股股东、实际控制人合法合规，最近 24 个月内不存在涉及以下情形的重大违法违规行为：

a. 受刑事处罚；

b. 受到与公司规范经营相关的行政处罚，且情节严重；

c. 涉嫌犯罪被司法机关立案侦查，尚未有明确结论意见。

③公司及其下属子公司业务如需主管部门审批，应取得相应的资质、许可或特许经营权等。

④公司及其法定代表人、控股股东、实际控制人、董事、监事、高级管理人员、下属子公司，在申请挂牌时应不存在被列为失信联合惩戒对象的情形。

⑤公司及其下属子公司业务须遵守法律、行政法规和规章的规定，符合国家产业政策以及环保、质量、安全等要求。

公司及其下属子公司所属行业为重污染行业的，根据相关规定应办理建设项目环评批复、环保验收、排污许可证以及配置污染处理设施的，应在申请挂牌前办理完毕；不属于重污染行业的，但根据相关规定必须办理排污许可证和配置污染处理设施的，应在申请挂牌前办理完毕。

⑥公司财务机构设置及运行应独立且合法合规，会计核算规范。

公司及其下属子公司应设有独立财务部门，能够独立开展会计核算，作出财务决策。

公司及其下属子公司的财务会计制度及内控制度健全且得到有效执行，会计基础工作规范，符合《中华人民共和国会计法》《会计基础工作规范》以及《公司法》《现金管理暂行条例》等其他法律法规要求。

公司应按照《企业会计准则》和相关会计制度的规定编制并披露报告期内的财务报表，在所有重大方面公允地反映公司的财务状况、经营成果和现金流量，财务报表及附注不得存在虚假记载、重大遗漏以及误导性陈述。

公司财务报表应由符合《证券法》规定的会计师事务所出具标准无保留意见的审计报告。财务报表被出具带强调事项段的无保留审计意见的，应全文披露审计报告正文以及董事会、监事会（监事或者董事会设审计委员会）和注册会计师对强调事项的详细说明，并披露董事会和监事会（监事或者董事会设审计委员会）对审计报告涉及事项的处理情况，说明该事项对公司的影响是否重大、影响是否已经消除、违反公允性的事项是否已予纠正。

公司存在以下情形的应认定为财务不规范：

a. 公司申报财务报表未按照《企业会计准则》的要求进行会计处理，导致重要会计政策适用不当或财务报表列报错误且影响重大，需要修改申报财务报表（包括资产负债表、利润表、现金流量表、所有者权益变动表）；

b. 因财务核算不规范情形被税务机关采取核定征收企业所得税且未规范；

c. 其他财务信息披露不规范情形。

（四）股权明晰，股票发行和转让行为合法合规

1. 股权明晰

股权明晰是指公司的股权结构清晰、权属分明、真实确定、合法合规，股东特别是控股股东、实际控制人及其关联股东或实际支配的股东持有公司的股份不存在权属争议或潜在纠纷。

①公司的股东不存在国家法律、法规、规章及规范性文件规定不适宜担任股东的情形。

②申请挂牌前存在国有股权转让的情形，应遵守国资管理规定。

③申请挂牌前外商投资企业的股权转让应遵守商务部门的规定。

2. 股票发行和转让行为合法合规

股票发行和转让行为合法合规是指公司及其下属子公司的股票发行和转让依法履行必要内部决议、外部审批（如有）程序。

①公司及其下属子公司股票发行和转让行为合法合规，不存在下列情形：

a. 最近 36 个月内未经法定机关核准，擅自公开或者变相公开发行过证券；

b. 违法行为虽然发生在 36 个月前，目前仍处于持续状态，但《非上市公众公司监督管理办法》实施前形成的股东超 200 人的股份有限公司经证监会确认的除外。

②公司股票限售安排应符合《公司法》和《全国中小企业股份转让系统业务规则（试行）》的有关规定。

公司曾在区域股权市场及其他交易市场进行融资及股权转让的，股票发行和转让等行为应合法合规；在向全国股转系统申请挂牌前应在区域股权市场及其他交易市场停牌或摘牌，并在全国股转系统挂牌前完成在区域股权市场及其他交易市场的摘牌手续。

（五）主办券商推荐并持续督导

①公司须经主办券商推荐，双方签署了"推荐挂牌并持续督导协议"。

②主办券商应完成尽职调查和"内核"程序，对公司是否符合挂牌条件发表独立意见，并出具推荐报告。

第二节　挂牌公司进入创新层的标准

一、挂牌公司进入创新层的条件

根据《全国中小企业股份转让系统分层管理办法》（2023 年），挂牌公司进

入创新层，应当符合下列条件之一。

①最近两年净利润均不低于 1,000 万元，最近两年加权平均净资产收益率平均不低于 6%，截至进层启动日的股本总额不少于 2,000 万元。

②最近两年营业收入平均不低于 8,000 万元，且持续增长，年均复合增长率不低于 30%，截至进层启动日的股本总额不少于 2,000 万元。

③最近两年研发投入累计不低于 2,500 万元，截至进层启动日的 24 个月内，定向发行普通股融资金额累计不低于 4,000 万元（不含以非现金资产认购的部分），且每次发行完成后以该次发行价格计算的股票市值均不低于 3 亿元。

④截至进层启动日的 120 个交易日内，最近有成交的 60 个交易日的平均股票市值不低于 3 亿元；采取做市交易方式的，截至进层启动日做市商家数不少于 4 家；采取集合竞价交易方式的，前述 60 个交易日通过集合竞价交易方式实现的股票累计成交量不低于 100 万股；截至进层启动日的股本总额不少于 5,000 万元。

挂牌公司进入创新层，还应当符合下列条件。

①最近一年期末净资产不为负值。

②公司治理健全，截至进层启动日，已制定并披露经董事会审议通过的股东会、董事会和监事会（监事或者董事会设审计委员会）制度，对外投资管理制度，对外担保管理制度，关联交易管理制度，投资者关系管理制度，利润分配管理制度和承诺管理制度，已设董事会秘书作为信息披露事务负责人并公开披露。

③证监会和全国股转公司规定的其他条件。

二、其他规定

以每年 8 月的最后一个交易日为进层启动日的挂牌公司，还应当同时符合以下条件。

①当年所披露中期报告的财务会计报告应当经符合《证券法》规定的会计师事务所审计，审计意见应当为标准无保留意见；

②中期报告载明的营业收入和净利润均不低于上年同期水平。

挂牌公司或其他相关主体在截至进层启动日的 12 个月内或进层实施期间出现下列情形之一的，挂牌公司不得进入创新层。

①挂牌公司或其控股股东、实际控制人因贪污、贿赂、侵占财产、挪用财产或者破坏社会主义市场经济秩序的行为被司法机关作出有罪判决，或刑事处罚未执行完毕。

②挂牌公司或其控股股东、实际控制人因欺诈发行、重大信息披露违法或者其他涉及国家安全、公共安全、生态安全、生产安全、公众健康安全等领域的重

大违法行为被处以罚款等处罚且情节严重，或者导致严重环境污染、重大人员伤亡、社会影响恶劣等情形。

③挂牌公司或其控股股东、实际控制人、董事、监事、高级管理人员被证监会及其派出机构采取行政处罚；或因证券市场违法违规行为受到全国股转公司等自律监管机构公开谴责。

④挂牌公司或其控股股东、实际控制人、董事、监事、高级管理人员因涉嫌犯罪正被司法机关立案侦查或涉嫌违法违规正被证监会及其派出机构立案调查，尚未有明确结论意见。

⑤挂牌公司或其控股股东、实际控制人被列入失信被执行人名单且情形尚未消除。

⑥未按照全国股转公司规定在每个会计年度结束之日起 4 个月内编制并披露年度报告，或者未在每个会计年度的上半年结束之日起 2 个月内编制并披露中期报告，因不可抗力等特殊原因导致未按期披露的除外。

⑦最近两年财务会计报告被会计师事务所出具非标准审计意见的审计报告；仅根据《全国中小企业股份转让系统分层管理办法》（2023 年）第七条第二项规定条件（最近两年营业收入平均不低于 8,000 万元，且持续增长，年均复合增长率不低于 30%，截至进层启动日的股本总额不少于 2,000 万元）进入创新层的，最近三年财务会计报告被会计师事务所出具非标准审计意见的审计报告。

⑧证监会和全国股转公司规定的其他情形。

第三节　申请挂牌同时进入创新层的标准

申请挂牌同时进入创新层的公司，应当符合下列条件之一。

①最近两年净利润均不低于 1,000 万元，最近两年加权平均净资产收益率平均不低于 6%，股本总额不少于 2,000 万元。

②最近两年营业收入平均不低于 8,000 万元，且持续增长，年均复合增长率不低于 30%，股本总额不少于 2,000 万元。

③最近两年研发投入不低于 2,500 万元，完成挂牌同时定向发行普通股后，融资金额不低于 4,000 万元（不含以非现金资产认购的部分），且公司股票市值不低于 3 亿元。

④在挂牌时即采取做市交易方式，完成挂牌同时定向发行普通股后，公司股票市值[①]不低于 3 亿元，股本总额不少于 5,000 万元，做市商家数不少于 4 家，

---

① 市值是指以申请挂牌公司挂牌同时定向发行普通股价格计算的股票市值。

且做市商做市库存股均通过本次定向发行取得。

申请挂牌同时进入创新层的公司，还应当符合下列条件。

①最近一年期末净资产不为负值；公司治理健全，截至进层启动日，已制定并披露经董事会审议通过的股东会、董事会和监事会制度、对外投资管理制度、对外担保管理制度、关联交易管理制度、投资者关系管理制度、利润分配管理制度和承诺管理制度，已设董事会秘书作为信息披露事务负责人并公开披露。

②不存在《全国中小企业股份转让系统分层管理办法》（2023年）第十条第一项至第五项、第七项规定的情形。

③证监会和全国股转公司规定的其他条件。

第四节　创新层挂牌公司调层制度

创新层挂牌公司出现下列情形之一的，全国股转公司将其调整至基础层。

①最近两年净利润均为负值，且营业收入均低于5,000万元，或者最近三年净利润均为负值，且最近两年营业收入持续下降。

②最近一年期末净资产为负值。

③最近一年财务会计报告被会计师事务所出具否定意见或无法表示意见的审计报告，或者最近一年财务会计报告被会计师事务所出具保留意见的审计报告且净利润为负值。

④半数以上董事无法保证年度报告或者中期报告内容的真实性、准确性、完整性或者提出异议。

⑤因更正年度报告导致进层时不符合创新层进层条件，或者出现上述情形。

⑥不符合创新层进层条件，但依据虚假材料进入的。

⑦未按照全国股转公司规定在每个会计年度结束之日起4个月内编制并披露年度报告，或者未在每个会计年度的上半年结束之日起2个月内编制并披露中期报告，因不可抗力等特殊原因导致未按期披露的除外。

⑧进入创新层后，最近24个月内因不同事项受到证监会及其派出机构行政处罚或全国股转公司公开谴责的次数累计达到2次，或者因资金占用、违规对外担保受到证监会及其派出机构行政处罚或全国股转公司公开谴责，或者受到刑事处罚。

⑨连续60个交易日（不包括挂牌公司股票停牌日），股票每日收盘价均低于每股面值。

⑩仅根据《全国中小企业股份转让系统分层管理办法》（2023年）第七条

第三项或第四项，或者第十一条第一款第三项或第四项进入创新层的挂牌公司，连续 60 个交易日，股票交易市值均低于 1 亿元的。

⑪ 证监会和全国股转公司规定的其他情形。

第五节　创新层的进层和降层调整程序

根据《全国中小企业股份转让系统分层管理办法》（2023 年），全国股转公司每年设置 6 次创新层进层实施安排。进层启动日分别为每年 1 月、2 月、3 月、4 月、5 月和 8 月的最后一个交易日。

基础层挂牌公司披露最近一个会计年度的财务报告后，符合创新层进层条件的，通过主办券商提交进入创新层的材料。基础层挂牌公司仅根据《全国中小企业股份转让系统分层管理办法》（2023 年）第七条第三项进入创新层的，应当披露符合相关条件的公告和会计师事务所的专项意见，充分说明研发费用归集及相关会计处理的合理性。

挂牌公司存在资金占用、违规对外担保或者权益被控股股东、实际控制人严重损害等情形的，主办券商应当在相关情形已完成整改、消除影响后，为其提交进入创新层的材料。

全国股转公司要求挂牌公司及其董事、监事、高级管理人员、股东、实际控制人对有关事项作出解释、说明、更正和补充，要求主办券商、会计师事务所、律师事务所、其他证券服务机构进行核查的，在有明确结论意见前，暂不将其调入创新层。

挂牌公司正式进入创新层前，全国股转公司在全国股转系统网站公示拟进层的公司名单。挂牌公司在名单公示后的 2 个交易日内，可以事实认定有误为由申请异议。全国股转公司履行相应程序后，作出进层决定并公告。

挂牌公司进入创新层按规定应当由全国股转系统挂牌委员会审议的，全国股转公司结合挂牌委员会审议意见作出进层决定。

挂牌公司对进层决定存在异议的，可以自决定公告之日起 5 个交易日内申请复核。复核期间，全国股转公司作出的进层决定不停止执行。

创新层挂牌公司出现《全国中小企业股份转让系统分层管理办法》（2023 年）第十四条规定的降层情形的，全国股转公司自该情形认定之日起 5 个交易日内启动降层调整工作。全国股转公司履行相应程序后，作出降层调整决定并公告。

创新层挂牌公司调整至基础层按规定应当由挂牌委员会审议的，全国股转公司结合挂牌委员会审议意见，作出降层调整决定。

挂牌公司对降层调整决定存在异议的，可以自决定公告之日起 5 个交易日内申请复核。复核期间，全国股转公司作出的降层调整决定暂不执行。

创新层挂牌公司出现《全国中小企业股份转让系统分层管理办法》（2023年）第十四条第一款第一项至第五项、第九项至第十一项规定的情形被调整至基础层的，自调整至基础层之日起 12 个月内，不得再次进入创新层。

创新层挂牌公司因更正年度报告导致其出现《全国中小企业股份转让系统分层管理办法》（2023 年）第十四条第一款第五项规定情形被调整至基础层，且因信息披露文件存在虚假记载受到证监会及其派出机构行政处罚或全国股转公司公开谴责的，或者因出现《全国中小企业股份转让系统分层管理办法》（2023年）第十四条第一款第六项至第八项规定情形被调整至基础层的，自调整至基础层之日起 24 个月内，不得再次进入创新层。

第六节　定向发行股票

一、基本法律、法规

①《全国中小企业股份转让系统股票定向发行规则》（股转公告〔2023〕40号，以下简称"《定向发行规则》"）；

②《全国中小企业股份转让系统股票定向发行业务规则适用指引第 1 号》（股转公告〔2023〕44 号）。

二、基本要求及合规程序

（一）定向发行股票基本要求

股票定向发行，是指发行人向符合《非上市公众公司监督管理办法》规定的包括下列机构或者自然人（特定对象）发行股票的行为。

①公司股东；

②公司的董事、监事、高级管理人员、核心员工；

③符合投资者适当性管理规定的自然人投资者、法人投资者及其他经济组织。

其中，股票未公开转让的公司确定发行对象时，符合规定的投资者合计不得超过 35 名。核心员工的认定，应当由公司董事会提名，并向全体员工公示和征求意见，由监事会（监事或者董事会设审计委员会）发表明确意见后，经股东会审议批准。投资者适当性管理规定由证监会另行制定。

发行过程中，发行人可以向特定对象推介股票。

发行人定向发行后股东累计不超过 200 人的，由全国股转公司自律审查；发行人定向发行后股东累计超过 200 人的，应当在取得全国股转公司出具的自律监管意见后，报证监会核准。

发行人存在违规对外担保、资金占用或者其他权益被控股股东、实际控制人严重损害情形的，应当在相关情形已经解除或者消除影响后进行定向发行。

发行对象可以用现金或者非现金资产认购定向发行的股票。以非现金资产认购的，所涉及的资产应当权属清晰、定价公允，且本次交易应当有利于提升发行人资产质量和持续经营能力。

发行人应当按照《非上市公众公司监督管理办法》的规定，在股东会决议中明确现有股东优先认购安排。

发行对象承诺对其认购股票进行限售的，应当按照其承诺办理自愿限售，并予以披露。

发行人董事会审议定向发行有关事项时，应当不存在尚未完成的股票发行、可转换公司债券发行、重大资产重组和股份回购事宜。

由于国家秘密、商业秘密等特殊原因导致定向发行相关信息确实不便披露的，发行人可以不予披露，但应当在发行相关公告中说明未按照规定进行披露的原因。证监会、全国股转公司认为需要披露的，发行人应当披露。

（二）定向发行相关标准

1. 重要标准和相关的具体要求

（1）定向发行 200 人计算标准

《定向发行规则》规定的"发行人定向发行后股东累计不超过 200 人"是指股票定向发行说明书中确定或预计的新增股东人数（或新增股东人数上限）与本次发行前现有股东（包括在中国证券登记结算有限责任公司登记的普通股、优先股以及可转换公司债券持有人）之和不超过 200 人。

现有股东是指审议本次股票定向发行的股东会通知公告中规定的股权登记日的在册股东。发行人按照《定向发行规则》第三十三条授权定向发行股票的，现有股东是指审议本次股票定向发行的董事会召开日的在册股东。发行人定向发行应当符合《非上市公众公司监督管理办法》关于合法规范经营、公司治理、信息披露、发行对象等方面的规定。

（2）定向发行事项重大调整认定标准

《定向发行规则》规定的对定向发行事项作出重大调整，是指发行对象或对象范围、发行价格或价格区间、认购方式、发行股票总数或股票总数上限、单个发行对象认购数量或数量上限、现有股东优先认购办法的调整、变更募集资金用途以及其他对本次发行造成重大影响的调整。

（3）一些关于时间的要求

发行人财务报告、非现金资产审计、评估报告有效期发行人的定向发行申请文件中，最近一期财务报告剩余有效期不得少于1个月。

定向发行涉及非现金资产认购的，非现金资产的审计报告在审计截止日后6个月内有效，特殊情况下，可以申请延长至多不超过1个月；非现金资产的评估报告在评估基准日后1年内有效。前述有效期限的计算以审计截止日或评估基准日起至审议该交易事项的股东会召开之日止。

（4）连续发行认定标准

发行人董事会审议定向发行有关事项时，应当不存在尚未完成的普通股、优先股或可转换公司债券发行，不存在尚未完成的重大资产重组和股份回购事宜，不违反《非上市公众公司监督管理办法》关于协议收购过渡期的相关规定。普通股发行尚未完成是指尚未披露新增股票挂牌交易公告；优先股发行尚未完成是指尚未披露优先股挂牌转让公告；可转换公司债券发行尚未完成是指尚未披露可转换公司债券挂牌转让公告；重大资产重组实施完毕的标准按照《全国中小企业股份转让系统并购重组业务规则适用指引第1号——重大资产重组》的规定执行；股份回购事宜尚未完成是指发行人回购股份用于注销的，尚未按照中国证券登记结算有限责任公司有关要求完成股份注销手续，发行人回购股份用于员工持股计划、股权激励等情形的，尚未按照全国股转公司有关规定披露回购结果公告。

（5）认购合同生效条件

董事会决议时发行对象确定的，应当在认购合同中约定：本合同在本次定向发行经发行人董事会、股东会批准并履行相关审批程序后生效。"履行相关审批程序"是指取得全国股转公司关于本次股票定向发行的无异议函/同意挂牌及发行的函，或取得证监会关于本次股票定向发行的核准文件。

（6）回复文件要求

发行人及其主办券商、律师事务所、会计师事务所及其他证券服务机构对全国股转公司反馈意见的回复是申请文件的组成部分，发行人及其主办券商、律师事务所、会计师事务所及其他证券服务机构应当保证回复真实、准确、完整。

2. 无须提供中介机构专项意见的定向发行

发行人根据《非上市公众公司监督管理办法》第四十五条规定发行股票的，12个月内普通股定向发行的股份数与本次发行股份数之和不超过本次发行董事会召开当日普通股总股本的 10%，且 12 个月内普通股定向发行的融资总额与本次发行融资总额之和不超过 2,000 万元。12 个月内发行的股份数及融资总额是指以审议本次定向发行有关事项的董事会召开日为起始日（不含当日），向前推算 12 个月，在该期间内披露新增股票挂牌交易公告的普通股定向发行累计发行的股份数及融资总额。

3. 授权定向发行

（1）授权定向发行的规范性要求

发行人年度股东会可以依据公司章程规定，授权董事会在募集资金总额不超过一定范围内发行股票，该项授权在下一年度股东会召开日失效，不受《定向发行规则》关于股东会授权董事会办理股票发行有关事项有效期规定的约束。基础层公司授权董事会募集资金总额不得超过 2,000 万元，创新层公司授权董事会募集资金总额不得超过 5,000 万元。存在以下情形之一的，发行人不得按照年度股东会授权发行股票。

①发行人现有股东超过 200 人或预计发行后股东累计超过 200 人的。

②董事会审议股票定向发行说明书时，发行对象包括发行人控股股东、实际控制人、董事或前述主体关联方的。

③发行对象以非现金资产认购的。

④发行股票导致发行人控制权发生变动的。

⑤本次发行中存在特殊投资条款安排的。

⑥发行人或其控股股东、实际控制人最近 12 个月内被证监会及其派出机构给予行政处罚或采取行政监管措施，或被全国股转公司采取纪律处分的。

⑦发行人或其控股股东、实际控制人因涉嫌犯罪正被司法机关立案侦查或者涉嫌违法违规被证监会及其派出机构立案调查，尚无明确结论的。

⑧全国股转公司认定的其他情形。

（2）年度股东会决议事项

发行人年度股东会应当就下列事项作出决议，作为董事会行使授权的前提条件。

①发行股票数量上限。

②发行对象、发行对象范围或发行对象确定方法。

③现有股东优先认购安排。

④发行价格、发行价格区间或发行价格确定办法。

⑤募集资金总额上限。

⑥募集资金用途。

⑦对董事会办理发行事宜的具体授权。

⑧其他需要明确的事项。发行人应当在披露年度股东会通知的同时披露授权发行相关公告。

（3）中介机构意见

主办券商定向发行推荐工作报告和法律意见书除包括《非上市公众公司信息披露内容与格式准则第3号——定向发行说明书和发行情况报告书》（以下简称"《内容与格式准则第3号》"）规定的内容外，还应当对发行人年度股东会授权发行内容及程序等是否合法合规发表明确意见。

4. 特殊投资条款

（1）发行对象参与发行人股票定向发行时约定的特殊投资条款，不得存在的情形

①发行人作为特殊投资条款的义务承担主体或签署方。但在发行对象以非现金资产认购等情形中，发行人享有权益的除外。

②限制发行人未来股票发行融资的价格或发行对象。

③强制要求发行人进行权益分派，或者不能进行权益分派。

④发行人未来再融资时，如果新投资方与发行人约定了优于本次发行的条款，则相关条款自动适用于本次发行的发行对象。

⑤发行对象有权不经发行人内部决策程序直接向发行人派驻董事，或者派驻的董事对发行人经营决策享有一票否决权。

⑥不符合法律法规关于剩余财产分配、查阅、知情等相关权利的规定。

⑦触发条件与发行人市值挂钩。

⑧证监会或全国股转公司认定的其他情形。

（2）特殊投资条款的审议程序

特殊投资条款作为定向发行说明书的重要组成部分，应当经发行人董事会、股东会审议通过。

董事会、股东会审议通过后，发行对象新增特殊投资条款或者对审议通过的特殊投资条款作出实质修改的，发行人应当对定向发行说明书进行修订，并重新履行董事会、股东会审议程序。

（3）特殊投资条款的披露

发行人应当按照《内容与格式准则第3号》的要求，在定向发行说明书及发行情况报告书中完整披露特殊投资条款的具体内容。

（4）中介机构意见

主办券商与律师事务所应当在主办券商定向发行推荐工作报告和法律意见书中，对以下事项发表明确意见：

①特殊投资条款是否为协议各方真实的意思表示，是否合法有效；
②特殊投资条款是否存在本适用指引规定的不得存在的情形；
③发行人是否已在定向发行说明书中完整披露特殊投资条款的具体内容；
④特殊投资条款是否已经发行人董事会、股东会审议通过；
⑤主办券商和律师事务所认为需要说明的其他问题；
⑥全国股转公司要求的其他事项。

（5）变更或新增特殊投资条款

新增或变更特殊投资条款在以下时点之后，除非发生不可抗力事件等特殊情形，原则上不得变更或新增特殊投资条款：

①发行人提交发行申请文件时发行对象确定的，取得全国股转公司关于本次股票定向发行的无异议函/同意挂牌及发行的函，或取得证监会关于本次股票定向发行的核准文件；

②发行人提交发行申请文件时发行对象不确定的，更新披露的确定对象定向发行说明书等相关文件经全国股转公司审查完毕。

第七节　重大资产重组

一、基本法律、法规

①《非上市公众公司重大资产重组管理办法》（以下简称"《重组办法》"）；

②《全国中小企业股份转让系统非上市公众公司重大资产重组业务细则》（以下简称"《重组业务细则》"）；

③《全国中小企业股份转让系统并购重组业务规则适用指引第 1 号——重大资产重组》；

④《全国中小企业股份转让系统并购重组业务规则适用指引第 2 号——权益变动与收购》。

二、重大资产重组的标准及要求

重大资产重组是指公众公司及其控股或者控制的公司在日常经营活动之外购买、出售资产或者通过其他方式进行资产交易，导致公众公司的业务、资产发生重大变化的资产交易行为。

（一）重大资产重组的标准

公众公司及其控股或者控制的公司购买、出售资产，达到下列标准之一的，构成重大资产重组：

①购买、出售的资产总额占公众公司最近一个会计年度经审计的合并财务会计报表期末资产总额的比例达到50%以上；

②购买、出售的资产净额占公众公司最近一个会计年度经审计的合并财务会计报表期末净资产额的比例达到50%以上，且购买、出售的资产总额占公众公司最近一个会计年度经审计的合并财务会计报表期末资产总额的比例达到30%以上。

以其他方式进行资产交易，包括但不限于以下情形：

①以认缴、实缴等方式与他人新设参股企业，或对已设立的企业增资或者减资；

②受托经营、租赁其他企业资产或将经营性资产委托他人经营、租赁；

③接受附义务的资产赠与或者对外捐赠资产；

④证监会根据审慎监管原则认定的其他情形。

（二）重大资产重组的要求

公众公司实施重大资产重组，应当符合下列要求。

①重大资产重组所涉及的资产定价公允，不存在损害公众公司和股东合法权益的情形。

②重大资产重组所涉及的资产权属清晰，资产过户或者转移不存在法律障碍，相关债权债务处理合法；所购买的资产，应当为权属清晰的经营性资产。

③实施重大资产重组有利于提高公众公司资产质量和增强持续经营能力，不存在可能导致公众公司重组后主要资产为现金或者无具体经营业务的情形。

④实施重大资产重组有利于公众公司形成或者保持健全有效的法人治理结构。

（三）重大资产重组中标准的具体适用条件

1. 部分交易的重大资产重组认定标准

（1）购买或出售土地、房产及机械设备

挂牌公司购买与生产经营相关的土地、房产、机械设备等，充分说明合理性和必要性的，可以视为日常经营活动，不纳入重大资产重组管理；如涉及发行证券的，应遵守全国股转系统的其他相关规定。

挂牌公司购买用于生产经营的相关的土地、房产、机械设备等若达到《重组办法》第二条规定的标准，构成重大资产重组；应当按照公司章程及相关规范性文件的要求履行审议程序和信息披露义务。

（2）设立子公司或向子公司增资

挂牌公司新设全资子公司或控股子公司，向全资子公司或控股子公司增资，不构成重大资产重组。但挂牌公司新设参股子公司或向参股子公司增资，若达到《重组办法》第二条规定的标准，则构成重大资产重组。

2. 重大资产重组标准计算时的财务资料与财务数据

（1）财务资料有效期

挂牌公司披露的重大资产重组报告书（重组报告书）中引用的标的资产财务资料有效期应当符合《非上市公众公司信息披露内容与格式准则第6号——重大资产重组报告书》第四条的相关规定，标的资产审计报告应当在相应的财务资料有效期之内披露。对于发行股份购买资产且发行后股东人数超过200人的重大资产重组，挂牌公司在向全国股转公司提交出具自律监管意见申请文件时，重组报告书中引用的经审计的最近一期财务资料的剩余有效期应当不少于1个月。

（2）挂牌公司非标准审计意见

原则上，挂牌公司最近一个会计年度财务报告被出具非标准审计意见，造成挂牌公司财务报告被出具非标准审计意见的原因已消除的，相关财务数据可以作为判断重大资产重组的依据。但独立财务顾问应当就审计机构出具非标准审计意见的原因以及该原因是否已消除作出专项说明，并予以披露。

（3）净资产额的认定

挂牌公司根据《重组办法》第二条、第四十条的规定，计算购买、出售的资产净额占挂牌公司最近一个会计年度经审计的合并财务会计报表期末净资产额的比例时，前述挂牌公司净资产额不应包括少数股东权益。

（4）连续购买或出售时重大资产重组标准的计算

挂牌公司在12个月内连续对同一或者相关资产进行购买、出售的，在计算相应指标时，应当以第一次交易时最近一个会计年度挂牌公司经审计的合并财务会计报表期末资产总额、期末净资产额作为分母；在计算分子时，最近一次交易标的资产相关财务数据应当以最近一期经审计的资产总额、资产净额为准。

3. 内幕信息知情人报备

挂牌公司及交易对方的所有董事、监事、高级管理人员及其直系亲属，无论是否知情，均应当纳入重大资产重组内幕信息知情人的报备范围。

挂牌公司因重大资产重组事项申请股票停牌后，无论是否继续推进重大资产重组事项，均需要进行内幕信息知情人报备。

4. 停牌日前证券异常交易的处理

根据《重组业务细则》第十五条的规定，全国股转公司将对挂牌公司重大资产重组停牌申请日前6个月的证券交易情况进行核查。发现异常交易情况的，全国股转公司将告知挂牌公司，由挂牌公司书面答复，并根据不同情形处理。

（1）拟继续推进重大资产重组进程

挂牌公司拟继续推进重大资产重组进程的，须单独披露与重大资产重组相关证券异常交易情况的说明，对证券异常交易是否属于内幕交易及判断的理由进行说明，同时对挂牌公司重大资产重组事项可能因内幕交易被证监会或司法机关立案查处而暂停或终止的风险进行单独揭示。

挂牌公司聘请的独立财务顾问及律师应当对证券异常交易是否属于内幕交易发表核查意见并公开披露，同时应对挂牌公司重大资产重组事项可能存在因内幕交易被证监会或司法机关立案查处而暂停或终止的风险进行单独揭示。

挂牌公司聘请的独立财务顾问或律师无法发表意见，或认为存在内幕交易且不符合恢复重大资产重组进程要求的，挂牌公司应当终止本次重大资产重组。

（2）暂停重大资产重组进程

挂牌公司因与挂牌公司重大资产重组相关证券异常交易被证监会或司法机关立案的，应暂停重大资产重组进程，并披露被相关机构立案的临时公告，挂牌公司聘请的独立财务顾问应当同时发布风险提示公告。

挂牌公司因被证监会或司法机关立案暂停重大资产重组进程的，在影响重大资产重组审查的情形消除后可以申请恢复重大资产重组进程。

关于影响重大资产重组审查的情形消除的标准，参照证监会《上市公司监管指引第 7 号——上市公司重大资产重组相关股票异常交易监管》。

（3）终止重大资产重组进程

挂牌公司因自愿选择终止重大资产重组、独立财务顾问或律师对异常交易无法发表意见或认为存在内幕交易且不符合恢复重大资产重组进程要求等原因终止本次重大资产重组的，挂牌公司应当召开董事会审议终止重大资产重组的相关事项，并及时发布终止重大资产重组公告，披露本次重大资产重组的基本情况及终止原因，挂牌公司证券同时申请复牌。重组方案已经股东会审议通过的，还应召开股东会审议终止重大资产重组的相关事项。

挂牌公司被证监会要求终止本次重大资产重组的，挂牌公司应当及时发布终止重大资产重组公告，披露本次重大资产重组的基本情况及终止原因，挂牌公司证券同时申请复牌。

5. 重组方案重大调整认定标准

（1）变更交易对象

增加交易对象的，应当视为构成重组方案重大调整；减少交易对象，交易各方同意将该交易对象及其持有的标的资产份额剔除出重组方案，且剔除后根据有关变更交易标的的规定未构成交易标的重大调整的，可以视为不构成重组方案重大调整。对于调整交易对象所持标的资产份额的情形，如交易各方同意交易对象之间转让标的资产份额，且转让份额的作价不超过标的资产总交易作价20%

的，可以视为不构成重组方案重大调整。

（2）变更交易标的

如同时满足以下两个条件，可以视为不构成重组方案重大调整：一是拟增加或减少的交易标的的交易作价、资产总额、资产净额占原标的资产相应指标总量的比例均不超过20%；二是变更标的资产对交易标的的生产经营不构成实质性影响，包括不影响交易标的的资产及业务完整性等。

（3）变更交易价格

如同时满足以下两个条件，可以视为不构成重组方案重大调整：一是交易价格调整幅度不超过20%；二是交易价格的调整具有充分、合理的客观理由，独立财务顾问应当对交易价格调整的合理性出具专项意见。

（4）变更支付手段

变更支付手段应当视为重组方案重大调整。

（5）变更配套募集资金

调减或取消配套募集资金、调增配套募集资金的比例不超过原募资规模20%的，不构成重组方案重大调整；新增配套募集资金或调增配套募集资金的比例超过原募资规模20%的，应当视为重组方案重大调整。

6. 重组方案实施完毕认定标准

对于购买资产构成重大资产重组的情形，如涉及挂牌公司发行股份，"实施完毕"以挂牌公司披露新增股份在全国股转系统挂牌并公开转让的公告为准；如不涉及挂牌公司发行股份，"实施完毕"以标的资产完成过户为准。

对于出售资产构成重大资产重组的情形，"实施完毕"以标的资产过户完毕且交易对价支付完毕为准。

7. 200人计算标准

涉及发行股份购买资产的重大资产重组中，重组方案及配套募集资金方案中确定或预计的新增股东人数（或新增股东人数上限）与审议重大资产重组事项的股东会规定的股权登记日在册股东人数之和不超过200人的（含200人），视为重大资产重组完成后挂牌公司股东人数不超过200人。

计算股东人数时，在中国证券登记结算有限责任公司登记的普通股、优先股以及可转换公司债券持有人数合并计算。

8. 与前次重大资产重组、证券发行程序的衔接

挂牌公司如存在尚未完成的重大资产重组事项，在前次重大资产重组实施完毕并披露实施情况报告书前，不得筹划新的重大资产重组事项，也不得因重大资产重组申请停牌。除发行股份购买资产构成重大资产重组并募集配套资金的情况

外，在重大资产重组实施完毕并披露实施情况报告书前，挂牌公司不得启动证券发行。

挂牌公司如存在尚未完成的证券发行，在前次证券发行完成新增证券登记前，不得筹划重大资产重组事项，也不得因重大资产重组申请停牌。

9. 实现利润的计算依据

《重组办法》第三十四条规定的挂牌公司重大资产重组"购买资产实现的利润"，以扣除非经常性损益后归属母公司股东的净利润为计算依据。

10. 具有金融属性的挂牌公司重大资产重组要求

相关法规规定："除中国人民银行、中国银保监会[①]、证监会批准设立并监管的金融机构外，小额贷款公司、融资担保公司、融资租赁公司、商业保理公司、典当公司等其他具有金融属性的企业以及私募基金管理机构，在相关监管政策明确前，应当暂停重大资产重组业务。"

三、重大资产重组的程序

（一）实施重大资产重组的停牌程序

公司出现下列情形之一时，应当立即向全国股转公司申请公司股票停牌：

①交易各方初步达成实质性意向；

②虽未达成实质意向，但在相关董事会决议公告前，相关信息已在媒体上传播或者预计该信息难以保密或者公司证券交易价格出现异常波动；

③本次重组需要向有关部门进行政策咨询、方案论证。

在筹划公众公司重大资产重组的阶段，交易各方初步达成实质性意向或者虽未达成实质性意向，但相关信息已在媒体上传播或者预计该信息难以保密或者公司股票转让出现异常波动的，公众公司应当及时向全国股转系统申请股票暂停转让。

筹划、实施公众公司重大资产重组，相关信息披露义务人应当公平地向所有投资者披露可能对公众公司股票转让价格产生较大影响的相关信息，不得有选择性地向特定对象提前泄露。

公众公司的股东、实际控制人以及参与重大资产重组筹划、论证、决策等环节的其他相关机构和人员，应当及时、准确地向公众公司通报有关信息，并配合公众公司及时、准确、完整地进行披露。

---

① 2023年3月，中共中央、国务院印发了《党和国家机构改革方案》，在中国银保监会基础上组建国家金融监督管理总局，不再保留中国银保监会。

公司因重大资产重组事项申请停牌，首次停牌时间不得超过 1 个月。

公司重组事项因涉及有权部门事前审批、重大无先例或全国股转公司认定的其他情形，导致无法在停牌期限届满前披露重组预案或重组报告书的，经公司董事会审议通过后可以申请延期复牌，但自首次停牌之日起，累计停牌时间不得超过 2 个月。期满后仍未能披露重组预案或重组报告书的，挂牌公司应当终止筹划重组事项，并申请复牌。除前述情形外，挂牌公司因筹划重大资产重组股票停牌的，不得申请延期复牌。挂牌公司无法在停牌期限届满前披露重组预案或重组报告书的，应当终止筹划本次重组并申请股票复牌。

因涉及国家重大战略项目、国家军工秘密等事项对停牌时间另有要求，或两网及退市公司在破产重整中嵌套实施重大资产重组的，停牌时间不受本条限制。

公司因重大资产重组股票停牌后，应当每 5 个交易日披露一次重组进展公告。重组事项出现重要进展的，应当在重组进展公告中予以披露。重要进展包括但不限于以下情形：

①各方就交易方案进行磋商的相关情况；

②公司与交易对方签订重组框架或意向协议，对已签订的重组框架或意向协议作出重大修订或变更；

③公司取得有权部门关于重组事项的事前审批意见；

④公司与聘请的中介机构签订重组服务协议；

⑤尽职调查、审计、评估等工作取得阶段性进展；

⑥更换财务顾问、审计机构、评估机构等中介机构；

⑦已披露重组标的的公司，更换、增加、减少重组标的，公司应当披露拟变更标的的具体情况、变更的原因；

⑧因交易双方价格分歧、挂牌公司证券价格波动、税收政策和标的资产行业政策发生重大变化等原因，导致重组事项出现终止风险的，公司应当及时提示相关风险并披露后续进展；

⑨其他重大进展。

（二）实施重大资产重组的决策程序

1. 聘请机构

公众公司实施重大资产重组，应当聘请符合《证券法》规定的独立财务顾问、律师事务所以及会计师事务所等证券服务机构出具相关意见。公众公司应当聘请为其提供督导服务的主办券商为独立财务顾问，但存在影响独立性、财务顾问业务受到限制等不宜担任独立财务顾问情形的除外。公众公司也可以同时聘请其他机构为其重大资产重组提供顾问服务。

2. 董事会依法作出决议，股东会审议

公众公司召开董事会决议重大资产重组事项，应当在披露决议的同时披露本次重大资产重组报告书、独立财务顾问报告、法律意见书以及重组涉及的审计报告、资产评估报告（或资产估值报告）。董事会还应当就召开股东会事项作出安排并披露。

如公众公司就本次重大资产重组首次召开董事会前，相关资产尚未完成审计等工作的，在披露首次董事会决议的同时应当披露重大资产重组预案及独立财务顾问对预案的核查意见。公众公司应在披露重大资产重组预案后6个月内完成审计等工作，并再次召开董事会，在披露董事会决议时一并披露重大资产重组报告书、独立财务顾问报告、法律意见书以及本次重大资产重组涉及的审计报告、资产评估报告（或资产估值报告）等。董事会还应当就召开股东会事项作出安排并披露。

股东会就重大资产重组事项作出的决议，必须经出席会议的股东所持表决权的三分之二以上通过。公众公司股东人数超过200人的，应当对出席会议的持股比例在10%以下的股东表决情况实施单独计票。公众公司应当在决议后及时披露表决情况。持股比例在10%以下的股东，不包括公众公司董事、监事、高级管理人员及其关联人以及持股比例在10%以上股东的关联人。公众公司重大资产重组事项与本公司股东或者其关联人存在关联关系的，股东会就重大资产重组事项进行表决时，关联股东应当回避表决。

公众公司可视自身情况在公司章程中约定是否提供网络投票方式以便于股东参加股东会；退市公司应当采用安全、便捷的网络投票方式为股东参加股东会提供便利。

公众公司重大资产重组可以使用现金、股份、可转换债券、优先股等支付手段购买资产。使用股份、可转换债券、优先股等支付手段购买资产的，其支付手段的价格由交易双方自行协商确定，定价可以参考董事会召开前一定期间内公众公司股票的市场价格、同行业可比公司的市盈率或市净率等。董事会应当对定价方法和依据进行充分披露。

公众公司重大资产重组不涉及发行股份或者公众公司向特定对象发行股份购买资产后股东累计不超过200人的，经股东会决议后，应当在2个工作日内将重大资产重组报告书、独立财务顾问报告、法律意见书以及重组涉及的审计报告、资产评估报告（或资产估值报告）等信息披露文件报送全国股转系统。

股东会作出重大资产重组的决议后，公众公司拟对交易对象、交易标的、交易价格等作出变更，构成对原重组方案重大调整的，应当在董事会表决通过后重

新提交股东会审议，并按照规定向全国股转系统重新报送信息披露文件或者向证监会重新提出核准申请。

股东会作出重大资产重组的决议后，公众公司董事会决议终止本次交易或者撤回有关申请的，应当说明原因并披露，然后提交股东会审议。

3. 重大资产重组的审批程序

①公众公司向特定对象发行股份购买资产后股东累计超过 200 人的重大资产重组，经股东会决议后，应当按照证监会的有关规定编制申请文件并申请核准。

②证监会受理申请文件后，依法进行审核，在 20 个工作日内作出核准、中止审核、终止审核、不予核准的决定。

③公众公司收到证监会就其发行股份购买资产的重大资产重组申请作出的核准、中止审核、终止审核、不予核准的决定后，应当在 2 个工作日内披露。

④证监会不予核准的，自证监会作出不予核准的决定之日起 3 个月内，证监会不受理该公众公司发行股份购买资产的重大资产重组申请。

⑤公众公司实施重大资产重组，相关当事人作出公开承诺事项的，应当同时提出未能履行承诺时的约束措施并披露。

⑥全国股转系统应当加强对相关当事人履行公开承诺行为的监督和约束，对不履行承诺的行为及时采取自律监管措施。

⑦公众公司重大资产重组完成相关批准程序后，应当及时实施重组方案，并在本次重大资产重组实施完毕之日起 2 个工作日内，编制并披露实施情况报告书及独立财务顾问、律师的专业意见。独立财务顾问应当结合公众公司重大资产重组实施当年和实施完毕后的第一个完整会计年度的年报，自年报披露之日起 15 日内，对重大资产重组实施的下列事项出具持续督导意见，报送全国股转系统，并披露：

a. 交易资产的交付或者过户情况；

b. 交易各方当事人承诺的履行情况及未能履行承诺时相关约束措施的执行情况；

c. 公司治理结构与运行情况；

d. 本次重大资产重组对公司运营、经营业绩影响的状况；

e. 盈利预测的实现情况（如有）；

f. 与已公布的重组方案存在差异的其他事项。

⑧本次重大资产重组涉及发行股份的，特定对象以资产认购而取得的公众公司股份，自股份发行结束之日起 6 个月内不得转让。属于下列情形之一的，12 个月内不得转让：

a. 特定对象为公众公司控股股东、实际控制人或者其控制的关联人；

b. 特定对象通过认购本次发行的股份取得公众公司的实际控制权；

c. 特定对象取得本次发行的股份时，对其用于认购股份的资产持续拥有权益的时间不足 12 个月。

第八节　非公开发行优先股

一、基本法律、法规

①《国务院关于开展优先股试点的指导意见》；

②《优先股试点管理办法》（2023 年）；

③《全国中小企业股份转让系统优先股业务细则》。

二、发行优先股的基本要求和程序

优先股是指依照《公司法》，在一般规定的普通种类股份之外，另行规定的其他种类股份，其股份持有人优先于普通股股东分配公司利润和剩余财产，但参与公司决策管理等权利受到限制。

优先股股东的权利、义务以及优先股股份的管理应当符合《公司法》的规定。试点期间不允许发行在股息分配和剩余财产分配上具有不同优先顺序的优先股，但允许发行在其他条款上具有不同设置的优先股。

（一）非上市公众公司非公开发行优先股应符合的条件

①合法规范经营。

②公司治理机制健全。

③依法履行信息披露义务。

④同一次发行的优先股，条款应当相同。每次优先股发行完毕前，不得再次发行优先股。

⑤优先股每股票面金额为 100 元。

⑥优先股发行价格和票面股息率应当公允、合理，不得损害股东或其他利益相关方的合法利益，发行价格不得低于优先股票面金额。公开发行优先股的价格或票面股息率以市场询价或证监会认可的其他公开方式确定。非公开发行优先股的票面股息率不得高于最近两个会计年度的年均加权平均净资产收益率。

⑦不得发行可转换为普通股的优先股。但商业银行可根据商业银行资本监管规定，非公开发行触发事件发生时强制转换为普通股的优先股，并遵守有关

规定。

⑧非公开发行优先股仅向合格投资者发行，每次发行对象不得超过 200 人，且相同条款优先股的发行对象累计不得超过 200 人。

⑨拟发行优先股的，董事会应依法就具体方案、本次发行对公司各类股东权益的影响、发行优先股的目的、募集资金的用途及其他必须明确的事项作出决议，并提请股东会批准。董事会决议确定具体发行对象的，董事会决议应当确定具体的发行对象名称及其认购价格或定价原则、认购数量或数量区间等；同时应在召开董事会前与相应发行对象签订附条件生效的股份认购合同。董事会决议未确定具体发行对象的，董事会决议应当明确发行对象的范围和资格、定价原则等。

⑩股东会就发行优先股进行审议，发行优先股决议，须经出席会议的普通股股东（含表决权恢复的优先股股东）所持表决权的三分之二以上通过。已发行优先股的，还须经出席会议的优先股股东（不含表决权恢复的优先股股东）所持表决权的三分之二以上通过。向公司特定股东及其关联人发行优先股的，股东会就发行方案进行表决时，关联股东应当回避，公司普通股股东（不含表决权恢复的优先股股东）人数少于 200 人的除外。

（二）非上市公众公司不得发行优先股的情形

①本次发行申请文件有虚假记载、误导性陈述或重大遗漏；
②最近 12 个月内受到过证监会的行政处罚；
③因涉嫌犯罪正被司法机关立案侦查或涉嫌违法违规正被证监会立案调查；
④非上市公众公司的权益被控股股东或实际控制人严重损害且尚未消除；
⑤非上市公众公司及其附属公司违规对外提供担保且尚未解除；
⑥存在可能严重影响公司持续经营的担保、诉讼、仲裁、市场重大质疑或其他重大事项；
⑦其董事和高级管理人员不符合法律、行政法规和规章规定的任职资格；
⑧严重损害投资者合法权益和社会公共利益的其他情形。

（三）上市公司发行优先股应符合的条件

①上市公司应当与控股股东或实际控制人的人员、资产、财务分开，机构、业务独立。

②上市公司内部控制制度健全，能够有效保证公司运行效率、合法合规和财务报告的可靠性，内部控制的有效性应当不存在重大缺陷。

③上市公司发行优先股，最近三个会计年度实现的年均可分配利润应当不少于优先股一年的股息。

④上市公司最近三年现金分红情况应当符合公司章程及证监会的有关监管规定。

⑤上市公司报告期不存在重大会计违规事项。向不特定对象发行优先股，最近三年财务报表被注册会计师出具的审计报告应当为标准审计报告或带强调事项段的无保留意见的审计报告；向特定对象发行优先股，最近一年财务报表被注册会计师出具的审计报告为非标准审计报告的，所涉及事项对公司无重大不利影响或者在发行前重大不利影响已经消除。

⑥上市公司发行优先股募集资金应有明确用途，与公司业务范围、经营规模相匹配，募集资金用途符合国家产业政策和有关环境保护、土地管理等法律和行政法规的规定。

⑦除金融类企业外，本次募集资金使用项目不得为持有交易性金融资产和可供出售的金融资产、借予他人等财务性投资，不得直接或间接投资于以买卖有价证券为主要业务的公司。

⑧上市公司已发行的优先股不得超过公司普通股股份总数的 50%，且筹资金额不得超过发行前净资产的 50%，已回购、转换的优先股不纳入计算。

⑨上市公司同一次发行的优先股，条款应当相同。每次优先股发行完毕前，不得再次发行优先股。

（四）上市公司不得发行优先股的情形

①本次发行申请文件有虚假记载、误导性陈述或重大遗漏；

②最近 12 个月内受到过证监会的行政处罚；

③因涉嫌犯罪正被司法机关立案侦查或涉嫌违法违规正被证监会立案调查；

④上市公司的权益被控股股东或实际控制人严重损害且尚未消除；

⑤上市公司及其附属公司违规对外提供担保且尚未解除；

⑥存在可能严重影响公司持续经营的担保、诉讼、仲裁、市场重大质疑或其他重大事项；

⑦其董事和高级管理人员不符合法律、行政法规和规章规定的任职资格；

⑧严重损害投资者合法权益和社会公共利益的其他情形。

三、优先股的基本特点和相关要求

（一）优先分配利润

优先股股东按照约定的票面股息率，优先于普通股股东分配公司利润。公司应当以现金的形式向优先股股东支付股息，在完全支付约定的股息之前，不得向普通股股东分配利润。

（二）公司应当在公司章程中明确的事项

①优先股股息率是采用固定股息率还是浮动股息率，并相应明确固定股息率水平或浮动股息率计算方法。

②公司在有可分配税后利润的情况下是否必须分配利润。

③如果公司因本会计年度可分配利润不足而未向优先股股东足额派发股息，差额部分是否累积到下一会计年度。

④优先股股东按照约定的股息率分配股息后，是否有权同普通股股东一起参加剩余利润分配。

⑤优先股利润分配涉及的其他事项。

（三）优先分配剩余财产

公司因解散、破产等原因进行清算时，公司财产在按照《公司法》和《中华人民共和国企业破产法》有关规定进行清偿后的剩余财产，应当优先向优先股股东支付未派发的股息和公司章程约定的清算金额，不足以支付的按照优先股股东持股比例分配。

（四）优先股转换和回购

公司可以在公司章程中规定优先股转换为普通股、发行人回购优先股的条件、价格和比例。转换选择权或回购选择权可规定由发行人或优先股股东行使。发行人要求回购优先股的，必须完全支付所欠股息，但商业银行发行优先股补充资本的除外。优先股回购后相应减记发行在外的优先股股份总数。

（五）表决权限制

除以下情况外，优先股股东不出席股东会会议，所持股份没有表决权：

①修改公司章程中与优先股相关的内容；

②一次或累计减少公司注册资本超过10%；

③公司合并、分立、解散或变更公司形式；

④发行优先股；

⑤公司章程规定的其他情形。

上述事项的决议，除须经出席会议的普通股股东（含表决权恢复的优先股股东）所持表决权的三分之二以上通过之外，还须经出席会议的优先股股东（不含表决权恢复的优先股股东）所持表决权的三分之二以上通过。

（六）表决权恢复

公司累计三个会计年度或连续两个会计年度未按约定支付优先股股息的，优先股股东有权出席股东会，每股优先股股份享有公司章程规定的表决权。对于股息可累积到下一会计年度的优先股，表决权恢复直至公司全额支付所欠股息。对于股息不可累积的优先股，表决权恢复直至公司全额支付当年股息。公司章程可规定优先股表决权恢复的其他情形。

（七）与股份种类相关的计算

以下事项计算持股比例时，仅计算普通股和表决权恢复的优先股：

①根据《公司法》规定，请求召开临时股东会；

②根据《公司法》规定，召集和主持股东会；

③根据《公司法》规定，提交股东会临时提案；

④根据《公司法》规定，认定控股股东。

（八）发行条件

公司已发行的优先股不得超过公司普通股股份总数的 50%，且筹资金额不得超过发行前净资产的 50%，已回购、转换的优先股不纳入计算。

（九）公开发行

公司公开发行优先股的，应当在公司章程中规定以下事项。

①采取固定股息率。

②在有可分配税后利润的情况下必须向优先股股东分配股息。

③未向优先股股东足额派发股息的差额部分应当累积到下一会计年度。

④优先股股东按照约定的股息率分配股息后，不再同普通股股东一起参加剩余利润分配。商业银行发行优先股补充资本的，可就第②项和第③项事项另行规定。

（十）公司收购

优先股可以作为并购重组支付手段。

（十一）与持股数额相关的计算

以下事项计算持股数额时，仅计算普通股和表决权恢复的优先股：

①根据《证券法》，认定持有公司股份最多的前十名股东的名单和持股数额；

②根据《证券法》，认定持有公司 5% 以上股份的股东。

第九节　非公开定向发行可转换公司债券

一、基本法律、法规

①《证券法》；

②《可转换公司债券管理办法》；

③《全国中小企业股份转让系统可转换公司债券定向发行与转让业务细则》；

④《北京证券交易所上市公司向特定对象发行可转换公司债券业务细则》。

二、发行可转债的基本条件

可转债，是指公司依法发行、在一定期间内依据约定的条件可以转换成本公司股票的公司债券，属于《证券法》规定的具有股权性质的证券。

（一）发行可转债应当符合的条件

①具备健全且运行良好的组织机构；

②最近三年平均可分配利润足以支付公司债券一年的利息；

③具备健全且运行良好的组织机构；

④具有持续经营能力；

⑤最近三年财务会计报告被出具无保留意见审计报告；

⑥发行人及其控股股东、实际控制人最近三年不存在贪污、贿赂、侵占财产、挪用财产或者破坏社会主义市场经济秩序的刑事犯罪；

⑦国务院、经国务院批准的国务院证券监督管理机构规定的其他条件。

（二）发行可转债负面清单

①对已公开发行的公司债券或者其他债务有违约或者延迟支付本息的事实，仍处于继续状态；

②违反相关法律规定，改变公开发行公司债券所募资金的用途。

（三）转股

定向发行可转债说明书应当约定转股价格调整的原则及方式。发行可转债后，因送股、派息、分立及其他原因引起发行人股份变动的，应当同时调整转股价格。

定向发行可转债说明书可以约定转股价格修正条款。约定转股价格向下修正的，应当同时约定：转股价格向下修正方案应当提交股东会表决，且经出席会议的股东所持表决权的三分之二以上通过；股东持有公司可转债的，应当回避表决。

拟进行转股价格向下修正的发行人，应当在转股价格向下修正议案经董事会审议通过后再提交股东会审议。股东会审议通过该议案后，发行人应当及时披露转股价格修正公告，公告内容包括修正前的转股价格、修正后的转股价格、修正转股价格履行的审议程序、转股价格修正的起始时间等。主办券商应当就转股价格向下修正程序是否合法合规发表意见，并与股东会公告同时披露。

自发行结束之日起6个月后，在符合约定条件时，债券持有人方可通过报盘方式申请将可转债转换为公司股票。

发行人应当按照约定向可转债持有人换发股票，可转债持有人对转换股票或者不转换股票有选择权。

投资者可将当日买入的可转债申报转股，也可于当日转让时间内撤销转股申请。当日申报转股的，所转股票自转股登记完成后的次一交易日起转让。

转股的最小单位为 1 股。债券持有人申请转股后，所剩债券余额不足转换 1 股的部分，发行人应当在该种情况发生后 5 个交易日内，以现金兑付该部分的票面金额。

债券持有人申请转股的可转债数额大于其实际拥有的可转债数额的，按其实际可用的数额进行转股，申请剩余部分予以取消。

发行人应当在可转债开始转股前 3 个交易日内披露实施转股的公告。公告内容应当包括可转债的基本情况、转股的起止时间、转股的程序、转股价格的历次调整和修正情况等。

可转债转换为股票的数额累计达到可转债开始转股前公司股本总额的 10% 时，发行人应当及时披露股份变动公告，公告内容至少应包括可转债的基本情况、转股的起止时间、已转股数量及占比等。

发行人涉及下列事项时，应当向全国股转公司申请暂停可转债的转股：
①进入转股期，可转债转股价格需要调整的；
②满足赎回条件且公司董事会决议部分或全部赎回可转债的；
③证监会和全国股转公司认为应当暂停转股的其他事项。

发行人在转股期结束的 20 个交易日前应当至少发布 3 次提示公告，提醒投资者有关在可转债转股期结束前 10 个交易日暂停转让的事项。

可转债持有人因行使转股权导致其所持股份占挂牌公司总股本的 5% 或达到 5% 的整数倍时，应当按《全国中小企业股份转让系统挂牌公司信息披露规则》第五十二条的规定及时告知公司，并配合公司履行信息披露义务。挂牌公司应当及时披露股东持股情况变动公告。

可转债持有人因行使转股权触发权益变动或收购披露标准的，应按照《非上市公众公司收购管理办法》（2020 年）等相关规定履行相应义务。

（四）赎回

定向发行可转债说明书可以约定赎回条款。在赎回条件满足时，发行人可以按照约定的条件和价格行使赎回权，也可以不行使赎回权。行使赎回权的，可以赎回全部或部分未转股的可转债。

在可转债存续期内，发行人应当持续关注赎回条件是否满足，预计可能满足赎回条件的，应当在赎回条件满足的 5 个交易日前及时披露，向市场充分提示风险。

发行人拟行使赎回权时，应当将行使赎回权事项提交董事会审议并予以公告，但公司章程或者定向发行可转债说明书另有约定除外。发行人决定行使赎回权的，应当在满足赎回条件后的5个交易日内至少发布3次赎回公告。赎回公告应当载明赎回的条件、程序、价格、数量、付款方法、起止时间等内容。

发行人决定不行使赎回权的，自董事会决议公告披露之日起6个月内不得再次行使赎回权。发行人决定行使或者不行使赎回权的，还应当充分披露其实际控制人、控股股东、持股5%以上的股东、董事、监事、高级管理人员在赎回条件满足前的6个月内转让该可转债的情况，上述主体应当予以配合。

发行人行使赎回权的，应当向全国股转公司申请赎回期间暂停该可转债的转让和转股。

发行人根据暂停转让后登记在册的可转债数量，于赎回日结束后的6个交易日内通过中国结算进行赎回资金的划付。

自赎回期结束后的7个交易日内，发行人披露赎回结果公告。赎回结果公告应当包括赎回价格、赎回数量、赎回的可转债金额以及赎回对公司财务状况、经营成果以及现金流量的影响。

发行人全部赎回的，还应当披露可转债的终止挂牌公告。公告应当包括可转债基本情况、赎回情况、终止挂牌的起始时间等。发行人按一定比例赎回的，未赎回的可转债，在赎回业务完成后恢复转让和转股。

（五）回售

定向发行可转债说明书可以约定回售条款。回售条件满足时，债券持有人可以按照约定的条件和价格行使回售权，也可以不行使回售权。行使回售权的，可以回售全部或部分未转股的可转债。

发行人改变公告的募集资金用途或者股票终止挂牌的，应当在股东会审议通过相关决议后20个交易日内，赋予债券持有人1次回售的权利。

定向发行可转债回售公告至少发布3次。在满足回售条件后5个交易日内至少发布1次，在回售实施期间至少发布1次，余下1次回售公告的发布时间视需要而定。

在可转债的回售期内，债券持有人进行回售申报，回售申报当日可以撤单。在回售期结束后的6个交易日内，发行人通过中国结算进行回售资金的划付。

自回售期结束后的7个交易日内，发行人披露回售结果公告。回售结果公告应当包括回售价格、回售数量、回售的可转债金额以及回售对公司财务状况、经营成果及现金流量的影响。

债券持有人全部回售的，发行人还应当披露可转债的终止挂牌公告。公告应当包括可转债基本情况、回售情况、终止挂牌的起始时间等。

如在同一交易日内分别收到可转债持有人的转让、转托管、转股、回售等两项或者以上报盘申请的，按以下顺序处理申请：转让、回售、转股、转托管。

第六章
北交所上市之定位选择

第一节 北交所主要服务创新型中小企业的定位

北京证券交易所于2021年9月3日注册成立,是经国务院批准设立的第一家公司制证券交易所。

根据证监会制定的《北京证券交易所向不特定合格投资者公开发行股票注册管理办法》(2023年)以及北交所制定的《北京证券交易所股票上市规则(试行)》,北交所的定位为充分发挥对全国股转系统的示范引领作用,深入贯彻创新驱动发展战略,聚焦实体经济,主要服务创新型中小企业,重点支持先进制造业和现代服务业等领域的企业,推动传统产业转型升级,培育经济发展新动能,促进经济高质量发展。

北交所主要服务创新型中小企业,而创新型中小企业已成为中国实体经济的基石,创新型中小企业在尚未满足创业板和科创板上市条件及财务指标前可以选择在北交所上市。

北交所主要服务创新型中小企业,尊重创新型中小企业发展规律和成长阶段,重点支持先进制造业和现代服务业等领域的企业,既能给予创新型中小企业进入资本市场的机会,也能给予创新型中小企业成长为大企业进入深交所或者上交所获得更大发展的机会,具有包容性和精确性。

第二节 专精特新发展战略与北交所服务创新型中小企业的定位

北交所的定位与中共中央办公厅、国务院办公厅《关于促进中小企业健康发展的指导意见》相契合，助推专精特新中小企业的发展，为专精特新中小企业发展提供支持，为尚未满足上交所和深交所上市条件的企业在北交所上市提供平台，与上交所、深交所形成差异化竞争，形成中小企业与上交所、深交所上市企业同台竞争的良性发展格局。

北交所服务创新型中小企业是支持推动中小企业转型升级，聚焦主业，增强核心竞争力，不断提高发展质量和水平，走专精特新发展道路；研究制定专精特新评价体系，建立动态企业库；以专精特新中小企业为基础，在核心基础零部件（元器件）、关键基础材料、先进基础工艺和产业技术基础等领域，培育一批主营业务突出、竞争力强、成长性好的专精特新"小巨人"企业。

专精特新主要是在以下几个方面实现突破。

1. "专"——专业化：主营业务专注专业

"专"是指采用专项技术或工艺通过专业化生产制造专用性强、专业特点明显、市场专业性强的产品。其主要特征是产品用途的专门性、生产工艺的专业性、技术的专有性和产品在细分市场中具有专业化发展优势。

2. "精"——精细化：经营管理精细高效

"精"是指采用先进适用技术或工艺，按照精益求精的理念，建立精细高效的管理制度和流程，通过精细化管理，精心设计生产精良产品。其主要特征是产品的精致性、工艺技术的精深性和企业的精细化管理。

3. "特"——特色化：产品服务独具特色

"特"是指采用独特的工艺、技术、配方或特殊原料研制生产具有地域特点或具有特殊功能的产品。其主要特征是产品或服务的特色化。

4. "新"——新颖化：创新能力成果显著

"新"是指依靠自主创新、转化科技成果、联合创新或引进消化吸收再创新等方式研制生产具有自主知识产权的高新技术产品。其主要特征是产品（技术）具有创新性、先进性，具有较高的技术含量、较高的附加值和显著的经济社会效益。

专精特新"小巨人"企业主导产品应优先聚焦制造业短板弱项，符合《产业基础创新发展目录》（2021年）所列重点领域，从事细分产品市场属于制造业核心基础零部件、先进基础工艺和关键基础材料；或符合制造强国战略十大重点产业领域；或属于产业链供应链关键环节及关键领域"补短板""锻长板""填空白"产品；或围绕重点产业链开展关键基础技术和产品的产业化攻关；或属于新一代信息技术与实体经济深度融合的创新产品。

第三节　成为国家级专精特新"小巨人"企业的条件

一、基本条件

①在中华人民共和国境内工商注册登记、连续经营3年以上、具有独立法人资格、符合《中小企业划型标准规定》（工信部联企业〔2011〕300号）的中小企业，且属于省级中小企业主管部门认定或重点培育的专精特新中小企业或其他创新能力强、市场竞争优势突出的中小企业。

②坚持专业化发展战略，长期专注并深耕于产业链某一环节或某一产品，能为大企业、大项目提供关键零部件、元器件和配套产品，或直接面向市场并具有有竞争优势的自有品牌产品。

③具有持续创新能力和研发投入，在研发设计、生产制造、市场营销、内部管理等方面不断创新并取得比较显著的效益，具有一定的示范推广价值。

④重视并实施长期发展战略，公司治理规范、信誉良好、社会责任感强，生产技术、工艺及产品质量性能国内领先，注重绿色发展，加强人才队伍建设，有较好的品牌影响力，具备发展成为相关领域国际知名企业的潜力。

有下列情况之一的企业，不得被推荐：申请过程中提供虚假信息的；近三年发生过重大安全、质量、环境污染事故的；有偷漏税或其他违法违规、严重失信行为的。

二、专项条件

1. 经济效益

截至上年末的近2年主营业务收入或净利润的平均增长率达到5%以上，企业资产负债率不高于70%。

2. 专业化程度

截至上年末，企业从事特定细分市场时间达到3年及以上；主营业务收入占营业收入达70%以上；主导产品在细分市场占有率位于全省前三位，且在国内细分行业中享有较高知名度和影响力。

3. 创新能力

企业拥有有效发明专利（含集成电路布图设计专有权，下同）2项或实用新型专利、外观设计专利、软件著作权5项及以上；自建或与高等院校、科研机构联合建立研发机构，设立技术研究院、企业技术中心、企业工程中心、院士专家工作站、博士后工作站等；企业在研发设计、生产制造、供应链管理等环节，至少 1 项核心业务采用信息系统支撑。

4. 经营管理

企业拥有自主品牌；取得相关管理体系认证，或产品生产执行国际、国内、行业标准，或是产品通过发达国家和地区产品认证（国际标准协会行业认证）。

三、分类条件

①上年度营业收入在 1 亿元及以上，且近 2 年研发经费支出占营业收入比重不低于 3%。

②上年度营业收入 5000 万（含）~1 亿元（不含），且近 2 年研发经费支出占营业收入比重不低于 6%。

③上年度营业收入不足 5000 万元，同时满足近 2 年内新增股权融资额（实缴）8000 万元（含）以上，且研发投入经费 3000 万元（含）以上，研发人员占企业职工总数比例 50%（含）以上，创新成果属于重点领域细分行业关键技术，并有重大突破。

第七章
北交所上市条件及上市标准

第一节　北交所上市合规体系

一、基本法律、法规

①《公司法》；
②《证券法》。

二、证监会关于北交所上市的法规文件

①《北京证券交易所向不特定合格投资者公开发行股票注册管理办法》（2023 年）；
②《北京证券交易所上市公司持续监管办法（试行）》。

三、北交所发行上市的法规文件

①《北京证券交易所向不特定合格投资者公开发行股票并上市审核规则》；
②《北京证券交易所股票上市规则（试行）》；
③《北京证券交易所交易规则（试行）》；
④《北京证券交易所向不特定合格投资者公开发行股票并上市业务规则适用指引第 1 号》。

四、北交所证券业务规则体系（如图7-1所示）

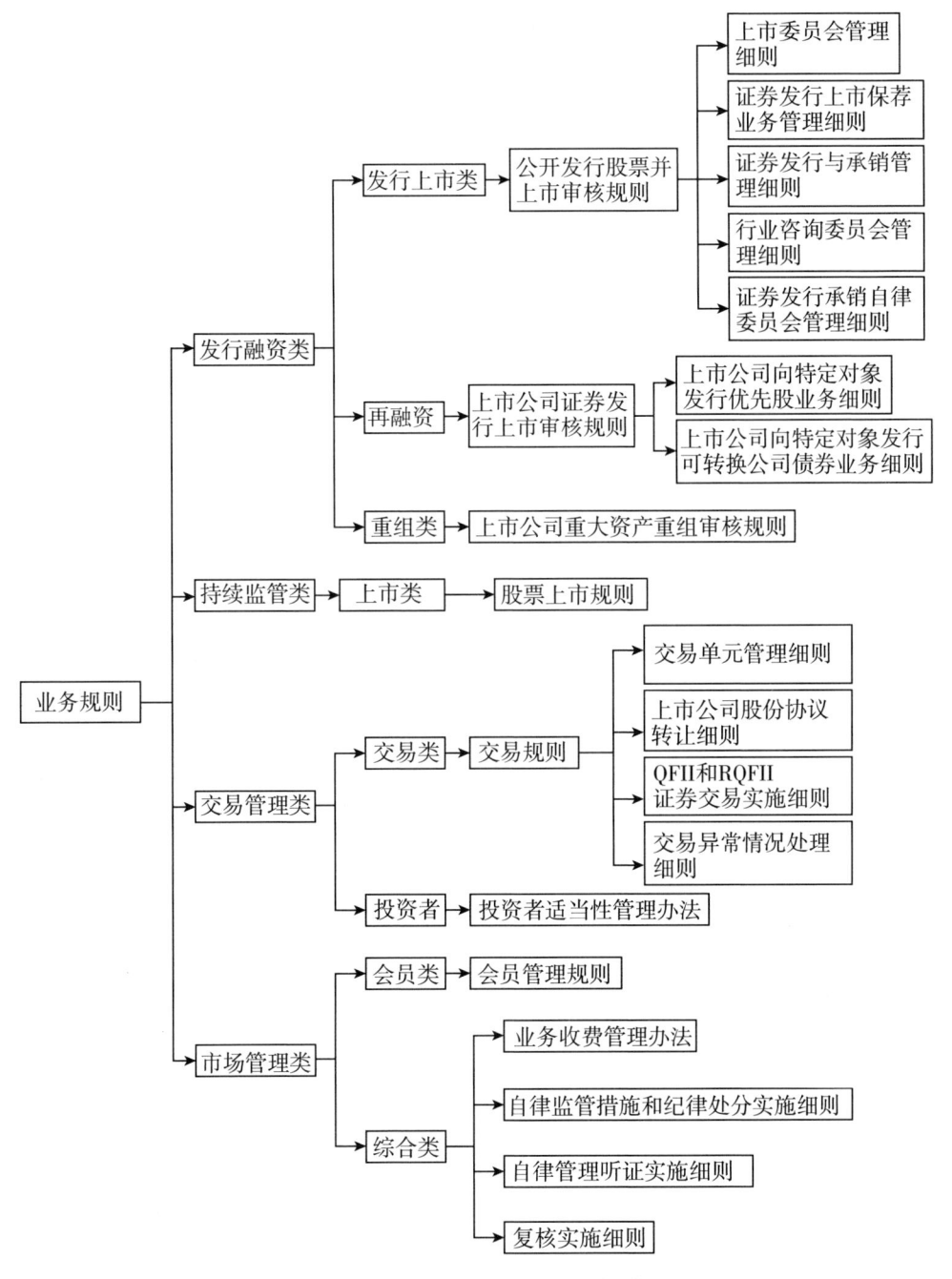

业务规则
- 发行融资类
  - 发行上市类
    - 公开发行股票并上市审核规则
      - 上市委员会管理细则
      - 证券发行上市保荐业务管理细则
      - 证券发行与承销管理细则
      - 行业咨询委员会管理细则
      - 证券发行承销自律委员会管理细则
  - 再融资
    - 上市公司证券发行上市审核规则
      - 上市公司向特定对象发行优先股业务细则
      - 上市公司向特定对象发行可转换公司债券业务细则
  - 重组类
    - 上市公司重大资产重组审核规则
- 持续监管类
  - 上市类
    - 股票上市规则
- 交易管理类
  - 交易类
    - 交易规则
      - 交易单元管理细则
      - 上市公司股份协议转让细则
      - QFII和RQFII证券交易实施细则
      - 交易异常情况处理细则
  - 投资者
    - 投资者适当性管理办法
- 市场管理类
  - 会员类
    - 会员管理规则
  - 综合类
    - 业务收费管理办法
    - 自律监管措施和纪律处分实施细则
    - 自律管理听证实施细则
    - 复核实施细则

图 7-1 北交所证券业务规则体系

第二节 北交所上市条件

向不特定合格投资者公开发行股票应满足以下条件（如表7-1所示）。

表7-1 向不特定合格投资者公开发行股票应满足的条件

前置条件	发行人应当为在全国股转系统连续挂牌满12个月的创新层挂牌公司（含基础层或创新层期间）
限制条件	不支持金融业、房地产业企业在北交所发行上市；发行人生产经营应当符合国家产业政策；发行人不得属于产能过剩行业（产能过剩行业的认定以国务院主管部门的规定为准）和《产业结构调整指导目录》（2021年）中规定的淘汰类行业，以及从事学前教育、学科类培训等业务的企业
基本条件	①具备健全且运行良好的组织机构； ②具有持续经营能力，财务状况良好； ③最近三年财务会计报告无虚假记载，被出具无保留意见审计报告； ④依法规范经营
特别条件	①最近一年期末净资产不低于5,000万元。 ②向不特定合格投资者公开发行的股份不少于100万股，发行对象不少于100人。 ③公开发行后，公司股本总额不少于3,000万元。 ④公开发行后，公司股东人数不少于200人，公众股东持股比例不低于公司股本总额的25%；公司股本总额超过4亿元的，公众股东持股比例不低于公司股本总额的10%
负面限制	①最近36个月内，发行人及其控股股东、实际控制人，存在贪污、贿赂、侵占财产、挪用财产或者破坏社会主义市场经济秩序的刑事犯罪，存在欺诈发行、重大信息披露违法或者其他涉及国家安全、公共安全、生态安全、生产安全、公众健康安全等领域的重大违法行为； ②最近12个月内，发行人及其控股股东、实际控制人、董事、监事、高级管理人员受到证监会及其派出机构行政处罚，或因证券市场违法违规行为受到全国股转公司、证券交易所等自律监管机构公开谴责； ③发行人及其控股股东、实际控制人、董事、监事、高级管理人员因涉嫌犯罪正被司法机关立案侦查或涉嫌违法违规正被证监会及其派出机构立案调查，尚未有明确结论意见； ④发行人及其控股股东、实际控制人被列入失信被执行人名单且情形尚未消除； ⑤最近36个月内，未按照《证券法》和证监会的相关规定在每个会计年度结束之日起4个月内编制并披露年度报告，或者未在每个会计年度的上半年结束之日起2个月内编制并披露中期报告； ⑥证监会和北交所规定的，对发行人经营稳定性、直接面向市场独立持续经营的能力具有重大不利影响，或者存在发行人利益受到损害等其他情形； ⑦发行人具有表决权差异安排的，该安排应当平稳运行至少一个完整会计年度，且相关信息披露和公司治理应当符合证监会及全国股转公司相关规定

续表

程序性条件	①发行人股东会就本次股票发行事项作出决议，必须经出席会议的股东所持表决权的三分之二以上通过。发行人应当对出席会议的持股比例在5%以下的中小股东表决情况单独计票并予以披露。 ②发行人就本次股票发行事项召开股东会，应当提供网络投票的方式，发行人还可以通过其他方式为股东参加股东会提供便利

第三节　北交所上市市值及财务指标要求

发行人在北交所向不特定合格投资者公开发行股票，市值及财务指标应当至少符合表 7-2 所示标准中的一套。

表 7-2　北交所上市市值及财务指标要求

标准	上市指标	审核因素
第一套标准	预计市值不低于 2 亿元，最近两年净利润均不低于 1,500 万元且加权平均净资产收益率平均不低于 8%，或者最近一年净利润不低于 2,500 万元且加权平均净资产收益率不低于 8%	预计市值；最近两年净利润/最近一年净利润；净资产收益率
第二套标准	预计市值不低于 4 亿元，最近两年营业收入平均不低于 1 亿元，且最近一年营业收入增长率不低于 30%，最近一年经营活动产生的现金流量净额为正	预计市值；最近两年营业收入；最近一年营业收入增长率；最近一年现金流量净额
第三套标准	预计市值不低于 8 亿元，最近一年营业收入不低于 2 亿元，最近两年研发投入合计占最近两年营业收入合计比例不低于 8%	预计市值；最近一年营业收入；最近两年研发投入
第四套标准	预计市值不低于 15 亿元，最近两年研发投入合计不低于 5,000 万元	预计市值；最近两年研发投入

预计市值，是指以发行人公开发行价格计算的股票市值。保荐机构提交的《关于发行人预计市值的分析报告》应充分说明发行人市值的评估依据、方法、结果以及是否满足所选择上市标准中的市值指标等。保荐机构应当根据发行人特点、市场数据的可获得性及评估方法的可靠性等，谨慎、合理地选用评估方法，结合发行人报告期股票交易价格、定向发行价格以及同行业可比公众公司在境内外市场的估值情况等进行综合判断。

预计市值的测算方法主要有以下几种。

1. 市场法

市场法是将评估对象与可参考企业或者在市场上已有交易案例的企业就股东权益、证券等权益性资产进行对比以确定评估对象价值。其应用前提是假设在一个完全市场上相似的资产一定会有相似的价格。

有知名投资机构参与投资的，通常按照最近一次融资时公司投后估值确定预计市值。

2. 市盈率法（P/E）

预计市值 = 市盈率（P/E）× 净利润

预计市值按照企业发行当年预估的市盈率来确定，市盈率按照可比上市公司行业平均市盈率来综合评估。

一般地，可比公司选择越接近，估值越精确，拟上市企业往往是细分行业内的隐形冠军，成长性更高。因此，一般从主营业务、主要产品、资本规模、客户构成、市场环境等多个维度选取 3 家以上可比上市公司得出行业平均市盈率。

相反，发行人市盈率是可以根据上市当年预测的税后净利润算出来的。

每股税后利润的计算通常有两种方法。

①完全摊薄法：发行人上市当年预测全部税后利润除以发行后总股本数，直接得出每股税后利润。

②加权平均法：每股（年）税后利润 = 发行当年预测全部税后利润 ÷ 发行当年加权平均总股本数 = 发行当年预测全部税后利润 ÷[发行前总股本数 + 本次发行股本数 ×（12 － 发行月数）÷12]。

3. 市销率法（P/S）

这种方法适用于亏损企业，投资周期长，成长性高。

预计市值 = 市销率（P/S）× 主营业务收入

投资周期长、增长潜力大，但是还处于亏损阶段的企业，适合用市销率法进行估值。市销率越低，企业的投资价值越大。发行人按照当年预测的销售额乘以可比上市公司平均市销率，可比上市公司的选择与市盈率的选择相同。

第四节 北交所上市审核关注事项及关注要点

表 7-3 北交所上市审核关注事项及关注要点

审核关注事项	审核关注要点
变更上市标准要点	上市委员会召开审议会议前,发行人因更新财务报告等情形不再符合申报时选定的上市标准,需要变更为其他标准的,应当及时向北交所提出变更申请,说明原因并更新相关文件;不再符合任何一套上市标准的,可以撤回发行上市申请
选择第一套标准关注要点	发行人最近一年的净利润对关联方或者有重大不确定性的客户是否存在重大依赖,最近一年的净利润是否主要来自合并报表范围以外的投资收益,最近一年的净利润对税收优惠、政府补助等非经常性损益是否存在较大依赖,净利润等经营业绩指标大幅下滑是否对发行人经营业绩构成重大不利影响等
选择第一、二、三套标准关注要点	发行人最近一年的营业收入对关联方或者有重大不确定性的客户是否存在重大依赖,营业收入大幅下滑是否对发行人经营业绩构成重大不利影响
选择第三套标准关注要点	最近一年营业收入应主要源于前期研发成果产业化
选择第四套标准关注要点	主营业务应属于新一代信息技术、高端装备、生物医药等国家重点鼓励发展的战略性新兴产业。重点关注:发行人创新能力是否突出,是否具备明显的技术优势,是否已取得阶段性研发或经营成果。 发行人若尚未盈利或最近一期存在累计未弥补亏损的情形,应重点关注:发行人是否按照《公开发行证券的公司信息披露内容与格式准则第46号——北京证券交易所公司招股说明书》(2023年)的要求,在招股说明书"风险因素"和"其他重要事项"章节充分披露相关信息;发行人尚未盈利或最近一期存在累计未弥补亏损是偶发性因素还是经常性因素导致;发行人产品、服务或者业务的发展趋势、研发阶段以及达到盈亏平衡状态时主要经营要素需要达到的水平;发行人尚未盈利或最近一期存在累计未弥补亏损是否影响发行人持续经营能力;未盈利状态持续存在或累计未弥补亏损继续扩大是否会触发退市情形。发行人应当在招股说明书中分析并披露对其经营业绩产生重大不利影响的所有因素,充分揭示相关风险
研发投入认定	研发投入为企业研究开发活动形成的总支出。研发投入通常包括研发人员工资费用、直接投入费用、折旧费用与长期待摊费用、设计费用、装备调试费、无形资产摊销费用、委托外部研究开发费用、其他费用等。本期研发投入为本期费用化的研发费用与本期资本化的开发支出之和
研发相关内控要求	发行人应制定并严格执行研发相关内控制度,明确研发支出的开支范围、标准、审批程序以及研发支出资本化的起始时点、依据、内部控制流程。同时,应按照研发项目设立台账归集核算研发支出。发行人应审慎制定研发支出资本化的标准,并在报告期内保持一致

续表

审核关注事项	审核关注要点
中介机构核查要求	1. 保荐机构及申报会计师应对报告期内发行人的研发投入归集是否准确、相关数据来源及计算是否合规、相关信息披露是否符合招股说明书准则要求进行核查，并发表核查意见。 2. 应对发行人研发相关内控制度是否健全且被有效执行进行核查，就发行人以下事项作出说明，并发表核查意见： ①是否建立研发项目的跟踪管理系统，有效监控、记录各研发项目的进展情况，并合理评估技术上的可行性； ②是否建立与研发项目相对应的人财物管理机制； ③是否已明确研发支出开支范围和标准，并得到有效执行； ④报告期内是否严格按照研发开支用途、性质据实列支研发支出，是否存在将与研发无关的费用在研发支出中核算的情形； ⑤是否建立研发支出审批程序。 3. 对于合作研发项目，保荐机构及申报会计师还应核查项目的基本情况并发表核查意见，基本情况包括项目合作背景、合作方基本情况、相关资质、合作内容、合作时间、主要权利义务、知识产权的归属、收入成本费用的分摊情况、合作方是否为关联方，若存在关联方关系，需要进一步核查合作项目的合理性、必要性、交易价格的公允性
经营稳定性	发行人应当保持主营业务、控制权、管理团队的稳定，最近 24 个月内主营业务未发生重大变化；最近 12 个月内曾实施重大资产重组的，在重组实施前发行人应当符合上市规则规定的四套标准之一（市值除外）；最近 24 个月内实际控制人未发生变更；最近 24 个月内董事、高级管理人员未发生重大不利变化。保荐机构对发行人的董事、高级管理人员是否发生重大不利变化的认定，应当本着实质重于形式的原则，综合两方面因素分析。 一是最近 24 个月内变动人数及比例，在计算人数比例时，以上述人员合计总数作为基数。 二是上述人员离职或无法正常参与发行人的生产经营是否对发行人生产经营产生重大不利影响。变动后新增的上述人员来自原股东委派或发行人内部培养的，原则上不构成重大不利变化；发行人管理层因退休、调任、亲属间继承等原因发生岗位变化的，原则上不构成重大不利变化，但发行人应当披露相关人员变动对公司生产经营的影响。如果最近 24 个月内发行人上述人员变动人数比例较大或上述人员中的核心人员发生变化，进而对发行人的生产经营产生重大不利影响的，应视为发生重大不利变化。 实际控制人为单名自然人或有亲属关系多名自然人，实际控制人去世导致股权变动，股份受让人为继承人的，通常不视为公司控制权发生变更。其他多名自然人为实际控制人，实际控制人之一去世的，保荐机构及发行人律师应结合股权结构、去世自然人在股东会或董事会决策中的作用、对发行人持续经营的影响等因素综合判断

续表

审核关注事项	审核关注要点
直接面向市场独立持续经营的能力	1. 发行人业务、资产、人员、财务、机构独立，与控股股东、实际控制人及其控制的其他企业间不存在对发行人构成重大不利影响的同业竞争，不存在严重影响发行人独立性或者显失公平的关联交易。 2. 发行人或其控股股东、实际控制人、对发行人主营业务收入或净利润占比超过10%的重要子公司在申报受理后至上市前不存在被列入失信被执行人名单且尚未消除的情形。 3. 不存在其他对发行人持续经营能力构成重大不利影响的情形。 4. 发行人存在以下情形的，保荐机构及申报会计师应重点关注是否影响发行人持续经营能力，具体包括： ①发行人所处行业受国家政策限制或国际贸易条件影响存在重大不利变化风险； ②发行人所处行业出现周期性衰退、产能过剩、市场容量骤减、增长停滞等情况； ③发行人所处行业准入门槛低、竞争激烈，相比竞争者发行人在技术、资金、规模效应等方面不具有明显优势； ④发行人所处行业上下游供求关系发生重大变化，导致原材料采购价格或产品售价出现重大不利变化； ⑤发行人因业务转型的负面影响导致营业收入、毛利率、成本费用及盈利水平出现重大不利变化，且最近一期经营业绩尚未出现明显好转趋势； ⑥发行人重要客户本身发生重大不利变化，进而对发行人业务的稳定性和持续性产生重大不利影响； ⑦发行人由于工艺过时、产品落后、技术更迭、研发失败等原因导致市场占有率持续下降、重要资产或主要生产线出现重大减值风险、主要业务停滞或萎缩； ⑧发行人多项业务数据和财务指标呈现恶化趋势，短期内没有好转迹象； ⑨对发行人业务经营或收入实现有重大影响的商标、专利、专有技术以及特许经营权等重要资产或技术存在重大纠纷或诉讼，已经或者未来将对发行人财务状况或经营成果产生重大影响； ⑩其他明显影响或丧失持续经营能力的情形。 保荐机构及申报会计师应详细分析和评估上述情形的具体表现、影响程度和预期结果，综合判断是否对发行人持续经营能力构成重大不利影响，审慎发表明确核查意见，并督促发行人充分披露可能存在的持续经营风险

续表

审核关注事项	审核关注要点
重大违法行为	最近36个月内，发行人及其控股股东、实际控制人在国家安全、公共安全、生态安全、生产安全、公众健康安全等领域，存在以下违法行为之一的，原则上视为重大违法行为：被处以罚款等处罚且情节严重；导致严重环境污染、重大人员伤亡，社会影响恶劣等。 有以下情形之一且保荐机构及发行人律师出具明确核查结论的，可以不认定为重大违法：违法行为显著轻微、罚款数额较小；相关规定或处罚决定未认定该行为属于情节严重；有权机关证明该行为不属于重大违法行为。但违法行为导致严重环境污染、重大人员伤亡、社会影响恶劣等并被处以罚款等处罚的，不适用上述情形
业务、资产和股份权属	发行人的主营业务、主要产品或服务、用途及其商业模式明确、具体，发行人经营一种或多种业务的，每种业务应具有相应的关键资源要素，该要素组成应具有投入、处理和产出能力，能够与合同、收入或成本费用等相匹配。 对发行人主要业务有重大影响的土地使用权、房屋所有权、生产设备、专利、商标和著作权等不存在对发行人持续经营能力构成重大不利影响的权属纠纷。 发行人控股股东和受控股股东、实际控制人支配的股东所持有的发行人股份不存在重大权属纠纷
创新特征	发行人应当结合行业特点、经营特点、产品用途、业务模式、市场竞争力、技术创新或模式创新、研发投入与科技成果转化等情况，在招股说明书中充分披露自身的创新特征。保荐机构应当对发行人的创新发展能力进行充分核查，在发行保荐书中说明核查过程、依据和结论意见
同业竞争	发行人与控股股东、实际控制人及其控制的其他企业间如存在同业竞争情形，认定同业竞争是否对发行人构成重大不利影响时，保荐机构及发行人律师应结合竞争方与发行人的经营地域、产品或服务的定位，同业竞争是否会导致发行人与竞争方之间的非公平竞争、是否会导致发行人与竞争方之间存在利益输送、是否会导致发行人与竞争方之间相互或者单方让渡商业机会情形，对未来发展的潜在影响等方面，核查并出具明确意见
关联交易	关联方的财务状况和经营情况；发行人报告期内关联方注销及非关联化的情况，非关联化后发行人与上述原关联方的后续交易情况；关联交易产生的收入、利润总额合理性，关联交易是否影响发行人的经营独立性、是否构成对控股股东或实际控制人的依赖，是否存在通过关联交易调节发行人收入利润或成本费用、对发行人利益输送的情形；发行人披露的未来减少关联交易的具体措施是否切实可行。 保荐机构、申报会计师及发行人律师在核查发行人与其客户、供应商之间是否存在关联方关系时，不应仅限于查阅书面资料，应采取实地走访，核对工商、税务、银行等部门提供的资料，甄别客户和供应商的实际控制人及关键经办人员与发行人是否存在关联方关系

续表

审核关注事项	审核关注要点
客户集中度较高	发行人存在客户集中度较高情形的，保荐机构应重点关注该情形的合理性、客户的稳定性和业务的持续性，督促发行人做好信息披露和风险揭示。 对于非因行业特殊性、行业普遍性导致客户集中度偏高的，保荐机构在执业过程中，应充分考虑相关大客户是否为关联方或者存在重大不确定性客户；该集中是否可能导致发行人未来持续经营能力存在重大不确定性。 对于发行人由于下游客户的行业分布集中而导致的客户集中具备合理性的特殊行业（如电力、电网、电信、石油、银行、军工等行业），发行人应与同行业可比公众公司进行比较，充分说明客户集中是否符合行业特性，发行人与客户的合作关系是否具有一定的历史基础，是否有充分的证据表明发行人采用公开、公平的手段或方式独立获取业务，相关的业务是否具有稳定性以及可持续性，并予以充分的信息披露。 针对因上述特殊行业分布或行业产业链关系导致发行人客户集中情况，应当综合分析考量以下因素的影响。 一是发行人客户集中的原因，与行业经营特点是否一致，是否存在下游行业较为分散而发行人自身客户较为集中的情况及其合理性。 二是发行人客户在其行业中的地位、透明度与经营状况，是否存在重大不确定性风险。 三是发行人与客户合作的历史、业务稳定性及可持续性，相关交易的定价原则及公允性。 四是发行人与重大客户是否存在关联关系，发行人的业务获取方式是否影响独立性，发行人是否具备独立面向市场获取业务的能力。 保荐机构如发表意见认为发行人客户集中不对持续经营能力构成重大不利影响的，应当提供充分的依据说明上述客户本身不存在重大不确定性，发行人已与其建立长期稳定的合作关系，客户集中具有行业普遍性，发行人在客户稳定性与业务持续性方面没有重大风险。发行人应在招股说明书中披露上述情况，充分揭示客户集中度较高可能带来的风险
经营业绩大幅下滑	发行人在报告期内出现营业收入、净利润等经营业绩指标大幅下滑情形的，保荐机构及申报会计师应当从以下方面充分核查经营业绩下滑的程度、性质、持续时间等： ①经营能力或经营环境是否发生变化，如发生变化应关注具体原因，变化的时间节点、趋势方向及具体影响程度； ②发行人正在采取或拟采取的改善措施及预计效果，结合前瞻性信息或经审核的盈利预测（如有）情况，判断经营业绩下滑趋势是否已扭转，是否仍存在对经营业绩产生重大不利影响的事项； ③发行人所处行业是否具备强周期特征，是否存在严重产能过剩，是否呈现整体持续衰退，发行人收入、利润变动情况与同行业可比公众公司情况是否基本一致； ④因不可抗力或偶发性特殊业务事项导致经营业绩下滑的，相关事项对经营业绩的不利影响是否已完全消化或基本消除。 发行人最近一年（期）经营业绩指标较上一年（期）下滑幅度超过50%，如无充分相反证据或其他特殊原因，一般应认定对发行人持续经营能力构成重大不利影响。 保荐机构及申报会计师应结合上述情况，就经营业绩下滑是否对发行人持续经营能力构成重大不利影响发表明确意见

续表

审核关注事项	审核关注要点
税收优惠	对于税收优惠，发行人应遵循如下原则进行处理。 ①如果很可能获得相关税收优惠批复，按优惠税率预提预缴经税务部门同意，可暂按优惠税率预提并作风险提示，并说明如果未来被追缴税款的处理安排；同时，发行人应在招股说明书中披露税收优惠不确定性风险。 ②如果获得相关税收优惠批复的可能性较小，须按照谨慎性原则按正常税率预提，未来根据实际的税收优惠批复情况进行相应调整。 ③发行人依法取得的税收优惠，在《公开发行证券的公司信息披露解释性公告第1号——非经常性损益》（2008年）规定项目之外的，可以计入经常性损益。 保荐机构、发行人律师及申报会计师应对照税收优惠的相关条件和履行程序的相关规定，对发行人税收优惠相关事项的处理及披露是否合规、发行人对税收优惠是否存在较大依赖，税收优惠政策到期后是否能够继续享受优惠进行专业判断并发表明确意见
现金交易	发行人存在销售或采购环节现金交易金额较大或占比较高情形的，应在招股说明书中披露以下信息： ①现金交易的必要性与合理性，是否与发行人业务情况或行业惯例相符，现金交易比例及其变动情况与同行业可比公众公司是否存在重大差异，现金使用是否依法合规； ②现金交易的客户或供应商的基本情况，是否为自然人或发行人的关联方，现金交易对象含自然人的，还应披露向自然人客户（或供应商）销售（或采购）的金额及占比； ③现金交易相关收入确认及成本核算的原则与依据，是否存在体外循环或虚构业务情形； ④现金交易是否具有可验证性，与现金交易相关的内部控制制度的完备性、合理性与执行有效性； ⑤现金交易流水的发生与相关业务发生是否真实一致，是否存在异常分布； ⑥实际控制人及发行人董事、监事、高级管理人员等关联方是否与相关客户或供应商存在资金往来； ⑦发行人为减少现金交易所采取的改进措施及进展情况。 保荐机构及申报会计师应对发行人上述事项进行核查，说明对发行人现金交易可验证性及相关内控有效性的核查方法、过程与证据，以及发行人是否已在招股说明书中充分披露上述情况及风险，并对发行人报告期现金交易的真实性、合理性和必要性发表明确意见

续表

审核关注事项	审核关注要点
境外销售	发行人报告期存在来自境外的销售收入的，保荐机构、发行人律师及申报会计师应重点关注下列事项： ①境外销售业务的开展情况，包括但不限于主要进口国和地区情况，主要客户情况、与发行人是否签订框架协议及相关协议的主要条款内容，境外销售模式、订单获取方式、定价原则、信用政策等； ②发行人在销售所涉国家和地区是否依法取得从事相关业务所必需的法律法规规定的资质、许可，报告期内是否存在被境外销售所涉国家和地区处罚或者立案调查的情形； ③相关业务模式下的结算方式、跨境资金流动情况、结换汇情况是否符合国家外汇及税务等相关法律法规的规定； ④报告期境外销售收入与海关报关数据是否存在较大差异及差异原因是否真实合理； ⑤出口退税等税收优惠的具体情况； ⑥进口国和地区的有关进口政策、汇率变动等贸易环境对发行人持续经营能力的影响； ⑦主要境外客户与发行人及其关联方是否存在关联方关系及资金往来。 境外销售业务对发行人报告期经营业绩影响较大的，保荐机构、发行人律师及申报会计师应结合上述事项全面核查发行人的境外销售业务，说明采取的核查程序及方法。保荐机构及发行人律师应就境外销售业务的合规经营情况发表明确意见；保荐机构及申报会计师应就境外销售收入的真实性、准确性、完整性，收入确认是否符合《企业会计准则》规定，境外销售业务发展趋势是否对发行人持续经营能力构成重大不利影响等发表明确意见。 发行人应在招股说明书中对境外销售业务可能存在的风险进行充分披露
第三方回款	第三方回款通常是指发行人收到的销售回款的支付方（如银行汇款的汇款方、银行承兑汇票或商业承兑汇票的出票方或背书转让方）与签订经济合同的往来客户（或实际交易对手）不一致的情况。 企业在正常经营活动中存在的第三方回款，通常情况下应考虑是否符合以下条件。 1. 与自身经营模式相关，符合行业经营特点，具有必要性和合理性，例如： ①客户为个体工商户或自然人，其通过家庭约定由直系亲属代为支付货款，经中介机构核查无异常的； ②客户为自然人控制的企业，该企业的法定代表人、实际控制人代为支付货款，经中介机构核查无异常的； ③客户所属集团通过集团财务公司或指定相关公司代客户统一对外付款，经中介机构核查无异常的； ④政府采购项目指定财政部门或专门部门统一付款，经中介机构核查无异常的；

续表

审核关注事项	审核关注要点
第三方回款	⑤通过应收账款保理、供应链物流等合规方式或渠道完成付款，经中介机构核查无异常的； ⑥境外客户指定付款，经中介机构核查无异常的。 2. 第三方回款的付款方不是发行人的关联方。 3. 第三方回款与相关销售收入勾稽一致，具有可验证性，不影响销售循环内部控制有效性的认定，申报会计师已对第三方回款及销售确认相关内部控制有效性发表明确核查意见。 4. 能够合理区分不同类别的第三方回款，相关金额及比例处于合理可控范围。如发行人报告期存在第三方回款，保荐机构及申报会计师通常应重点核查以下方面： ①第三方回款的真实性，是否存在虚构交易或调节账龄情形； ②第三方回款形成收入占营业收入的比例； ③第三方回款的原因、必要性及商业合理性； ④发行人及其实际控制人、董事、监事、高级管理人员或其他关联方与第三方回款的支付方是否存在关联关系或其他利益安排； ⑤境外销售涉及境外第三方的，其代付行为的商业合理性或合法合规性； ⑥报告期内是否存在因第三方回款导致的货款归属纠纷； ⑦如签订合同时已明确约定由其他第三方代购买方付款，该交易安排是否具有合理原因； ⑧资金流、实物流与合同约定及商业实质是否一致。 同时，保荐机构及申报会计师还应详细说明对实际付款人和合同签订方不一致情形的核查情况，包括但不限于：抽样选取不一致业务的明细样本和银行对账单回款记录，追查至相关业务合同、业务执行记录及资金流水凭证，获取相关客户代付款确认依据，以核实和确认委托付款的真实性、代付金额的准确性及付款方和委托方之间的关系，说明合同签约方和付款方存在不一致情形的合理原因及第三方回款统计明细记录的完整性，并对第三方回款所对应营业收入的真实性发表明确意见。保荐机构应当督促发行人在招股说明书中充分披露第三方回款相关情况
转贷	转贷行为通常是指发行人为满足贷款银行受托支付要求，在无真实业务支持情况下，通过供应商等取得银行贷款或为客户提供银行贷款资金走账通道。首次申报审计截止日后，发行人原则上不能再出现转贷情形。中介机构应关注发行人连续12个月内银行贷款受托支付累计金额与相关采购或销售（同一交易对手或同一业务）累计金额是否基本一致或匹配，是否属于转贷行为。 如发行人存在转贷行为，保荐机构、发行人律师及申报会计师应重点关注下列事项：

续表

审核关注事项	审核关注要点
转贷	①关注转贷行为的合法合规性，由中介机构对公司前述行为违反法律法规（如《贷款通则》等）的事实情况进行说明认定，是否存在被处罚情形或风险，是否构成重大违法违规，是否满足相关发行上市条件的要求； ②发行人对前述行为的财务核算是否真实、准确，与相关方资金往来的实际流向和使用情况，是否通过体外资金循环粉饰业绩； ③发行人是否已通过收回资金、完善制度、加强内控等方式积极整改，是否已建立针对性的内控制度并有效执行，且申报后未发生新的不合规资金往来等行为； ④相关行为不存在后续影响，已排除或不存在重大风险隐患； ⑤发行人前述行为信息披露充分性，如相关交易形成原因、资金流向和使用用途、利息、违反有关法律法规具体情况及后果、后续潜在影响的承担机制、整改措施、相关内控建立及运行情况等
特殊经营模式之委托加工	委托加工一般是指由委托方提供原材料和主要材料，受托方按照委托方的要求制造货物并收取加工费和代垫部分辅助材料加工的业务。当发行人与同一主体既有采购又有销售业务时，应结合业务合同的属性类别及主要条款、原材料的保管和灭失及价格波动等风险承担、最终产品的完整销售定价权、最终产品对应账款的信用风险承担、对原材料加工的复杂程度等方面判断业务作为独立购销业务，还是作为委托加工或受托加工处理。 如为委托加工，保荐机构及申报会计师应核查以下事项并发表明确意见：委托加工的主要合同条款、具体内容及必要性、交易价格是否公允，会计处理是否合规，是否存在受托方代垫成本费用的情形；受托加工方的基本情况、与发行人的合作历史以及是否与发行人及其关联方存在关联关系；发行人委托加工产品质量控制的具体措施以及公司与受托加工方关于产品质量责任分摊的具体安排；结合委托加工产品的产量占比量化分析报告期内委托加工价格变动情况以及对发行人经营情况的影响
特殊经营模式之线上销售	保荐机构及申报会计师应结合客户名称、送货地址、购买数量、消费次数、消费金额及付款等实际情况，以及其他数据、指标、证明资料等，对线上销售收入确认是否符合《企业会计准则》规定、是否存在通过刷单虚增收入的情形以及收入的真实性等进行核查，说明采取的核查方法、程序以及核查结果或结论，并就报告期发行人线上销售收入的真实性、准确性、完整性发表明确意见

续表

审核关注事项	审核关注要点
特殊经营模式之经销商模式	保荐机构及申报会计师应对经销业务进行充分核查，并对经销商模式下收入的真实性发表明确意见。主要核查事项包括但不限于： ①采取经销商模式的必要性及经销商具体业务模式，经销商的主体资格及资信能力； ②发行人报告期内经销商模式下的收入确认原则、费用承担原则及给经销商的补贴或返利情况，经销商模式下收入确认是否符合《企业会计准则》的规定； ③发行人经销商销售模式、占比等情况与同行业可比公众公司是否存在显著差异及原因； ④经销商管理相关内控是否健全并有效执行； ⑤经销商是否与发行人存在关联关系； ⑥对经销商的信用政策是否合理； ⑦结合经销商模式检查经销商与发行人的交易记录及银行流水记录； ⑧经销商的存货进销存情况、退换货情况及主要客户情况，经销商所购产品是否实现终端客户销售
特殊经营模式之加盟模式	保荐机构及申报会计师应结合加盟协议关键条款、行业惯例、加盟商的经营情况、终端客户销售、退换货情况等，核查加盟相关业务收入确认政策是否符合《企业会计准则》规定。发行人频繁发生加盟商开业或退出的，保荐机构及申报会计师应核查发行人加盟相关收入确认政策是否谨慎、对部分不稳定加盟商的收入确认是否恰当，并结合与相关加盟商的具体合作情况说明发行人会计处理是否符合《企业会计准则》规定。保荐机构及发行人律师应核查发行人加盟协议的主要内容、加盟业务经营过程，并对其合法合规性发表明确意见
上市公司直接或间接控制	发行人为上市公司直接或间接控制的公司的，应当独立于上市公司并在信息披露方面与上市公司一致、同步。中介机构应当重点核查下列事项并发表明确意见： ①发行人是否存在上市公司为发行人承担成本费用、利益输送或其他利益安排等情形，对上市公司是否存在重大依赖，是否具有直接面向市场独立持续经营的能力； ②发行人信息披露与上市公司是否一致、同步； ③发行人及上市公司关于发行人本次申请向不特定合格投资者公开发行股票并上市的决策程序、审批程序与信息披露等是否符合证监会、证券交易所的相关规定，是否符合境外监管的相关规定（上市公司在境外上市的），如果存在信息披露、决策程序等方面的瑕疵，是否存在影响本次发行的争议、潜在纠纷或其他法律风险

续表

审核关注事项	审核关注要点
共同投资	发行人如存在与其控股股东、实际控制人、董事、监事、高级管理人员及其亲属直接或者间接共同设立公司情形，发行人及中介机构应主要披露及核查以下事项。 ①发行人应当披露相关公司的基本情况，包括但不限于公司名称、成立时间、注册资本、住所、经营范围、股权结构、最近一年及一期主要财务数据及简要历史沿革；中介机构应当核查发行人与上述主体共同设立公司的背景、原因和必要性，说明发行人出资是否合法合规、出资价格是否公允。 ②如发行人与共同设立的公司存在业务或资金往来的，还应当披露相关交易的交易内容、交易金额、交易背景以及相关交易与发行人主营业务之间的关系；中介机构应当核查相关交易的真实性、合法性、必要性、合理性及公允性，是否存在损害发行人利益的行为。 ③如公司共同投资方为董事、高级管理人员及其近亲属，中介机构应核查说明公司是否符合《公司法》的规定，即董事、高级管理人员未经股东会或者股东大会同意，不得利用职务便利为自己或者他人谋取属于公司的商业机会，自营或者为他人经营与所任职公司同类的业务
重大事项报告	①发行人及其实际控制人、控股股东等发生重大媒体质疑、涉及重大违法行为的突发事件或被列入失信被执行人名单； ②发生涉及公司主要资产、核心技术等诉讼仲裁，或者公司主要资产被查封、扣押等； ③发行人控股股东和受控股股东、实际控制人支配的股东所持发行人股份被质押、冻结、拍卖、托管、设定信托或者被依法限制表决权，或发生其他可能导致控制权变更的权属纠纷； ④发行人发生重大资产置换、债务重组等公司架构变化的情形； ⑤发生影响公司经营的法律、政策、市场等方面的重大变化； ⑥发生违规对外担保、资金占用或其他权益被控股股东、实际控制人严重损害的情形，或者损害投资者合法权益和社会公共利益的其他情形； ⑦披露审计报告、重大事项临时公告或者调整盈利预测； ⑧发生可能导致中止或终止审核的情形； ⑨存在其他可能影响发行人符合发行条件、上市条件和相应信息披露要求，或者影响投资者判断的重大事项
权益分派申报前提出权益分派方案	发行人申报前就已提出了现金分红、分派股票股利或资本公积转增股本方案的，应充分披露相关方案的执行是否对发行人符合发行条件和上市条件造成影响，相关方案应在证监会同意注册前执行完毕；保荐机构应对前述事项的披露情况和相关方案执行完毕后发行人是否符合发行条件和上市条件发表明确意见

续表

审核关注事项	审核关注要点
审核期间新增现金分红方案	发行人在申报受理后至上市前原则上不应提出分派股票股利或资本公积转增股本的方案。 发行人在审期间提出现金分红方案的，保荐机构和发行人应按重大事项报告要求及时进行报告，并遵循如下原则进行处理。 ①发行人如拟现金分红的，应依据公司章程和相关监管要求，充分论证现金分红的必要性和恰当性，以最近一期经审计的财务数据为基础，测算和确定与发行人财务状况相匹配的现金分红方案，并履行相关决策程序。如存在大额分红并可能对财务状况和新老股东利益产生重大影响的，发行人应谨慎决策。 ②发行人的现金分红方案应在证监会同意注册前执行完毕。 ③已通过上市委员会审议的企业，在上市前原则上不应提出新的现金分红方案。保荐机构应对发行人在审核期间进行现金分红的必要性、合理性、合规性进行专项核查，就实施现金分红对发行人财务状况、生产运营的影响，相关方案执行完毕后发行人是否符合发行条件和上市条件发表明确意见
第三方数据	第三方数据主要指涉及发行人及其交易对手之外的第三方相关交易信息，例如发行人的交易对手与其客户或供应商之间的交易单价及数量、可比公司或可比业务财务数据等。考虑到第三方数据一般较难获取并具有一定隐私性，发行人及中介机构在公开披露的文件中引用的第三方数据可以限于公开信息，并注明资料来源，一般不要求披露未公开的第三方数据。 中介机构应当核查第三方数据来源的真实性及权威性、引用数据的必要性及完整性、与其他披露信息是否存在不一致，说明第三方数据是否已公开、是否专门为本次发行准备以及发行人是否为此支付费用或提供帮助，确保直接或间接引用的第三方数据有充分、客观、独立的依据
国家秘密、商业秘密	发行人有充分依据证明拟披露的某些信息涉及国家秘密、商业秘密的，发行人及其保荐机构、证券服务机构应当在提交发行上市申请文件或问询回复时，一并提交关于信息披露豁免的申请文件。 1. 豁免申请的内容 发行人应在豁免申请中逐项说明需要豁免披露的信息，认定国家秘密或商业秘密的依据和理由，并说明相关信息披露文件是否符合招股说明书准则及相关规定要求，豁免披露后的信息是否对投资者决策判断构成重大障碍。 2. 涉及国家秘密的要求 发行人从事军工等涉及国家秘密业务的，应当符合以下要求： ①按规定提供国家主管部门关于发行人申请豁免披露的信息为涉密信息的认定文件； ②提供发行人全体董事、监事、高级管理人员出具的关于公开发行股票并上市的申请文件不存在泄密事项且能够持续履行保密义务的声明； ③提供发行人控股股东、实际控制人对其已履行和能够持续履行相关保密义务出具的承诺文件；

续表

审核关注事项	审核关注要点
国家秘密、商业秘密	④在豁免申请中说明相关信息披露文件是否符合《军工企业对外融资特殊财务信息披露管理暂行办法》及有关保密规定； ⑤说明内部保密制度的制定和执行情况，是否符合《保密法》等法律法规的规定，是否存在因违反保密规定受到处罚的情形； ⑥说明中介机构是否符合《军工涉密业务咨询服务安全保密监督管理办法》及其他相关规定对中介机构军工涉密业务咨询服务的安全保密要求； ⑦对审核中提出的信息豁免披露或调整意见，发行人应相应回复、补充相关文件的内容，有实质性增减的，应当说明调整后的内容是否符合相关规定、是否存在泄密风险。 3. 涉及商业秘密的要求 发行人因涉及商业秘密提交豁免申请的，应当符合以下要求： ①发行人应当建立相应的内部管理制度，并明确相关内部审核程序，审慎认定豁免披露事项； ②发行人的董事长应当在豁免申请中签字确认； ③豁免披露的信息应当尚未泄露
董监高	财务负责人作为高级管理人员，应当具备会计师以上专业技术职务资格，或者具有会计专业知识背景并从事会计工作三年以上。 上市公司董事会中兼任高级管理人员的董事和由职工代表担任的董事，人数总计不得超过公司董事总数的二分之一。 上市公司董事、高级管理人员的配偶、父母和子女在公司董事、高级管理人员任职期间不得担任公司监事。 董事、监事和高级管理人员候选人存在下列情形之一的，上市公司应当披露该候选人具体情形、拟聘请该候选人的原因以及是否影响公司规范运作，并提示相关风险： ①最近三年内受到证监会及其派出机构行政处罚； ②最近三年内受到证券交易所或者全国股转公司公开谴责或者三次以上通报批评； ③因涉嫌犯罪被司法机关立案侦查或者涉嫌违法违规被证监会及其派出机构立案调查，尚未有明确结论意见
董监高责任	上市公司董事在审议定期报告时，应当认真阅读定期报告全文，重点关注定期报告内容是否真实、准确、完整，是否存在重大编制错误或者遗漏，主要会计数据和财务指标是否发生大幅波动及波动原因的解释是否合理，是否存在异常情况，是否全面分析了公司报告期财务状况与经营成果并且充分披露了可能影响公司未来财务状况与经营成果的重大事项和不确定性因素等。 董事会每年度至少召开两次会议，每次会议应当于会议召开 10 日前通知全体董事和监事；董事会召开临时会议，应当按照公司章程的规定发出会议通知。董事会会议议题应当事先拟定，并提供足够的决策材料。两名及以上独立董事认为资料不完整或者论证不充分的，可以联名书面向董事会提出延期召开会议或者延期审议该事项，董事会应当采纳，上市公司应当及时披露
累积投票制	上市公司单一股东及其一致行动人拥有权益的股份比例在 30% 及以上的，股东会在董事、监事选举中应当推行累积投票制

第八章
北交所转板上市

第一节　北交所上市公司转板上市条件

根据证监会《关于北京证券交易所上市公司转板的指导意见》，挂牌公司转板上市的条件如下。

①北交所上市公司申请转板，应当已在北交所连续上市满一年，且符合转入板块的上市条件。

②挂牌公司转板上市的，应当符合转入板块的上市条件。转板上市条件应当与首次公开发行并上市的条件保持基本一致，交易所可以根据监管需要提出差异化要求。

根据《北京证券交易所上市公司向上海证券交易所科创板转板办法（试行）》和《深圳证券交易所关于北京证券交易所上市公司向创业板转板办法（试行）》的规定，挂牌公司转入相应上市板块的条件如表8-1所示。

表8-1　北交所上市公司转板上市的条件

	转板至上交所科创板	转板至深交所创业板
基本条件	北交所上市公司申请转板，应当已在北交所连续上市满一年，且符合转入板块的上市条件。转板条件应当与首次公开发行并在上交所、深交所上市的条件保持基本一致，上交所、深交所可以根据监管需要提出差异化要求	

续表

	转板至上交所科创板	转板至深交所创业板
定位条件	转板公司应当结合《科创属性评价指引（试行）》《上海证券交易所科创板企业发行上市申报及推荐暂行规定（2022年12月修订）》等相关规定，对其是否符合科创板定位进行自我评估，提交专项说明。 保荐人推荐转板公司转板上市的，应当对转板公司是否符合科创板定位、科创属性要求进行核查把关，出具专项意见	转板公司应当符合《首次公开发行股票注册管理办法》等规定的创业板定位
其他条件	转板公司申请转板至科创板上市，应当符合以下条件。 ①《首次公开发行股票注册管理办法》第十条至第十三条规定的发行条件。 ②转板公司及其控股股东、实际控制人不存在最近三年受到证监会行政处罚，因涉嫌违法违规被证监会立案调查，尚未有明确结论意见，或者最近12个月受到北交所、全国股转公司公开谴责等情形。 ③股本总额不低于人民币3,000万元。 ④股东人数不少于1,000人。 ⑤公众股东持股比例达到转板公司股份总数的25%以上；转板公司股本总额超过人民币4亿元的，公众股东持股的比例为10%以上。 ⑥董事会审议通过转板上市相关事宜决议公告日前连续60个交易日（不包括股票停牌日）通过精选层竞价交易方式实现的股票累计成交量不低于1,000万股。 ⑦市值及财务指标符合规定的标准。 ⑧北交所规定的其他转板上市条件	转板公司申请转板上市，应当符合以下条件。 ①《首次公开发行股票注册管理办法》规定的创业板发行条件。 ②公司及其控股股东、实际控制人不存在最近三年受到证监会行政处罚，因涉嫌违法违规被证监会立案调查且尚未有明确结论意见，或者最近12个月受到全国股转公司、北交所公开谴责等情形。 ③股本总额不低于3,000万元。 ④股东人数不少于1,000人。 ⑤社会公众持有的公司股份达到公司股份总数的25%以上；公司股本总额超过4亿元的，社会公众持股的比例达到10%以上。 ⑥董事会审议通过转板上市相关事宜决议公告日前60个交易日（不包括股票停牌日）通过精选层竞价交易方式实现的股票累计成交量不低于1,000万股。 ⑦市值及财务指标符合《深圳证券交易所创业板股票上市规则》规定的上市标准，具有表决权差异安排的转板公司申请转板上市，表决权差异安排应当符合《深圳证券交易所创业板股票上市规则》的规定。 ⑧北交所规定的其他上市条件

第二节　北交所上市公司转板上市审核程序

根据《北京证券交易所上市公司向上海证券交易所科创板转板办法（试行）》和《深圳证券交易所关于北京证券交易所上市公司向创业板转板办法（试行）》的规定，挂牌公司转板的程序如表8-2所示。

表8-2　挂牌公司转板的程序

	转板至上交所科创板	转板至深交所创业板
申报阶段	①转板公司申请转板上市，董事会应当依法就转板上市事宜作出决议，并提请股东会批准。股东会应当就转板上市作出决议。 ②转板公司申请转板上市的，应当聘请同时具有保荐业务资格和北交所会员资格的证券公司作为转板上市保荐人，并与保荐人签订保荐协议，明确双方权利和义务。保荐人应当根据《证券发行上市保荐业务管理办法》等相关规定，履行上市保荐职责，向北交所提交包括下列内容的转板上市保荐书	①转板公司申请转板上市，董事会应当依法就转板上市事宜作出决议，并提请股东会批准。 ②转板公司申请转板上市，应当聘请同时具有保荐业务资格和北交所会员资格的证券公司作为转板上市保荐人，并与保荐人签订保荐协议，明确双方权利和义务。保荐人应当根据《证券发行上市保荐业务管理办法》等相关规定，履行上市保荐职责，向北交所提交转板上市保荐书
交易所审核阶段	①北交所收到申请文件后，在5个工作日内对申请文件的齐备性进行审查，作出是否受理的决定。 ②北交所对转板上市申请文件进行审核，通过提出问题、回答问题等方式，督促转板公司及其保荐人、证券服务机构完善信息披露，真实、准确、完整地披露信息，提高信息披露质量。 ③北交所在转板上市审核中，发现转板上市申请文件存在重大疑问且转板公司及其保荐人、证券服务机构回复中无法作出合理解释的，可以对转板公司及其保荐人、证券服务机构进行现场检查，对保荐人开展现场督导。 ④转板公司申请转板至科创板上市的，北交所审核机构收到转板公司及其保荐人、证券服务机构对北交所审核问询的回复后，认为不需要进一步审核问询的，将出具审核报告并提交科创板上市委员会	①北交所收到转板上市申请文件后，在5个工作日内对申请文件的齐备性进行审查，作出是否受理的决定，告知转板公司及保荐人，并在北交所网站公示。 ②北交所在转板上市审核中，发现转板上市申请文件存在重大疑问且转板公司及其保荐人、证券服务机构回复无法作出合理解释的，可以对转板公司及其保荐人、证券服务机构进行现场检查，对保荐人开展现场督导。 ③北交所发行上市审核机构收到转板公司及其保荐人、证券服务机构对北交所审核问询的回复后，认为不需要进一步审核问询的，将出具审核报告并提交创业板上市委员会

续表

	转板至上交所科创板	转板至深交所创业板
交易所转板阶段	①上市委员会召开审议会议，对北交所审核机构出具的审核报告及转板公司转板上市申请文件进行审议，通过合议形成符合或不符合转板上市条件和信息披露要求的审议意见。 ②北交所结合上市委员会的审议意见，作出是否同意转板上市的决定；北交所在作出同意或者不同意转板上市决定后，及时通知转板公司，通报全国股转公司，并报证监会备案。 ③北交所自受理申请文件之日起2个月内作出是否同意转板上市的决定，但转板公司及其保荐人、证券服务机构回复北交所审核问询的时间不计算在内。转板公司及其保荐人、证券服务机构回复北交所审核问询的时间总计不超过3个月。 ④北交所同意转板上市的决定自作出之日起6个月有效，转板公司应当在决定有效期内完成转板上市的所有准备工作并向北交所申请股票在科创板上市交易	①上市委员会召开审议会议，对北交所发行上市审核机构出具的审核报告及转板公司转板上市申请文件进行审议，通过合议形成符合或不符合转板上市条件和信息披露要求的审议意见。 ②北交所结合上市委员会的审议意见，作出是否同意转板上市的决定。北交所作出转板上市审核决定后，及时通知转板公司，通报全国股转公司，并报证监会备案。 ③北交所自受理申请之日起两个月内，作出是否同意转板上市的决定。但转板公司及其保荐人、证券服务机构回复北交所审核问询的时间不计算在内。转板公司及其保荐人、证券服务机构回复北交所审核问询的时间总计不超过3个月。 ④北交所同意转板上市的决定自作出之日起6个月内有效，转板公司应在决定有效期内在北交所创业板上市交易

第九章
北交所上市之募集资金与股份变动管理合规要点

第一节 募集资金管理

一、募集资金监管要求

发行人募集资金应当用于主营业务及相关业务领域。暂时闲置的募集资金可以进行现金管理，投资于安全性高、流动性好、可以保障投资本金安全的理财产品。

①建立制度：发行人应建立存储、适用、监管和责任追究的内部制度，明确分级审批权限、决策程序、风险防控措施和信披要求。

②设置专项账户：发行人募集的资金应当存放于募集资金专项账户，不得挪用非募集资金或将其用作其他用途。

③三方监督：发行人应当与保荐机构、存放募集资金的商业银行签订三方监管协议。

二、募集资金管理的审议程序和披露要求

发行人使用闲置募集资金投资理财产品的，应当经公司董事会审议通过并披露，独立董事和保荐机构应当发表明确同意意见并披露。

发行人改变募集资金用途的，应当经公司董事会、股东会审议通过并披露，独立董事和保荐机构应当发表明确同意意见并披露。

闲置募集资金暂时用于补充流动资金的，应当经发行人董事会审议通过并披露，独立董事和保荐机构应当发表明确同意意见并披露。

发行人实际募集资金净额超过计划募集资金金额的部分（即超募资金）用于

永久补充流动资金和归还银行借款的,应当经公司董事会、股东会审议通过并披露,独立董事和保荐机构应当发表明确同意意见并披露。

发行人以自筹资金预先投入公开披露的募集资金用途后,以募集资金置换自筹资金的,应当经公司董事会审议通过并披露,独立董事和保荐机构应当发表明确同意意见并披露。

三、募集资金管理相关的其他监管要求

闲置募集资金暂时用于补充流动资金的,应当经发行人董事会审议通过并披露,独立董事和保荐机构应当发表明确同意意见并披露。单次补充流动资金最长不得超过 12 个月。补充流动资金到期日之前,发行人应当将该部分资金归还至募集资金专户,并在资金全部归还后及时公告。

超募资金用于永久补充流动资金和归还银行借款,发行人应当承诺 12 个月内不进行股票及其衍生品种、可转换公司债券等高风险投资,或者为他人提供财务资助。

发行人董事会应当每半年度对募集资金使用情况进行自查,出具自查报告,并在披露年度报告及中期报告时一并披露。发行人董事会应当聘请会计师事务所对募集资金存放和使用情况出具鉴证报告,并在发行人披露年度报告时一并披露。保荐机构每年就发行人募集资金存放和使用情况至少进行一次现场核查,出具核查报告,并在公司披露年度报告时一并披露。

四、视为募集资金用途变更的情形

①取消或者终止原募集资金项目,实施新项目;

②变更募集资金投资项目实施主体(实施主体在发行人及其全资子公司之间变更的除外);

③变更募集资金投资项目实施方式;

④北交所认定为募集资金用途变更的其他情形。

发行人仅改变募集资金投资项目实施地点的,可免于提交股东会审议。

第二节　股份变动管理

一、公开发行并上市相关的股份限售

①上市公司控股股东、实际控制人及其亲属,以及上市前直接持有 10% 以

上股份的股东或虽未直接持有但可实际支配 10% 以上股份表决权的相关主体，持有或控制的本公司向不特定合格投资者公开发行前的股份，自公开发行并上市之日起 12 个月内不得转让或委托他人代为管理。

亲属，是指上市公司控股股东、实际控制人的配偶、子女及其配偶、父母及配偶的父母、兄弟姐妹及其配偶、配偶的兄弟姐妹、子女配偶的父母以及其他关系密切的家庭成员。

②发行人高级管理人员、核心员工通过专项资产计划、员工持股计划等参与战略配售取得的股份，自公开发行并上市之日起 12 个月内不得转让或委托他人代为管理。

③其他投资者参与战略配售取得的股份，自公开发行并上市之日起 6 个月内不得转让或委托他人代为管理。

二、董监高相关的股份限售

上市公司董事、监事、高级管理人员持有的本公司股份，按照《公司法》规定，自上市之日起 12 个月内不得转让，在任职期间每年转让的股份不超过其所持本公司股份总数的 25%，离职后 6 个月内不得转让。

上市公司董事、监事、高级管理人员应当按照北交所规定的时间、方式报备个人信息和持有本公司股份的情况，其所持有的规定期间不得转让的股份，应当按照北交所相关规定办理限售。

公司董事、监事、高级管理人员所持本公司股份发生变动的，应当及时向公司报告并由公司在规定信息披露平台的专区披露，但因权益分派导致的变动除外。

三、其他股份限售

1. 未盈利

公司上市时未盈利的，在实现盈利前，控股股东、实际控制人、董事、监事、高级管理人员自公司股票上市之日起 2 个完整会计年度内，不得减持公开发行并上市前股份；公司实现盈利后，可以自当年年度报告披露后次日起减持公开发行并上市前股份，但应遵守相关法规的规定。董事、监事、高级管理人员在规定期间内离职的，应当继续遵守规定。

2. 重大违规

控股股东、持股 5% 以上股东、实际控制人、董监高，因涉嫌证券期货违法犯罪被立案调查或立案侦查期间，以及行政处罚决定、刑事判决作出后未满 6 个月的；因违反北交所业务规则，被公开谴责未满 3 个月的；不得减持其所持有的本公司股份。大股东、公司实际控制人通过北交所和全国股转系统的竞价或做市交易买入本公司股份的除外。

3. 重大违法强制退市

上市公司可能触及重大违法强制退市情形的，自相关行政处罚事先告知书或司法裁判作出之日起至终止上市之日或重大违法强制退市情形消除，公司控股股东、实际控制人、董监高不得减持股份。

四、减持预披露

上市公司大股东、实际控制人、董事、监事、高级管理人员计划通过集中竞价交易减持其所持有本公司股份的，应当及时通知公司，并按照下列规定履行信息披露义务：

①在首次卖出股份的 15 个交易日前预先披露减持计划，每次披露的减持时间区间不得超过 6 个月；

②拟在 3 个月内卖出股份总数超过公司股份总数 1% 的，除按照规定履行披露义务外，还应当在首次卖出的 30 个交易日前预先披露减持计划；

③在减持时间区间内，减持数量过半或减持时间过半时，披露减持进展情况；

④在股份减持计划实施完毕或者披露的减持时间区间届满后及时公告具体减持情况。

实际控制人、大股东通过北交所和全国股转系统的竞价或做市交易买入本公司股份，其减持不适用上述规定。

五、上市公司董监高不得买卖本公司股票的期间

上市公司董事、监事和高级管理人员在下列期间不得买卖本公司股票。

①公司年度报告、中期报告公告前 30 日内及季度报告公告前 10 日内；因特殊原因推迟年度报告、中期报告公告日期的，自原预约公告日前 30 日起算，直至公告日日终。

②公司业绩预告、业绩快报公告前 10 日内。

③自可能对公司股票交易价格、投资者投资决策产生较大影响的重大事件发生之日或者进入决策程序之日，至依法披露之日内。

六、上市公司控股股东、实际控制人不得买卖本公司股票的期间

上市公司控股股东、实际控制人在下列期间不得买卖本公司股票。

①公司年度报告、中期报告公告前 30 日内及季度报告公告前 10 日内；因特殊原因推迟年度报告、中期报告公告日期的，自原预约公告日前 30 日起算，直至公告日日终。

②公司业绩预告、业绩快报公告前 10 日内。

③自可能对公司股票交易价格、投资者投资决策产生较大影响的重大事件发生之日或者进入决策程序之日，至依法披露之日内。

第十章
北交所上市之再融资合规要点

第一节　北交所上市再融资的规则

一、基本法律、法规

基本法规是《北京证券交易所上市公司证券发行注册管理办法》（2023年）。

二、向特定对象发行股票的规定

①具备健全且运行良好的组织机构。

②具有独立、稳定经营能力，不存在对持续经营有重大不利影响的情形。

③最近一年财务会计报告无虚假记载，未被出具否定意见或无法表示意见的审计报告；最近一年财务会计报告被出具保留意见的审计报告，保留意见所涉及事项对上市公司的重大不利影响已经消除。本次发行涉及重大资产重组的除外。

④合法规范经营，依法履行信息披露义务。

三、定向发行股票负面限制

上市公司存在下列情形之一的，不得向特定对象发行股票：

①上市公司或其控股股东、实际控制人最近三年内存在贪污、贿赂、侵占财产、挪用财产或者破坏社会主义市场经济秩序的刑事犯罪，存在欺诈发行、重大信息披露违法或者其他涉及国家安全、公共安全、生态安全、生产安全、公众健康安全等领域的重大违法行为；

②上市公司或其控股股东、实际控制人，现任董事、监事、高级管理人员

最近一年内受到证监会行政处罚、北交所公开谴责；或因涉嫌犯罪正被司法机关立案侦查或者涉嫌违法违规正被证监会立案调查，尚未有明确结论意见；

③擅自改变募集资金用途，未作纠正或者未经股东会认可；

④上市公司或其控股股东、实际控制人被列入失信被执行人名单且情形尚未消除；

⑤上市公司利益严重受损的其他情形。

股东会就本次公开发行股票并上市事宜作出决议，必须经出席股东会的股东所持表决权的三分之二以上通过。发行人应当对出席会议的持股比例在5%以下的中小股东表决情况单独计票并予以披露。

发行人就本次公开发行股票并上市事宜召开股东会，应当通过网络投票等方式为股东参加股东会提供便利。

上市公司发行证券，应当聘请具有证券承销业务资格的证券公司承销，但上市公司向特定对象发行证券且董事会提前确定全部发行对象的除外。

上市公司向不特定合格投资者公开发行股票的，发行承销的具体要求参照适用《北京证券交易所向不特定合格投资者公开发行股票注册管理办法》（2023年）的相关规定，另有规定的除外。

上市公司向原股东配售股份的，应当采用代销方式发行。

控股股东应当在股东会召开前公开承诺认配股份的数量。控股股东不履行认配股份的承诺，或者代销期限届满，原股东认购股票的数量未达到拟配售数量70%的，上市公司应当按照发行价并加算银行同期存款利息返还已经认购的股东。

上市公司向不特定合格投资者公开发行股票的，发行价格应当不低于公告招股意向书前20个交易日或者前一个交易日公司股票均价。

上市公司向特定对象发行股票的，发行价格应当不低于定价基准日前20个交易日公司股票均价的80%。

向特定对象发行股票的定价基准日为发行期首日。

上市公司董事会决议提前确定全部发行对象，且发行对象属于下列情形之一的，定价基准日可以为关于本次发行股票的董事会决议公告日、股东会决议公告日或者发行期首日：

①上市公司的控股股东、实际控制人或者其控制的关联方；

②按照规定参与认购的上市公司前十名股东、董事、监事、高级管理人员及核心员工；

③通过认购本次发行的股票成为上市公司控股股东或实际控制人的投资者；

④董事会拟引入的境内外战略投资者。

上市公司向特定对象发行股票的，发行对象属于《北京证券交易所上市公司证券发行注册管理办法》（2023年）规定以外情形的，上市公司应当以竞价方式确定发行价格和发行对象。

上市公司向特定对象发行可转换为股票的公司债券的，上市公司应当采用竞价方式确定利率和发行对象，本次发行涉及发行可转换为股票的公司债券购买资产的除外。

董事会决议确定部分发行对象的，确定的发行对象不得参与竞价，且应当接受竞价结果，并明确在通过竞价方式未能产生发行价格的情况下，是否继续参与认购、价格确定原则及认购数量。

上市公司发行证券采用竞价方式的，上市公司和承销商的控股股东、实际控制人、董事、监事、高级管理人员及其控制或者施加重大影响的关联方不得参与竞价。

上市公司以竞价方式向特定对象发行股票的，在发行期首日前一工作日，上市公司及承销商可以向符合条件的特定对象提供认购邀请书。认购邀请书发送对象至少应当包括：

①已经提交认购意向书的投资者；
②上市公司前20名股东；
③合计不少于10家证券投资基金管理公司、证券公司或保险机构。

认购邀请书发送后，上市公司及承销商应当在认购邀请书约定的时间内收集特定投资者签署的申购报价表。

在申购报价期间，上市公司及承销商应当确保任何工作人员不泄露发行对象的申购报价情况。

申购报价结束后，上市公司及承销商应当对有效申购按照报价高低进行累计统计，按照价格优先等董事会确定的原则合理确定发行对象、发行价格和发行股数。

上市公司向特定对象发行证券的，发行对象确定后，上市公司应当与发行对象签订认购合同，上市公司向原股东配售股份的除外。

向特定对象发行的股票，自发行结束之日起6个月内不得转让，做市商为取得做市库存股参与发行认购的除外，但做市商应当承诺自发行结束之日起6个月内不得申请退出为上市公司做市。

发行对象属于《北京证券交易所上市公司证券发行注册管理办法》（2023年）第四十四条第三款规定情形的，其认购的股票自发行结束之日起12个月内不得转让。法律法规、部门规章对前述股票的限售期另有规定的，还应当遵守相关规定。

上市公司向原股东配售股份的，应当向股权登记日在册的股东配售，且配售比例应当相同。

向原股东配售股份的价格由上市公司和承销商协商确定，豁免适用本节关于向特定对象发行股票定价与限售的相关规定。

上市公司在证券发行过程中触及北交所规定的终止上市情形的，应当终止发行。

第二节　北交所小额快速定增规则要点

北交所上市公司向前 10 名股东、实际控制人、董事、监事、高级管理人员及核心员工发行股票，连续 12 个月内发行的股份未超过公司总股本 10% 且融资总额不超过 2,000 万元的，无须提供保荐人出具的保荐文件以及律师事务所出具的法律意见书。

上市公司在北交所采用小额快速定增的，董事会决议中应当明确发行对象、发行价格和发行数量，且不得存在以下情形：

①上市公司采用《北京证券交易所上市公司证券发行注册管理办法》（2023年）第二十三条规定的方式发行；

②认购人以非现金资产认购；

③发行股票导致上市公司控制权发生变动；

④本次发行中存在特殊投资条款安排；

⑤上市公司或其控股股东、实际控制人，现任董事、监事、高级管理人员最近一年内被证监会给予行政处罚或采取监管措施、被北交所采取纪律处分。

第十一章
北交所上市之发行可转换为股票的公司债券

第一节 北交所发行可转债的基本条件

上市公司发行可转换为股票的公司债券，应当符合下列规定：
①具备健全且运行良好的组织机构；
②最近三年平均可分配利润足以支付公司债券一年的利息；
③具有合理的资产负债结构和正常的现金流量。

第二节 北交所发行可转债的负面清单

上市公司存在下列情形之一的，不得发行可转换为股票的公司债券：
①对已公开发行的公司债券或者其他债务有违约或者延迟支付本息的事实，仍处于继续状态；
②违反《证券法》规定，改变公开发行公司债券所募资金用途。

上市公司及其控股股东、实际控制人、主要股东不得向发行对象作出保底保收益或者变相保底保收益承诺，也不得直接或者通过利益相关方向发行对象提供财务资助或者其他补偿。

上市公司最近一期末存在持有金额较大的财务性投资的，保荐人应当对上市公司本次募集资金的必要性和合理性审慎发表核查意见。

股东会就发行可转换为股票的公司债券作出决议，应当就债券利率、债券期限、赎回条款、回售条款、还本付息的期限和方式、转股期、转股价格的确定和修正等事项作出决议。

股东会就发行证券事项作出决议，必须经出席会议的股东所持表决权的三分之二以上通过。上市公司应当对出席会议的持股比例在 5% 以下的中小股东表决情况单独计票并予以披露。

上市公司就发行证券事项召开股东会，应当提供网络投票的方式，上市公司还可以通过其他方式为股东参加股东会提供便利。

董事会、股东会就向特定对象发行证券事项作出决议，应当按要求履行表决权回避制度，上市公司向原股东配售股份的除外。

上市公司拟引入战略投资者的，董事会、股东会应当将引入战略投资者的事项作为单独议案，就每名战略投资者单独审议。

根据公司章程的规定，上市公司年度股东会可以授权董事会向特定对象发行累计融资额低于 1 亿元且低于公司最近一年末净资产 20% 的股票，该项授权的有效期不得超过上市公司下一年度股东会召开日。

第十二章
北交所上市之重大资产重组

第一节　北交所重大资产重组基本规定

一、重大资产重组认定标准

（一）上市公司实施重大资产重组的标准

上市公司及其控股或者控制的公司购买、出售资产，达到下列标准之一的，构成重大资产重组：

①购买、出售的资产总额占上市公司最近一个会计年度经审计的合并财务会计报告期末资产总额的比例达到50%以上；

②购买、出售的资产在最近一个会计年度所产生的营业收入占上市公司同期经审计的合并财务会计报告营业收入的比例达到50%以上，且超过5,000万元人民币；

③购买、出售的资产净额占上市公司最近一个会计年度经审计的合并财务会计报告期末净资产额的比例达到50%以上，且超过5,000万元人民币。

其中，营业收入指标执行以下标准：购买、出售的资产在最近一个会计年度所产生的营业收入占上市公司同期经审计的合并财务会计报告营业收入的比例达到50%以上，且超过5,000万元人民币。

上市公司实施重大资产重组，构成《上市公司重大资产重组管理办法》第十三条规定的交易情形的，置入资产的具体条件由北交所制定。

（二）不构成重大资产重组的情形

上市公司使用现金购买与主营业务和生产经营相关的土地、厂房、机械设备等，充分说明合理性和必要性的，可以视为日常经营行为，不纳入重大资产重组管理。

二、标的资产要求

（一）标的资产行业要求

上市公司实施重大资产重组或者发行股份购买资产的，标的资产应当符合北交所相关行业要求，或者与上市公司处于同行业或上下游。

（二）标的资产具体情形要求

上市公司实施重组上市的，标的资产对应的经营实体应当是符合《北京证券交易所向不特定合格投资者公开发行股票注册管理办法》规定的发行条件的股份有限公司或者有限责任公司，不存在《北京证券交易所股票上市规则（试行）》规定的不得申请公开发行并上市的情形，并符合下列条件之一：

①最近两年净利润均不低于1,500万元且加权平均净资产收益率平均不低于8%，或者最近一年净利润不低于2,500万元且加权平均净资产收益率不低于8%；

②最近两年营业收入平均不低于1亿元，且最近一年营业收入增长率不低于30%，最近一年经营活动产生的现金流量净额为正。

其中，净利润以扣除非经常性损益前后的孰低者为准，净利润、营业收入、经营活动产生的现金流量净额均指经审计的数值。

三、表决权差异安排

上市公司重组标的资产对应的经营实体存在表决权差异安排的，除符合《北京证券交易所向不特定合格投资者公开发行股票注册管理办法》规定的发行条件外，其表决权安排等应当符合《北京证券交易所股票上市规则（试行）》的规定。

四、限售期

上市公司股东在公司实施发行股份购买资产或者重组上市中取得的股份，应当遵守《上市公司重大资产重组管理办法》关于股份限售期的有关规定；但控制关系清晰明确、易于判断，同一实际控制人控制之下不同主体之间转让上市公司股份的除外。

特定对象以资产认购而取得的上市公司股份，自股份发行结束之日起12个月内不得转让；属于下列情形之一的，36个月内不得转让：

①特定对象为上市公司控股股东、实际控制人或者其控制的关联人；

②特定对象通过认购本次发行的股份取得上市公司的实际控制权；

③特定对象取得本次发行的股份时，对其用于认购股份的资产持续拥有权益的时间不足 12 个月。

五、股份减持

上市公司实施重组上市，标的资产对应的经营实体尚未盈利的，控股股东、实际控制人的股份减持应当符合上市规则关于公司上市时未盈利的减持的相关规定；在实现盈利前，控股股东、实际控制人自发行股票上市之日起两个完整会计年度内，不得减持上市前股份；公司实现盈利后，可以自当年年度报告披露后次日起减持上市前股份。

六、停复牌

上市公司因筹划发行股份购买资产申请停牌的，停牌时间不超过 10 个交易日。公司应当在停牌期限届满前披露经董事会审议通过的重组预案或者报告书，并申请复牌；未能按期披露重组预案或者报告书的，应当终止筹划本次重组并申请复牌。

七、重组信息披露

应当按照《上市公司重大资产重组管理办法》《公开发行证券的公司信息披露内容与格式准则第 56 号——北交所上市公司重大资产重组》的要求编制并披露重大资产重组报告书及其他相关信息披露文件。上市公司披露的所有信息应当真实、准确、完整，简明清晰、通俗易懂，不得有虚假记载、误导性陈述或者重大遗漏。

八、重大资产重组流程

（一）申请程序

《北京证券交易所上市公司重大资产重组审核规则》规定，上市公司实施发行股份购买资产的，应当按照规定聘请独立财务顾问，并委托独立财务顾问在股东大会作出重大资产重组决议后三个工作日内，通过北交所并购重组审核业务系统报送下列申请文件：

①重大资产重组报告书及相关文件；

②独立财务顾问报告及相关文件；

③法律意见书、审计报告及资产评估报告或者估值报告等证券服务机构出具

的文件；

④证监会或者北交所要求的其他文件。

申请文件的内容与格式应当符合证监会和北交所的相关规定。

（二）受理程序

北交所收到申请文件后，对申请文件的齐备性进行核对，并在5个工作日内作出是否受理的决定，告知上市公司及其独立财务顾问。

申请文件齐备的，出具受理通知；申请文件不齐备的，一次性告知需要补正的事项。补正时限最长不得超过30个工作日（多次补正的，补正时间累计计算），以上市公司最终提交补正文件的时间为准。

（三）审核机构审核程序

上市公司申请发行股份购买资产不构成重组上市的，北交所重组审核机构自受理申请文件之日起10个工作日内，发出首轮审核问询；上市公司申请发行股份购买资产构成重组上市的，北交所重组审核机构自受理申请文件之日起20个工作日内，发出首轮审核问询。

上市公司、交易对方、独立财务顾问、证券服务机构应当按照审核问询要求进行必要的补充调查和核查，及时、逐项回复重组审核机构提出的审核问询，补充或者修改申请文件并披露。

重组审核机构收到上市公司对首轮审核问询的回复后，存在下列情形之一的，可以继续提出审核问询：

①首轮审核问询后，发现新的需要问询事项；

②上市公司、交易对方、独立财务顾问、证券服务机构的回复未能有针对性地回答重组审核机构提出的审核问询，或者北交所就其回复需要继续审核问询；

③上市公司、交易对方、独立财务顾问、证券服务机构的信息披露仍未满足证监会和北交所规定的要求；

④北交所认为需要继续审核问询的其他情形。

重组审核机构收到上市公司、交易对方、独立财务顾问、证券服务机构对北交所审核问询的回复后，认为不需要进一步审核问询的，将出具审核报告，并提交并购重组委员会审议，同时通知上市公司及其独立财务顾问。

北交所在审核中，发现上市公司申请文件存在重大疑问且上市公司、交易对方、独立财务顾问、证券服务机构回复中无法作出合理解释，或者本次交易涉及重组上市的，北交所可以对上市公司、交易对方、标的资产、独立财务顾问、证券服务机构进行现场检查或者核查。

（四）并购重组委员会审议

并购重组委员会召开审议会议，对重组审核机构出具的审核报告及上市公司申请文件进行审议。审议时认为需要对上市公司、交易对方、独立财务顾问、证券服务机构等主体进行现场问询的，相关主体代表应当到会接受问询，回答并购重组委员会提出的问题。

并购重组委员会审议会议通过合议形成同意或不同意的审议意见。

审议会议中发现上市公司存在法定条件或者信息披露方面的重大事项有待进一步核实，无法形成审议意见的，经会议合议，并购重组委员会可以对该公司的发行股份购买资产或者重组上市申请暂缓审议，暂缓审议时间不超过两个月。对上市公司的同一次申请，只能暂缓审议一次。

北交所结合并购重组委员会审议意见，出具同意发行股份购买资产或者重组上市的审核意见，或者作出终止审核的决定；对上市公司不涉及股份发行的重组上市申请，北交所结合并购重组委员会审议意见，作出同意重组上市或者终止审核的决定。

并购重组委员会审议意见同意上市公司发行股份购买资产或者重组上市，但要求补充披露有关信息的，北交所重组审核机构告知独立财务顾问组织落实，并对落实情况进行核对，通报参会委员。上市公司补充披露相关事项后，北交所出具同意发行股份购买资产或者重组上市的审核意见，或者作出同意重组上市的决定。

上市公司申请发行股份购买资产的，北交所自受理申请文件之日起两个月内出具同意发行股份购买资产的审核意见或者作出终止审核的决定。上市公司申请重组上市，涉及股份发行的，北交所自受理申请文件之日起两个月内出具同意重组上市的审核意见或者作出终止审核的决定；不涉及股份发行的，北交所自受理申请文件之日起三个月内作出同意重组上市的决定或者作出终止审核的决定。

（五）证监会注册

北交所审核通过的，向证监会报送同意发行股份购买资产或者重组上市的审核意见、相关审核资料及上市公司申请文件，但不涉及股份发行的重组上市除外。证监会在注册程序中，要求北交所进一步问询的，由北交所提出反馈问题。

证监会在注册程序中决定退回北交所补充审核的，北交所重组审核机构对要求补充审核的事项进行重新审核，并提交并购重组委员会审议。北交所审核通过的，重新向证监会报送审核意见、相关审核资料及上市公司申请文件；审核不通过的，作出终止审核的决定。

(六) 审核中止与终止

出现下列情形之一的，上市公司、交易对方、独立财务顾问、证券服务机构应当及时告知北交所，北交所将中止审核：

①本次交易涉嫌内幕交易被证监会立案调查或者被司法机关立案侦查，尚未结案；

②上市公司因涉嫌违法违规被行政机关调查，或者被司法机关侦查，尚未结案，对本次交易影响重大；

③上市公司、独立财务顾问、证券服务机构被证监会依法采取限制业务活动、责令停业整顿、指定其他机构托管或者接管等监管措施，尚未解除；

④独立财务顾问、证券服务机构或者相关签字人员因公开发行股票并上市、上市公司证券发行、并购重组业务涉嫌违法违规，或者其他业务涉嫌违法违规且对市场有重大影响被证监会立案调查，或者被司法机关立案侦查，尚未结案；

⑤独立财务顾问、证券服务机构的相关签字人员，被证监会依法采取市场禁入、认定为不适当人选等监管措施，或者被北交所实施一定期限内不接受其出具的相关文件的纪律处分，尚未解除；

⑥申请文件中记载的财务资料已过有效期，需要补充提交；

⑦证监会根据《上市公司重大资产重组管理办法》等规定责令暂停重组活动，或者责令相关主体作出公开说明或者披露专业意见；

⑧上市公司、独立财务顾问主动要求中止审核，理由正当并经北交所同意；

⑨北交所规定的其他情形。

出现下列情形之一的，北交所将终止审核：

①证监会根据《上市公司重大资产重组管理办法》等规定，责令上市公司终止重组活动；

②上市公司更换独立财务顾问、对交易方案进行重大调整或者撤回申请文件；

③上市公司未在规定时限内回复北交所审核问询或者未对申请文件作出解释说明、补充修改；

④申请文件内容存在重大缺陷，严重影响北交所正常审核，或者严重影响投资者作出价值判断或者投资决策；

⑤申请文件被认定存在虚假记载、误导性陈述或者重大遗漏；

⑥上市公司、交易对方、独立财务顾问、证券服务机构等主体阻碍或者拒绝证监会或者北交所依法实施的检查或者核查；

⑦上市公司、交易对方、独立财务顾问、证券服务机构等主体以不正当手段

严重干扰北交所审核工作；

⑧《北京证券交易所上市公司重大资产重组审核规则（试行）》第四十八条第一款第三项至第八项规定的中止审核情形未能在两个月内消除；

⑨北交所审核不通过。

九、支付方式

（一）特定条件

上市公司发行股份购买资产，应当符合下列规定：

①充分说明并披露本次交易有利于提高上市公司资产质量、改善财务状况和增强持续经营能力，有利于上市公司减少关联交易、避免同业竞争、增强独立性。

②上市公司最近一年及一期财务会计报告被会计师事务所出具无保留意见审计报告；被出具保留意见、否定意见或者无法表示意见的审计报告的，须经会计师事务所专项核查确认，该保留意见、否定意见或者无法表示意见所涉及事项的重大影响已经消除或者将通过本次交易予以消除。

③上市公司及其现任董事、高级管理人员不存在因涉嫌犯罪正被司法机关立案侦查或涉嫌违法违规正被中国证监会立案调查的情形。但是，涉嫌犯罪或违法违规的行为已经终止满三年，交易方案有助于消除该行为可能造成的不良后果，且不影响对相关行为人追究责任的除外。

④充分说明并披露上市公司发行股份所购买的资产为权属清晰的经营性资产，并能在约定期限内办理完毕权属转移手续。

⑤中国证监会规定的其他条件。

上市公司为促进行业的整合、转型升级，在其控制权不发生变更的情况下，可以向控股股东、实际控制人或者其控制的关联人之外的特定对象发行股份购买资产。所购买资产与现有主营业务没有显著协同效应的，应当充分说明并披露本次交易后的经营发展战略和业务管理模式，以及业务转型升级可能面临的风险和应对措施。

特定对象以现金或者资产认购上市公司发行的股份后，上市公司用同一次发行所募集的资金向该特定对象购买资产的，视同上市公司发行股份购买资产。

（二）支付价格

上市公司发行股份购买资产的，可以同时募集部分配套资金，其定价方式按照相关规定办理。

上市公司发行股份购买资产应当遵守《上市公司重大资产重组管理办法》关

于重大资产重组的规定，编制发行股份购买资产预案、发行股份购买资产报告书，并向证券交易所提出申请。

上市公司发行股份的价格不得低于市场参考价的80%。市场参考价为本次发行股份购买资产的董事会决议公告日前20个交易日、60个交易日或者120个交易日的公司股票交易均价之一。本次发行股份购买资产的董事会决议应当说明市场参考价的选择依据。

交易均价的计算公式为：董事会决议公告日前若干个交易日公司股票交易均价＝决议公告日前若干个交易日公司股票交易总额/决议公告日前若干个交易日公司股票交易总量。

第二节 北交所重大资产重组案例

2022年1月4日，北交所上市公司HT公司发布重大资产购买预案公告，根据公告，HT公司拟以20,853万元认购BG公司新增注册资本12,816.84万元，同时以25,937.64万元受让XT公司持有BG公司的15,942.00万元注册资本，以总计约4.68亿元通过增资和股权受让的方式获得BG公司34%股权。

本次交易前，XT公司持有BG公司100%股权；本次交易后，HT公司将持有BG公司34%的股权，但XT公司并没有丧失对BG公司的控制权，本次交易构成重大资产重组。

HT公司是国内工业烟气治理领域的综合服务商，聚焦于为钢铁、焦化等非电行业提供工业烟气治理方案及服务。BG公司主要从事钢铁行业节能环保业务，包括开展节能改造、危废处置、工业水处理、工业废气处理、园林绿化及工业节能咨询等钢铁行业节能环保业务。二者在业务领域存在交叉互补，BG集团作为国有企业，在混合所有制改革的背景下不断创新体制机制，寻求资源整合和优势互补，此次重大资产重组不仅可以提高公司治理效能，拓展业务范围，提高行业内公司抗风险能力以及市场竞争力；也有利于实现国有和民营资本优势互补、协同发展。

2022年1月5日，北交所上市公司管理部下发《关于对HT公司重组预案信息披露的问询函》，主要就下列事项对HT公司进行问询：

①关于资金来源及支付安排；
②关于标的资产股权结构；
③关于标的资产财务情况；
④关于标的资产评估情况；

⑤关于标的资产尚未取得房屋产权证书；

⑥关于环保和生产安全；

⑦关于协同效应；

⑧关于变更募集资金用途。

2022年4月18日，北交所上市公司管理部下发《关于对HT公司的重组问询函》，主要就下列事项对HT公司进行问询：

①关于支付安排调整；

②关于违约责任；

③关于与前次资产评估差异；

④关于资产评估方法；

⑤关于协同效应；

⑥关于标的公司关联方资金占用；

⑦关于标的公司关联交易；

⑧关于标的公司有关冶金渣的业务；

⑨关于标的公司应收款项和存货；

⑩关于标的公司部分资产权属问题。

2022年4月27日，HT公司及其聘请的中介机构就上述问询进行了回复，并于同日公告了"重大资产购买报告书（草案）"。

2022年6月28日，HT公司公告了关于重大资产购买的实施进展情况，截至当日，HT公司已按"增资扩股及股权转让协议"的约定，支付首期增资款及全部股权转让价款共计36,364.14万元，其中首期增资款10,426.50万元（含保证金600万元、意向金3,000万元）、全部股权转让价款25,937.64万元。HT公司将在协议签订后一年内支付剩余增资款。

2022年7月8日，BG公司已完成工商变更登记手续，并取得换发后的营业执照。交易标的过户手续已完成，HT公司持有BG公司34%的股权。至此，HT公司本次重大资产购买实施完毕。

第十三章
北交所上市之公司治理合规要点

　　管理好一家企业和治理好一家上市公司是不同的。企业家的领导力、战略眼光、商业禀赋是管理好一家企业最重要的基础，但是治理好一家上市公司却需要从合规的角度思考，企业上市失败很多时候是因为企业治理不规范，如中国企业上市普遍存在的业务经营不合规、内控有效性存在缺陷、会计基础工作不规范、持续盈利能力存疑、信息披露存在瑕疵等问题。

　　很多企业家都会提出这样的问题：一家企业到底规范到什么程度才能符合资本市场的要求？与同行业上市公司相比？与上下游产业链上市公司相比？其实，企业需要对标的永远是比自己做得好的那些企业。

　　每一个企业家都有一套有自己管理风格的公司治理思路，否则他不会随随便便成功。美国通用电气公司CEO杰克·韦尔奇曾经就公司治理谈道："其实并不是通用电气公司的业务使我担心，使我担心的是有什么人做了从法律上看非常愚蠢的事而给公司的声誉带来污点并使公司毁于一旦。"可见，当企业发展到一定的规模，公司治理是多么重要。

　　企业家们常常将制定完善的公司章程、股东会议事规则、董事会议事规则等公司治理制度束之高阁，很难形成规范的公司治理文化。

　　规范的公司治理架构中，董事会是公司的最高决策机构，股东会是公司的最高权力机构，所有权、决策权、经营权、监督权相互制衡。

第一节 北交所上市"五独立、五分开"的公司治理准则

表 13-1 北交所上市的公司治理准则

人员	独立 分开	上市公司的总经理、副总经理、财务负责人和董事会秘书等高级管理人员不在控股股东、实际控制人及其控制的其他企业中担任除董事、监事以外的其他职务，不在控股股东、实际控制人及其控制的其他企业领薪；发行人的财务人员不在控股股东、实际控制人及其控制的其他企业中兼职
资产	独立 分开	生产型企业具备与生产经营有关的主要生产系统、辅助生产系统和配套设施，合法拥有与生产经营有关的主要土地、厂房、机器设备以及商标、专利、非专利技术的所有权或者使用权，具有独立的原料采购和产品销售系统；非生产型企业具备与经营有关的业务体系及主要相关资产
财务	独立 分开	上市公司已建立独立的财务核算体系、能够独立作出财务决策、具有规范的财务会计制度和对分公司、子公司的财务管理制度；发行人未与控股股东、实际控制人及其控制的其他企业共用银行账户
业务	独立 分开	上市公司的业务独立于控股股东、实际控制人及其控制的其他企业，与控股股东、实际控制人及其控制的其他企业间不存在同业竞争或者显失公平的关联交易
机构	独立 分开	上市公司已建立健全内部经营管理机构、独立行使经营管理职权，与控股股东和实际控制人及其控制的其他企业间不存在机构混同的情形

第二节 北交所上市组织架构设计的路径

一般情况下，上市公司的治理结构是按照图 13-1 所示的方式搭建，这也是上市公司治理规范的基本要求。

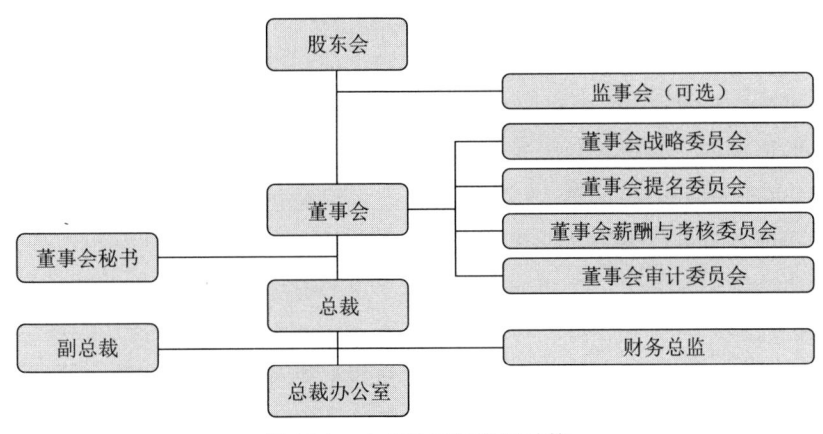

图 13-1 上市公司的治理结构

一、董事会的设计路径

上市公司董事会构成为 3 人以上，董事会人数一般设置为奇数。

独立董事人数不少于三分之一，至少包括一名会计专业人士。会计专业人士是指具有会计高级职称或注册会计师资格的人士，具体指：①具备注册会计师资格；②具有会计、审计或者财务管理专业的高级职称、副教授或以上职称、博士学位。

上市公司董事会中兼任公司高级管理人员以及由职工代表担任的董事人数总计不得超过公司董事总数的二分之一。

公司董事、高级管理人员及其配偶和直系亲属在公司董事、高级管理人员任职期间不得担任公司监事。

最近两年内担任过公司董事或者高级管理人员的监事人数不得超过公司监事总数的二分之一。

二、高级管理人员的设计路径

根据《公司法》《上市公司章程指引》的规定，高级管理人员，是指公司的经理、副经理、财务负责人，上市公司董事会秘书和公司章程规定的其他人员。

因为公司章程对公司高级管理人员具有约束力，这种约束力强于公司依据《中华人民共和国劳动合同法》（以下简称"《劳动合同法》"）与其管理层员工签订的劳动合同。因此，基于企业发展的不同商业模式和公司治理的平台化和生态链的考量，企业可以根据实际需要约定其他重要岗位负责人为高级管理人员，比如可以考虑将 COO、CTO、CIO、CMO、CCO 设置为公司高管。

根据交易所对上市公司规范治理的要求，上市公司董事会秘书由公司董事、副总经理、财务负责人或者其他高级管理人员担任。

董事会秘书在董事会审议其受聘议案前，应当取得交易所颁发的董事会秘书资格证书。

一般情况下，基于交易所对上市公司董事会秘书监管的要求，上市公司董事会秘书由公司主管公司证券或资本市场业务的副总担任，董事会秘书的事务性事项由公司证券事务代表协助处理。

董事会秘书作为上市公司的高级管理人员，首先要熟悉资本市场的规则，具备一定的财务、法律知识或相关背景，具有一定的金融证券领域从业经历，对内作为董事长重要的参谋，为企业进入资本市场提供重要决策建议，对外具有整合中介机构、上下游资源的能力，具有与交易所监管机构顺畅沟通的能力。

三、法律法规禁止担任董监高的情形

1.《公司法》规定不得担任董监高的情形

①无民事行为能力或者限制民事行为能力；

②因贪污、贿赂、侵占财产、挪用财产或者破坏社会主义市场经济秩序，被判处刑罚，执行期满未逾5年或者因犯罪被剥夺政治权利，执行期满未逾5年；

③担任破产清算的公司、企业的董事或者厂长、经理，对该公司、企业的破产负有个人责任的，自该公司、企业破产清算完结之日起未逾3年；

④担任因违法被吊销营业执照、责令关闭的公司、企业的法定代表人，并负有个人责任的，自该公司、企业被吊销营业执照之日起未逾3年；

⑤个人所负数额较大的债务到期未清偿。

关于董事或经理担任法定代表人的企业被吊销营业执照的，如企业未按照规定在国家企业信用信息公示系统公布年报被吊销的，企业及法定代表人说明原因，改正后由市场监督管理部门出具不属于因违法被吊销营业执照的情况说明，不影响继续担任拟上市公司董监高。

2. 党政机关禁止担任董监高及禁止在企业任职的情形

相关法律法规如下：

①《中华人民共和国公务员法》（2018年）；

②《中共中央纪委 教育部 监察部关于加强高等学校反腐倡廉建设的意见》（教监〔2008〕15号）；

③《关于规范中管干部辞去公职或者退（离）休后担任上市公司、基金管理公司独立董事、独立监事的通知》（中纪发〔2008〕22号）；

④《关于进一步规范党政领导干部在企业兼职（任职）问题的意见》；

⑤《国有企业领导人员廉洁从业若干规定》（中办发〔2009〕26号）；

⑥《国务院国有资产监督管理委员会关于规范国有企业职工持股、投资的意见》《国务院国有资产监督管理委员会关于实施〈关于规范国有企业职工持股、投资的意见〉有关问题的通知》；

⑦《中共教育部党组关于进一步加强直属高校党员领导干部兼职管理的通知》。

（1）国家公务员

公务员不得从事或者参与营利性活动，在企业或者其他营利性组织中兼任职务。

公务员辞去公职或者退休的，原系领导成员、县处级以上领导职务的公务员在离职三年内，其他公务员在离职两年内，不得到与原工作业务直接相关的企业

或者其他营利性组织任职，不得从事与原工作业务直接相关的营利性活动。

法律、法规授权的具有公共事务管理职能的事业单位中除工勤人员以外的工作人员，也应遵循上述规定。

（2）党政领导干部

现职和不担任现职但未办理退（离）休手续的党政领导干部不得在企业等营利性组织兼职（任职）。

党政领导干部辞去公职或者退（离）休后三年内，不得到本人原任职务管辖的地区和业务范围内的企业等营利性组织兼职（任职），也不得从事与原任职务管辖业务相关的营利性活动。

（3）国有企业领导

国有企业领导人员不得未经批准兼任本企业所出资企业或者其他企业、事业单位、社会团体、中介机构的领导职务，或者经批准兼职的，擅自领取薪酬及其他收入。

离职或者退休后三年内，国有企业领导人员不得在与原任职企业有业务关系的私营企业、外资企业和中介机构担任职务、投资入股，或者在上述企业或者机构从事、代理与原任职企业经营业务相关的经营活动。

（4）国企相关人员

国有独资公司的董事长、副董事长、董事、高级管理人员，未经国有资产监督管理机构同意，不得在其他有限责任公司、股份有限公司或者其他经济组织兼职。

国有企业中层以上管理人员，不得在职工或其他非国有投资者投资的非国有企业兼职。

企业中层以上管理人员是指国有企业的董事会成员、监事会（监事或者董事会设审计委员会）成员、高级经营管理人员、党委（党组）领导班子成员以及企业职能部门正副职人员等，也包括企业返聘的原中层以上管理人员，或退休后返聘担任中层以上管理职务的人员。

（5）高校人员

学校党政领导班子成员除因工作需要、经批准在学校设立的高校资产管理公司兼职外，一律不得在校内外其他经济实体中兼职。确需在高校资产管理公司兼职的，须经党委（常委）会集体研究决定，并报学校上级主管部门批准和上级纪检监察机关备案，兼职不得领取报酬。

直属高校校级党员领导干部原则上不得在经济实体中兼职，确因工作需要在本校设立的资产管理公司兼职的，须经学校党委（常委）会研究决定，并按干部管理权限报教育部审批和驻教育部纪检组监察局备案,兼职不得领取报酬。

直属高校处级(中层)党员领导干部原则上不得在经济实体和社会团体等单位中兼职,确因工作需要兼职的,须经学校党委审批,兼职不得领取报酬。

(6) 中管干部

中管干部辞去公职或者退(离)休后三年内,不得到与本人原工作业务直接相关的上市公司、基金管理公司担任独立董事、独立监事,不得从事与本人原工作业务直接相关的营利性活动。中管干部辞去公职或者退(离)休后可以到与本人原工作业务不直接相关的上市公司、基金管理公司担任独立董事、独立监事。

中管干部是在中组部备案的干部,其任免权在中共中央,中组部在中管干部任命上有建议权,一般中管干部为副部级以上。

四、独立董事组成及相关任职资格

主要的法规是《上市公司独立董事管理办法》。

1. 拟上市公司选聘独立董事的基本要求

①上市公司独立董事不在公司担任除董事外的其他职务。

②上市公司的独立董事,至少包括一名会计专业人士(会计专业人士是指具有会计高级职称或注册会计师资格的人士)。上市公司独立董事占董事会成员的比例不得低于三分之一。

③独立董事原则上最多在三家境内上市公司担任独立董事,并确保有足够的时间和精力有效地履行独立董事的职责。

④具有独立性。

⑤具备上市公司运作的基本知识,熟悉相关法律法规和规则。

⑥具有 5 年以上履行独立董事职责所必需的法律、会计或者经济工作经验。

2. 禁止担任独立董事的规定

①在上市公司或者其附属企业任职的人员及其配偶、父母、子女、主要社会关系;

②直接或者间接持有上市公司已发行股份 1% 以上或者是上市公司前十名股东中的自然人股东及其配偶、父母、子女;

③在直接或者间接持有上市公司已发行股份 5% 以上的股东或者在上市公司前五名股东任职的人员及其配偶、父母、子女;

④在上市公司控股股东、实际控制人的附属企业任职的人员及其配偶、父母、子女;

⑤与上市公司及其控股股东、实际控制人或者其各自的附属企业有重大业务

往来的人员，或者在有重大业务往来的单位及其控股股东、实际控制人任职的人员；

⑥为上市公司及其控股股东、实际控制人或者其各自附属企业提供财务、法律、咨询、保荐等服务的人员，包括但不限于提供服务的中介机构的项目组全体人员、各级复核人员、在报告上签字的人员、合伙人、董事、高级管理人员及主要负责人；

⑦最近12个月内曾经具有上述六项所列举情形的人员；

⑧法律、行政法规、证监会规定、证券交易所业务规则和公司章程规定的不具备独立性的其他人员。

3.独立董事候选人应无下列不良记录

①被证监会采取证券市场禁入措施，期限尚未届满的；

②被证券交易所公开认定不适合担任上市公司董事、监事和高级管理人员，期限尚未届满的；

③最近36个月内因证券期货违法犯罪，受到证监会行政处罚或者司法机关刑事处罚的；

④因涉嫌证券期货违法犯罪，被证监会立案调查或者被司法机关立案侦查，尚未有明确结论意见的；

⑤最近36个月内受到证券交易所公开谴责或三次以上通报批评的；

⑥作为失信惩戒对象等被国家发改委等部委认定限制担任上市公司董事职务的；

⑦在过往任职独立董事期间因连续两次未能出席也不委托其他董事出席董事会会议被董事会提请股东会予以撤换，未满12个月的；

⑧过往任职独立董事期间，连续两次未出席董事会会议或者连续12个月未出席董事会会议的次数超过期间董事会会议总数的二分之一的；

⑨过往任职独立董事期间，未按规定发表独立董事意见或发表的独立意见经证实明显与事实不符的；

⑩同时在超过三家公司担任董事、监事或高级管理人员的；

⑪过往任职独立董事任期届满前被上市公司提前免职的。

在同一上市公司连续任职独立董事已满6年的，自该事实发生之日起36个月内不得被提名为该上市公司独立董事候选人。

五、董监高忠实勤勉义务的认定规则

根据《公司法》规定，以下情形应当认定董监高违反忠实勤勉义务：

①侵占公司财产、挪用公司资金；
②将公司资金以其个人名义或者以其他个人名义开立账户存储；
③利用职权收受贿赂或者其他非法收入；
④接受他人与公司交易的佣金归为己有；
⑤擅自披露公司秘密；
⑥违反对公司忠实义务的其他行为。

对于董监高违反忠实勤勉义务，公司及其他利益相关主体可以通过以下方式进行救济：

①董监高的行为损害了公司利益，股东可提起股东代表诉讼；
②董事、高管的行为损害了股东的个人利益，股东可提起损害赔偿之诉；
③董事、高管因违反忠实义务而获得额外收益，公司可行使归入权。

第三节 家族企业治理之关联关系的合规性

沃顿商学院教授斯图尔特·戴蒙德总结家族企业存在的十大问题：
①具有自豪感，感情用事，自我主义感十分强烈；
②人们为过去的利益纠葛依旧争斗不休；
③很多人认为自己被低估了，不受重视；
④以中央集权方式制定决策；
⑤数十年辉煌的个人奋斗史会导致资产被高估；
⑥个人资产可能影响公司资产；
⑦不轻易解雇员工；
⑧无形资产、企业文化是其关键；
⑨对外部专业技能的依赖性相对较小；
⑩能力并非工作的必要条件。

家族企业的公司治理问题是很多制造业民营企业普遍存在的问题。除了我们已经论述过的董监高任职治理的规定和斯图尔特·戴蒙德总结的家族企业问题外，家族企业还有一个非常重要的问题是同业竞争和关联交易的规范问题。

基于此，拟上市企业需要系统地梳理公司实际控制人的家族关系，厘清实际控制人、主要股东、董监高的近亲属及主要社会关系，以便于中介机构根据公司实际情况，进行全面的尽职调查，为家族企业的规范化治理提供方案和建议。

一、近亲属及家庭成员

根据《中华人民共和国民法典》第一千零四十五条：亲属包括配偶、血亲和姻亲；配偶、父母、子女、兄弟姐妹、祖父母、外祖父母、孙子女、外孙子女为近亲属；配偶、父母、子女和其他共同生活的近亲属为家庭成员。

二、主要社会关系

根据《北京证券交易所上市公司持续监管指引第1号——独立董事》，主要社会关系是指兄弟姐妹、兄弟姐妹的配偶、配偶的父母、配偶的兄弟姐妹、子女的配偶、子女配偶的父母等。

因此，公司实际控制人、主要股东（持股5%以上的股东）、董监高可以对自己的亲属关系进行自我核查。

三、同业竞争

（一）同业竞争的认定

同业竞争的竞争方主体是指发行人控股股东或实际控制人及其全资或控股企业。

同业竞争的竞争方从事与发行人相同或相似的业务发行人不能简单地以产品销售地域不同、产品的档次不同等认定相关企业与自身不构成"同业"，而应结合相关企业在历史沿革、资产、人员、主营业务（包括但不限于产品服务的具体特点、技术、商标商号、客户、供应商等）等方面与发行人的关系，并考虑业务是否有替代性、竞争性，是否有利益冲突等确定合理的同业判定标准。

如果发行人控股股东或实际控制人是自然人，其夫妻双方直系亲属（包括配偶、父母、子女）拥有"同业"，应认定为构成同业竞争。发行人控股股东、实际控制人的其他近亲属（即兄弟姐妹、祖父母、外祖父母、孙子女、外孙子女）及其控制的企业与发行人从事相同或相似业务的，原则上认定为构成同业竞争。但发行人能够充分证明与前述相关企业在历史沿革、资产、人员、业务、技术、财务等方面完全独立且报告期内无交易或资金往来，销售渠道、主要客户及供应商无重叠的除外。

发行人控股股东、实际控制人的其他亲属及其控制的企业与发行人从事相同或相似业务的，一般不认定为构成同业竞争。但对于利用其他亲属关系，或通过解除婚姻关系规避同业竞争认定的，以及在资产、人员、业务、技术、财务等方面有较强的关联，且报告期内有较多交易或资金往来，或者销售渠道、主要客户及供应商有较多重叠的，在审核中从严掌握。

无实际控制人的发行人的重要股东与发行人经营相同或相似业务，保荐机构应从对发行人是否造成利益冲突或影响发行人独立性的角度进行核查，发行人应披露相关风险及利益冲突防范解决措施。

（二）同业竞争核查要点

不能以细分行业、细分产品、细分客户、细分区域等界定同业竞争，生产、技术、研发、设备、渠道、客户、供应商等因素都要进行综合考虑，界定同业竞争的标准从严。

判断相关业务是否应纳入或剥离出上市主体，不能仅考虑该业务的直接经济效益，要同时考虑到该业务对企业的间接效益，正常情况（已持续经营）下不鼓励资产剥离、分立，为梳理同业竞争及关联交易进行的相关安排不能影响业绩计算的合理性、连续性。

控股股东、实际控制人的直系亲属从事的相关业务必须纳入上市主体，旁系亲属鼓励纳入，不纳入要做充分论证，同时做好尽职调查，如实进行信息披露。

四、关联交易

（一）关联方

关联方是一方控制、共同控制另一方或对另一方施加重大影响，以及两方或两方以上受同一控制、共同控制的，构成关联方。

控制，是指有权决定一家企业的财务和经营政策，并能据以从该企业的经营活动中获取利益。

共同控制，是指按照合同约定对某项经济活动所共有的控制，仅在与该项经济活动相关的重要财务和经营决策需要分享控制权的投资方一致同意时存在。

重大影响，是指对一家企业的财务和经营政策有参与决策的权利，但并不能够控制或者与其他方一起共同控制这些政策的制定。

（二）关联交易的认定

关于关联方的认定。发行人应当按照《公司法》《企业会计准则——基本准则》和相应的上市规则认定并完整披露关联方。

关于关联交易的必要性、合理性和公允性。发行人应披露关联交易的交易内容、交易金额、交易背景以及相关交易与发行人主营业务之间的关系；还应结合可比市场公允价格、第三方市场价格、关联方与其他交易方的价格等，说明并摘要披露关联交易的公允性，是否存在对发行人或关联方的利益输送。

对于控股股东、实际控制人与发行人存在关联交易，且关联交易对应的收入、成本费用或利润总额占发行人相应指标的比例较高（如达到30%）的，发行人应结合相关关联方的财务状况和经营情况、关联交易产生的收入、利润总额合理性等，充分说明并摘要披露关联交易是否影响发行人的经营独立性、是否构成对控股股东或实际控制人的依赖，是否存在通过关联交易调节发行人收入利润或成本费用、对发行人利益输送的情形；此外发行人还应披露未来减少与控股股东、实际控制人发生关联交易的具体措施。

关于关联交易的决策程序。发行人应当披露章程对关联交易决策程序的规定，已发生关联交易的决策过程是否与章程相符，关联股东或董事在审议相关交易时是否回避，以及独立董事和监事会（监事或者董事会设审计委员会）成员是否发表不同意见等。

第四节 公司治理之商业贿赂的陷阱

公司合规是企业生存之道，互联网时代、数字经济时代、大数据、区块链技术让资产和交易非常透明和可追溯，企业已然在天眼之下经营，合规是必然之道。

一、HES商业贿赂的沉重代价

HES诊断产品有限公司（以下简称"HES"）是一家做医疗诊断试剂的企业，在上市的冲刺中披荆斩棘，历经磨难，成功过会，取得批文，可是就在胜利在望的时候倒下了。媒体报道HES涉嫌一系列商业贿赂案件，在中国当前营商环境中，商业贿赂是很多民营企业容易触碰的一个法律禁区：凡是涉及公共服务、招投标等资源垄断行业，商业贿赂往往是重灾区。

回顾HES案例的始末（如表13-2所示），我们不难发现，中国营商环境中合规问题并没有引起企业家的重视，这种在企业中普遍存在的问题往往又容易被忽视。

表13-2 法院认定的HES商业贿赂事实

序号	法院认定的商业贿赂事实（商业贿赂的形式）
1	2011年春节前至2014年下半年，被告单位××医院检验科先后5次非法收受HES销售代表郑某所送回扣款合计人民币15,100余元
2	2014年至2016年春节前，被告人蒋某利用职务之便，非法收受HES经理梅某（另案处理）贿送的软中华香烟卡，每次1张5条，共计15条，共计价值8,415元

续表

序号	法院认定的商业贿赂事实（商业贿赂的形式）
3	2014年5月至2015年9月间，被告人钱某在担任××医院检验科科长期间，利用职务便利，先后收受HES业务员周某所送人民币5万元、购物卡面值共计人民币2万元，合计人民币7万元
4	2012年2月，被告人张某接受HES业务经理郭某为其个人支付2张上海市至海南省三亚市飞机票的票款
5	2011年4月至2014年10月间，被告人周某利用职务之便，在其办公室，先后6次非法收受HES业务员郑某给予的人民币12,000元
6	2013年至2014年，被告人邱某利用职务便利，两次收受HES业务员高某送予的购物卡共计价值人民币4,000元，并在医疗设备及试剂采购中为高某的公司谋取利益

二、JTL创始人行贿事件

JTL是国内装修行业的一家企业，公装是其主要业务，其上市后开始开拓家装领域市场。企业家如果没有敬畏法治的意识，没有合规意识，往往会按照自己的经验和本行业内惯例行事。JTL创始人朱某涉嫌行贿案（如表13-3所示）对一家引领行业开疆拓土的企业来说，可谓毁灭性的灾难。

表13-3 JTL行贿事件信息

时间	事件
2013年4月9日	JTL披露重大事项停牌公告：因市场出现关于JTL实际控制人、董事朱某的传闻，相关事项尚在核实过程中，申请停牌
2014年1月27日	JTL披露重大事项公告：公司董事、实际控制人朱某因涉嫌行贿，被检察机关批准执行逮捕
2014年11月6日	JTL披露澄清公告：JTL关注到有媒体传闻称，公司实际控制人朱某涉嫌行贿案已步入审查起诉阶段尾声，其公司被指涉嫌单位行贿（家装装修款结算优惠）30余万元，个人则涉嫌介绍贿赂罪和非法经营罪。 经核实，公司针对上述传闻事项说明如下。 ① 2014年1月27日，公司董事、实际控制人朱某因涉嫌行贿，被检察机关批准执行逮捕。 ② 截至目前，公司未收到检察机关有关该事项重大进展的正式通知，也未收到关于公司是否涉及该事项的正式通知。

续表

时间	事件
2014年11月6日	根据谨慎性原则，公司高度重视此事，就此咨询了专业机构：如单位行贿事项属实，公司将聘请资深刑辩律师作为公司的辩护人，积极应对。经征询刑辩律师专业意见，公司初步认为，即使在最坏的情况下公司最终被判处单位行贿罪，根据相关法律规定，公司仅会被处以罚金，所承担的金额极小，不会对公司的经营及财务情况产生实质负面影响。 ③公司与实际控制人聘请的律师进行了沟通，公司实际控制人朱某对于被指涉嫌的介绍贿赂罪和非法经营罪并不认可，将会进行积极应对
2015年4月24日	JTL披露董事辞职公告：董事会于2015年4月24日收到董事朱某的书面辞职报告：因个人原因，朱某辞去公司董事职务及董事会战略委员会委员、董事会提名委员会委员的职务……。辞职后，朱某不在JTL建筑装饰股份有限公司担任任何职务
2015年2月25日	JTL披露重大事项进展公告：公司于2015年2月17日下午接家属通知，公司董事、实际控制人朱某已取保候审

HES和JTL的教训是深刻的，一家企业、一个企业家的成功，都有其独特的路径，但是，很多企业、企业家的失败有共同的特点，就是对法律没有敬畏之心，对规则没有敬畏之心。

第五节　公司治理之欺诈发行、操纵证券市场的陷阱

一、市值管理和操纵市场

1. 什么是市值管理和操纵市场

市值管理是上市公司基于公司市值信号，综合运用多种科学、合规的价值经营方式和手段，以达到公司价值创造最大化、价值实现最优化的一种战略管理行为。其中价值创造是市值管理的基础，价值经营是市值管理的关键，价值实现是市值管理的目的。

操纵市场，又称为操纵行情，是指某一个人或者某一集团利用其资金优势、信息优势或者持股优势或者滥用职权影响证券市场，人为地制造证券行情，即抬高、压低甚至稳定某种证券的价格水平，使证券市场供需关系无法发挥其自动调节作用，诱使一般投资者盲目跟从、参与买卖，从而为自己谋取利益的市场。

市值管理原本着眼于上市公司价值的提升，但有些上市公司及其大股东、实际控制人将其曲解为"股价管理"，把本应用在中长期不断改善上市公司基本面的功夫用在了想方设法影响上市公司短期股价上。此外，有的机构和人员打着所谓"专业机构、专业人士"的旗号或出谋划策，或直接参与、合谋操纵市场。这种伪市值管理、实操纵市场的行为是对资本市场的严重侵害，也必会受到严厉的处罚。

2. 名为市值管理实为操纵市场的情形

①以约定减持价格甚至约定保底减持价格的方式进行市值管理的（常见法律风险）；

②以市值管理建议或者咨询的名义，通过产业整合、收购兼并的操作方式，建议公司加强信息披露或者安排财经公关及相关媒体释放利好消息的；

③市值管理协议约定的顾问费、咨询费与大股东减持或者减持收益挂钩的；

④市值管理服务中约定为大股东减持寻找接盘方及操作方案的（单纯以财务顾问形式为大股东减持寻找投资人不属于市值管理范畴）。

3. 相关案例

DC 资产、谢某与阙某合谋操纵 HK 医疗集团股份有限公司（以下简称"HK 医疗"）股价案是一起上市公司实际控制人与私募机构内外串通讲故事、造热点、炒股价的典型案件。

2013 年 3 月，HK 医疗实际控制人阙某与谢某在上海见面，阙某向谢某表明希望高价减持 HK 医疗股票的意愿，谢某表示可以通过"市值管理"的方式提高 HK 医疗股票"价值"，进而拉升股价，实现阙某高价减持 HK 医疗股票的目的。双方约定"管理"股价的目标和利益分配比例，合谋设立资管产品参与交易。此后，阙某利用其作为上市公司控股股东及实际控制人具有的信息优势，控制 HK 医疗密集发布利好信息，人为操纵信息披露的内容和时点，未及时、真实、准确、完整披露对 HK 医疗不利的信息，反而夸大 HK 医疗研发能力，选择时点披露 HK 医疗已有的重大利好信息。在股价达到预期后，DC 资产、谢某安排阙某通过大宗交易减持 HK 医疗股票 2,200 万股，非法获利 5,100 余万元；DC 资产、谢某分得 4,858 万元。

2017 年 8 月 11 日，证监会发布信息，对 HK 医疗控股股东及实际控制人阙某、DC 资产及其实际控制人作出行政处罚，没收 DC 资产违法所得 4,858 万元，并处以 9,716 万元罚款；对谢某给予警告，并处以 60 万元罚款；没收阙某违法所得约 304.1 万元，并处以约 304.1 万元罚款；同时，对谢某采取终身证券市场禁入措施。

二、违规披露、不披露重要信息

1. 信息披露义务

为保护投资者合法权益，发行人、上市公司及其他信息披露义务人依法负有信息披露的义务，应当真实、准确、完整、及时地披露信息，不得有虚假记载、误导性陈述或者重大遗漏。在内幕信息依法披露前，任何知情人不得公开或者泄露该信息，不得利用该信息进行内幕交易。

信息披露在整个资本市场运行过程中处于中心和基础地位，信息披露违法违规，不仅仅要承担民事赔偿责任、行政责任，也可能承担刑事责任。

2. 违规披露、不披露重要信息罪

《刑法》规定的违规披露、不披露重要信息罪："依法负有信息披露义务的公司、企业向股东和社会公众提供虚假的或者隐瞒重要事实的财务会计报告，或者对依法应当披露的其他重要信息不按照规定披露，严重损害股东或者其他人利益，或者有其他严重情节的，对其直接负责的主管人员和其他直接责任人员，处五年以下有期徒刑或者拘役，并处或者单处罚金；情节特别严重的，处五年以上十年以下有期徒刑，并处罚金。"

此外，《关于公安机关管辖的刑事案件立案追诉标准的规定（二）》明确规定了本罪的立案追诉标准，具体如下。

依法负有信息披露义务的公司、企业向股东和社会公众提供虚假的或者隐瞒重要事实的财务会计报告，或者对依法应当披露的其他重要信息不按照规定披露，涉嫌下列情形之一的，应予立案追诉：

①造成股东、债权人或者其他人直接经济损失数额累计在50万元以上的；

②虚增或者虚减资产达到当期披露的资产总额30%以上的；

③虚增或者虚减利润达到当期披露的利润总额30%以上的；

④未按照规定披露的重大诉讼、仲裁、担保、关联交易或者其他重大事项所涉及的数额或者连续12个月的累计数额占净资产50%以上的；

⑤致使公司发行的股票、公司债券或者国务院依法认定的其他证券被终止上市交易或者多次被暂停上市交易的；

⑥致使不符合发行条件的公司、企业骗取发行核准并且上市交易的；

⑦在公司财务会计报告中将亏损披露为盈利，或者将盈利披露为亏损的；

⑧多次提供虚假的或者隐瞒重要事实的财务会计报告，或者多次对依法应当披露的其他重要信息不按照规定披露的；

⑨其他严重损害股东、债权人或者其他人利益，或者有其他严重情节的情形。

3. 相关案例

HR 风电公司董事长韩某、财务总监陶某违规披露、不披露重要信息是一个典型案例。

韩某在担任 HR 风电公司董事长、总裁期间，于 2011 年指派时任公司副总裁兼财务总监的被告陶某等公司高管人员，通过组织公司财务部、市场部、客户服务中心等部门虚报数据等方式虚增 2011 年的收入及利润，合计虚增利润 2.58 亿余元，占公司 2011 年年度报告披露的利润总额的 34.99%。

HR 风电公司作为依法负有信息披露义务的公司向股东和社会公众提供虚假的财务会计报告，严重损害股东或者其他人的利益，被告人韩某、陶某分别作为公司直接负责的主管人员和其他直接责任人员，其行为均已构成违规披露重要信息罪。鉴于韩某、陶某犯罪的情节轻微及本案犯罪事实系 HR 风电公司自查发现并主动上报监管机关，韩某、陶某已缴纳证券监督管理委员会行政处罚决定书因虚假信息披露行为所处罚款，依法可对韩某、陶某从轻处罚。被告人韩某犯违规披露重要信息罪，判处有期徒刑 11 个月，并处罚金 10 万元；被告人陶某犯违规披露重要信息罪，免予刑事处罚。

三、董监高背信损害上市公司利益

1. 背信损害上市公司利益罪

《刑法》规定了背信损害上市公司利益罪。上市公司的董事、监事、高级管理人员违背对公司的忠实义务，利用职务便利，操纵上市公司从事下列行为之一，致使上市公司利益遭受重大损失的，处 3 年以下有期徒刑或者拘役，并处或者单处罚金；致使上市公司利益遭受特别重大损失的，处 3 年以上 7 年以下有期徒刑，并处罚金：

①无偿向其他单位或者个人提供资金、商品、服务或者其他资产的；

②以明显不公平的条件，提供或者接受资金、商品、服务或者其他资产的；

③向明显不具有清偿能力的单位或者个人提供资金、商品、服务或者其他资产的；

④为明显不具有清偿能力的单位或者个人提供担保，或者无正当理由为其他单位或者个人提供担保的；

⑤无正当理由放弃债权、承担债务的；

⑥采用其他方式损害上市公司利益的。

上市公司的控股股东或者实际控制人，指使上市公司董事、监事、高级管理人员实施上述行为的，依照上述规定处罚。

犯上述罪的上市公司的控股股东或者实际控制人是单位的，对单位判处罚金，并对其直接负责的主管人员和其他直接责任人员，依照规定处罚。

2. 背信损害上市公司利益罪的"罪"与"非罪"的界限

背信损害上市公司利益罪与一般违法行为的界限主要表现在以下三点。

①由于经济活动中存在一定的风险，若行为主体所实施的行为是在法规、章程规定的范围之内，且行为人既没有滥用权利，也没有违背忠实义务，即使造成了一定的财产损失，也不能构成犯罪。若上市公司为谋求高利润授权行为人处理相关事务，而甘冒高风险，则行为人为其处理风险事务，即使已超出一般依法之事务处理范围，亦因上市公司授权，而可阻却违法。

②行为主体实施背信行为致使公司财产遭受重大损失，但实施其他行为及时补救，并没有使整体财产减少，不构成犯罪。

③根据案件事实，确属情节显著轻微危害不大的，没有对上市公司造成重大财产损失的，应根据相关规定，不以犯罪论处，而作为一般违法行为处理。

3. 相关案例

鲜某背信损害上市公司利益是一个典型案例。

（1）鲜某实际控制、使用涉案账户情况

"刘某杰""鲜某""夏某梅"证券账户以及14个信托账户共计28个HOMS交易单元由鲜某实际控制、使用。账户组交易资金来源于鲜某、鲜某控制的公司及14个信托计划，交易MAC地址高度重合。

（2）鲜某采用多种手段操纵DL股份股价

1）鲜某通过集中资金优势、持股优势连续买卖操纵DL股份股价

2014年1月17日至2015年6月12日（以下简称"操纵期间"），DL股份有316个交易日，账户组在223个交易日中交易了DL股份，其中：买入量排名第一的有93个交易日，排名居前两名的交易日共计110个，排名居前三名的交易日共计117个，排名居前四名的交易日共计125个，排名居前五名的交易日共计133个；卖出量排名第一的有77个交易日，排名居前两名的交易日共计94个，排名居前三名的交易日共计105个，排名居前四名的交易日共计115个，排名居前五名的交易日共计119个。账户组买入DL股份数量占该股市场买入量比例超过10%的总共有65个交易日，超过20%的共有22个交易日，超过30%的有11个交易日，超过40%的有5个交易日，买入占比在2015年1月12日达到最高值，为56.87%；账户组卖出DL股份的数量占该股市场卖出量比例超过10%的共有50个交易日，超过20%的共有18个交易日，超过30%的共有7个交易日，超过40%的共有3个交易日，在2014年12月29日卖出占比达到最高

值，为 53.46%。

操纵期间，账户组持有 DL 股份占该股总股本 10% 以上的交易日为 60 个，占 5% 以上的交易日为 179 个，持股最高的日期为 2014 年 12 月 26 日，持有 47,154,962 股，占总股本 13.85%。

2）鲜某利用信息优势控制信息披露节奏及内容操纵 DL 股份股价

首先，鲜某控制 DL 股份拟更名事项披露节奏。2015 年 4 月 9 日，DL 股份申请变更企业名称为"PTP 金融信息服务（上海）股份有限公司"，并标注行业及行业代码。2015 年 4 月 17 日，鲜某知悉 DL 股份名称变更取得预先核准。

DL 股份原经营生产与销售的业务范围为高级挂釉石质墙地砖，房地产开发与经营，国内采购的金属材料、建筑材料批发等，而申请变更后，其名称涉及的行业为"金融信息服务"，相较公司的原经营范围发生了重大变化。DL 股份更名事项涉及名称变更和经营范围变更，根据《证券法》第八十条第二款第（一）项的规定，属于需要立即公告的重大事件。但直至 2015 年 5 月 7 日，鲜某才将该事项提交公司第七届董事会第十次会议审议，并于 2015 年 5 月 11 日对外公告。公告称"立志于做中国首家互联网金融上市公司，基于上述业务转型的需要，为使公司名称能够体现公司的主营业务，公司拟将名称变更为'PTP 金融信息服务（上海）股份有限公司'"。

其次，鲜某控制 DL 股份信息披露内容误导投资者。2015 年 5 月 11 日，DL 股份发布《关于获得控股股东××网站域名特别授权的公告》，公告称"本次授权可以使公司在互联网金融行业处于领先的竞争优势。该特别授权对公司的转型是具有突破性意义的，必将给公司带来深远影响"。从 DL 股份的公告内容来看，××网站正在筹备中，并无任何业务运营，且授权期只有 1 年，后续存在不确定性。而互联网金融为当时股票炒作的热点题材，上述公告内容足以对投资者产生误导。

上述公告发布后，2015 年 5 月 11 日至 6 月 2 日，DL 股份可交易日共计 6 日，股价连续 6 日涨停，涨幅为 77.37%；同期上证指数涨幅为 16.75%，中证互联网金融指数涨幅为 29.58%。而鲜某控制账户组在上述事项披露之前连续买卖 DL 股份股票。

账户组在 2015 年 4 月 21 日至 5 月 10 日期间（4 月 15 日至 4 月 28 日 DL 股份停牌，4 月 29 日复牌后至 5 月 10 日共 6 个交易日），除 4 月 29 日当天没有交易 DL 股份外，其余 5 个交易日连续净买入 DL 股份，合计 17,889,746 股，交易金额 202,077,118.46 元，日均净买入约 3,577,949 股，远大于 2014 年 1 月 17 日（账户组首次交易 DL 股份）至 2015 年 4 月 20 日期间（账户组净买入 DL 股份的交易日共计 110 个）日均净买入量 965,936 股。

3）鲜某通过在自己控制的账户之间进行证券交易操纵 DL 股份股价

在 2014 年 1 月 17 日至 2015 年 6 月 12 日期间的 316 个交易日中，鲜某有 88 个交易日在自己实际控制的账户组证券账户之间交易 DL 股份，总量达到 84,789,478 股。鲜某在自己实际控制的账户组证券账户之间交易 DL 股份的数量占市场成交量比例超过 5% 的有 30 个交易日，超过 10% 的有 16 个交易日，2015 年 1 月 12 日最高达到 40.27%。

4）鲜某通过虚假申报操纵 DL 股份股价（大量以涨停价申买 DL 股份）

2015 年 5 月 11 日、5 月 12 日，账户组在涨停价买盘远大于卖盘的情况下，大量以涨停价申买 DL 股份，并频繁撤单然后再申报，明显不以成交为目的，以虚假申报方式制造涨停价买单众多假象，影响投资者判断，两天实际买入量均为零。

2015 年 5 月 11 日，集合竞价阶段 9:15:00 至 9:24:59，DL 股份全市场涨停价（12.06 元）买申报量为 81,381,600 股，其中，账户组 9:15:08 至 9:19:21 以涨停价买申报 DL 股份 39 笔，共计 15,804,100 股，占同期市场涨停价申买量的比例为 19.42%。2015 年 5 月 11 日之前 10 个交易日 DL 股份日均成交量为 40,148,650 股，账户组集合竞价涨停价买申报量为前 10 天日均成交量的 39.36%。集合竞价阶段 DL 股份全部卖申报量为 522,551 股，共成交 459,951 股，成交价为 12.06 元，卖申报量占集合竞价阶段市场全部涨停价买申报量的 0.64%，占账户组涨停价买申报量的 3.31%。在连续竞价阶段 9:38:53 至 13:21:26 期间，账户组对集合竞价阶段 39 笔申报中的 8 笔予以撤单，撤单量共计 5,059,600 股，撤单量占集合竞价阶段申报量比例为 32.01%。

2015 年 5 月 12 日，集合竞价阶段 9:15:00 至 9:24:58，DL 股份全市场涨停价（13.27 元）买申报量为 85,296,400 股，其中，账户组 9:15:37 至 9:23:08 以涨停价买申报 DL 股份 48 笔，共计 14,250,500 股，占同期市场涨停价申买量的比例为 16.71%。2015 年 5 月 12 日之前 10 个交易日 DL 股份日均成交量为 38,378,510 股，账户组申报量为前 10 天日均成交量的比例为 37.13%。集合竞价阶段市场全部卖申报量为 511,602 股，成交 456,802 股，成交价为 13.27 元。卖申报量占同期市场涨停价买申报量的比例为 0.60%，占账户组涨停价买申报量的比例为 3.59%。在连续竞价阶段 9:30:05 至 14:45:22 期间，账户组对集合竞价阶段 48 笔申报中的 24 笔撤单，撤单量共计 7,300,500 股，撤单数量占申买数量的 51.23%。

综上，鲜某通过采用集中资金优势、持股优势、信息优势连续买卖，在自己实际控制的证券账户之间交易，虚假申报等方式，影响 DL 股份交易价格和交易量，违法所得共计 578,330,753.74 元。2014 年 1 月 17 日至 2015 年 6 月 12 日，DL 股份股价涨幅为 260.00%，同期上证指数涨幅为 155.29%。

（3）鲜某未按规定报告、公告其持股信息

2014 年 1 月 17 日，香港 DL 和账户组合计持有 DL 股份 40,179,000 股，占 DL 股份已发行股份比例为 11.80%。2014 年 12 月 22 日，香港 DL 和账户组合计持有 DL 股份 62,073,147 股，占已发行股份比例为 18.23%，较 2014 年 1 月 17 日持股增加超过 5%。2014 年 12 月 26 日，香港 DL 和账户组合计持有 DL 股份 67,154,962 股，占 DL 股份已发行股份比例为 19.72%。2015 年 4 月 3 日，香港 DL 和账户组合计持有 DL 股份 49,317,324 股，占 DL 股份已发行股份比例为 14.48%，较 2014 年 12 月 26 日持股减少超过 5%。

2014 年 1 月 17 日至 2015 年 4 月 3 日，香港 DL 和账户组合计持有的 DL 股份持股比例变动两次超过 5%，鲜某作为信息披露义务人，未向证监会及上交所作出书面报告，也未通知上市公司并予公告。

（4）处罚

对鲜某操纵 DL 股份股价的行为，责令依法处理非法持有的证券，没收违法所得 578,330,753.74 元，并处以 2,891,653,768.70 元罚款。对鲜某信息披露违法行为，给予警告，并处以 60 万元罚款。

四、欺诈发行

1. 欺诈发行股票罪

《刑法》规定了欺诈发行股票、债券罪，是指在招股说明书、认股书、公司、企业债券募集办法等发行文件中隐瞒重要事实或者编造重大虚假内容，发行股票或者公司、企业债券、存托凭证或者国务院依法认定的其他证券，数额巨大、后果严重或者有其他严重情节的，处 5 年以下有期徒刑或者拘役，并处或者单处罚金；数额特别巨大、后果特别严重或者有其他特别严重情节的，处 5 年以上有期徒刑，并处罚金。

2. 相关案例

WFSK 欺诈发行股票行为和涉嫌违规披露、不披露重要信息事件是一个典型案例。

（1）基本情况

WFSK 为了达到公开发行股票并上市的条件，由董事长兼总经理龚某决策，并经财务总监覃某安排人员执行，2008 年、2009 年、2010 年分别虚增销售收入 12,262 万元、14,966 万元、19,074 万元，虚增营业利润 2,851 万元、3,857 万元、4,590万元。扣除上述虚增营业利润后，WFSK 2008年、2009年、2010年净利润（扣除非经常性损益）分别为-332万元、-71万元、383万元。

WFSK 2012年4月16日公告《2011年年度报告》，披露了公司2011年营业收入为55,324万元。经查，WFSK 2011年虚增销售收入28,681万元。

WFSK未就公司2012年上半年停产事项履行及时报告、公告义务，2012年初，WFSK下属糖厂、米厂和油厂停产，其糖品、大米等主营产品生产陷入停顿。对主营业务处于停顿状态的事实，WFSK未依法履行及时报告、公告义务。对上述生产线停产事项知情的人员包括龚某、副总经理兼董事会秘书肖某、副总经理严某、副总经理李某。

WFSK《2012年半年度报告》存在虚假记载和重大遗漏，WFSK 2012年8月23日公告《2012年半年度报告》，披露公司上半年营业收入为26,991万元。经查，WFSK 2012年上半年虚增销售收入16,549万元。同时，对于前述公司部分生产线2012年上半年停产的事项，WFSK也未在《2012年半年度报告》中予以披露，存在重大遗漏。

（2）处罚情况

鉴于WFSK上述重大违法违规行为，证监会给予的处罚如下：

①责令WFSK改正违法行为，给予警告，并处以30万元罚款；

②对龚某给予警告，并处以30万元罚款；

③对严某给予警告，并处以25万元罚款；

④对蒋某等多人给予警告，并分别处以20万元罚款；

⑤对马某给予警告，并处以15万元罚款；

⑥对黄某等多人给予警告，并分别处以10万元罚款；

⑦对杨某给予警告，并处以5万元罚款。

同时，依法将WFSK及主要责任人员龚某、覃某涉嫌欺诈发行股票行为和涉嫌违规披露、不披露重要信息行为移送司法机关处理。

认定龚某、覃某为证券市场禁入者，终身不得从事证券业务或者担任上市公司董事、监事、高级管理人员职务。

五、内幕交易

1. 内幕交易、泄露内幕信息罪

《刑法》规定了内幕交易、泄露内幕信息罪，该罪是指证券、期货交易内幕信息的知情人员或者非法获取证券、期货交易内幕信息的人员，在涉及证券的发行，证券、期货交易或者其他对证券、期货交易价格有重大影响的信息尚未公开前，买入或者卖出该证券，或者从事与该内幕信息有关的期货交易，或者泄露该信息，或者明示、暗示他人从事上述交易活动，情节严重的，处5年以下有期徒刑或者拘役，并处或者单处违法所得1倍以上5倍以下罚金；情节特别严重的，处5年以上10年以下有期徒刑，并处违法所得1倍以上5倍以下罚金。

2. 内幕交易行为的认定

内幕交易行为，是指证券交易内幕信息知情人或非法获取内幕信息的人，在内幕信息公开前买卖相关证券，或者泄露该信息，或者建议他人买卖相关证券的行为，具体包括：

①以本人名义，直接或委托他人买卖证券；

②以他人名义买卖证券（包括直接或间接提供证券或资金给他人购买证券，且该他人所持有证券之利益或损失，全部或部分归属本人或者对他人所持有的证券具有管理、使用和处分的权益）；

③为他人买卖或建议他人买卖证券；

④以明示或暗示的方式向他人泄露内幕信息。

非法获取内幕交易的行为有以下三种：

①利用窃取、骗取、套取、窃听、利诱、刺探或者私下交易等手段获取内幕信息；

②内幕信息知情人员的近亲属或者其他与内幕信息知情人员关系密切的人员，在内幕信息敏感期内，从事或者明示、暗示他人从事，或者泄露内幕信息导致他人从事与该内幕信息有关的证券、期货交易，相关交易行为明显异常，且无正当理由或者正当信息来源；

③在内幕信息敏感期内，与内幕信息知情人员联络、接触，从事或者明示、暗示他人从事，或者泄露内幕信息导致他人从事与该内幕信息有关的证券、期货交易，相关交易行为明显异常，且无正当理由或者正当信息来源。

3. 相关案例

（1）YY医疗、WD医疗实际控制人吴某内幕交易案

1）吴某内幕交易HW股份

2016年12月初，HW生态工程股份有限公司（以下简称"HW股份"）筹划现金分红及资本公积转增股本，肖某是HW股份董事长，也是这一内幕信息的知情人。吴某和肖某关系密切，在内幕信息敏感期，二人频繁联系，吴某利用其控制的三个证券账户买入HW股份519,600股，获利合计9,190,977.21元。

2）吴某短线交易YY医疗、WD医疗股票情况

2015年7月16日至2015年10月27日，吴某利用其控制的他人账户累计

买入 YY 医疗股票 2,322,710 股，买入金额合计 77,025,846.96 元；累计卖出 YY 医疗股票 2,322,710 股，卖出金额合计 89,000,225.51 元。

2015 年 7 月 2 日至 2016 年 1 月 19 日期间，吴某利用实际控制的他人证券账户累计买入 WD 医疗股票 4,065,015 股，买入金额合计 155,845,082.25 元；累计卖出 WD 医疗股票 1,399,397 股，卖出金额合计 39,933,121.43 元。

2018 年 5 月 24 日，吴某收到证监会《行政处罚事先告知书》，综合吴某上述两项违法事实，证监会拟作出如下行政处罚：对吴某给予警告，没收违法所得 9,190,977.21 元，并处以 27,772,931.63 元的罚款。

（2）林某内幕交易 FD 科技股票

2017 年 6 月 1 日下午收市后，FD 科技董事长肖某提出员工增持股票的想法。当日 17 点左右，肖某与董事会秘书谢某平沟通了关于倡议内部员工增持公司股票的事项，基于此，谢某平拟定了《关于向公司内部员工增持公司股票的倡议书》并由肖某书面签署。

6 月 2 日 7 点，谢某平电话告知证券事务代表周某清上述事项须公开披露。7 点 30 分，谢某平、周某清与证券事务代表助理罗某斌赶到公司处理信息披露事宜，但直到 8 点 04 分才将拟披露信息提交交易所信息披露系统（交易所信息披露系统早上的提交时限为 8 点），导致该信息未正式公开披露。期间，罗某斌不慎将《关于深圳市 FD 科技股份有限公司董事长向内部员工增持公司股票倡议书的公告》（以下简称"《倡议书公告》"）遗忘在文印室复印机上。8 点 05 分，时任公司技术市场部工程师钟某文和销售技术中心文员杨某桃来公司文印室复印材料时，看到了罗某斌遗忘在复印机上的《倡议书公告》，杨某桃当场用手机对该文件进行了拍照。8 点 20 分，罗某斌发现其有关该事项披露的文件遗忘在复印机台，遂前往将该文件取回。10 点，杨某桃将其拍摄的《倡议书公告》照片发到其微信朋友圈。10 点 31 分，钟某文将杨某桃微信朋友圈中《倡议书公告》的图片发到名称为"电器销售技术部"的微信群，微信群成员林某在微信群中看到了该信息，当日 11 点 04 分将 80 万元资金转到本人的证券账户。11 点 05 至 07 分，林某买入 FD 科技 69,000 股，买入成交金额 806,630 元，中午休市期间，FD 科技正式对外披露《倡议书公告》。林某分别于 2017 年 6 月 7 日和 8 月 14 日卖出 FD 科技股票，获利共计 106,715.08 元。

证监会认为林某利用《倡议书公告》的内幕信息，通过本人证券账户交易 FD 科技股票，违反了《证券法》第七十六条的规定，构成了内幕交易的行为。决定没收林某内幕交易违法所得 106,715.08 元，并处以 106,715.08 元罚款。

第十四章
北交所上市之尽职调查与规范整改合规要点

企业上市的尽职调查，其实质是公司自己揭开自己的面纱，在有些企业家眼中，让中介机构在自己家里翻箱倒柜摸家底似乎是在"折腾"企业，但是，这种"折腾"是非常必要的。所有的"折腾"都是为了企业能够进入资本市场，接受资本市场的检验，一切都是为信息披露的真实、完整、准确负责。

尽职调查贯穿企业上市的整个过程。企业上市前进行初步摸底，判断上市的可行性，中介机构经过初步了解后，与企业洽谈，签订上市辅导协议；进入正式调查阶段，中介机构经过全面的正式尽职调查发现问题，并就发现的问题召开中介协调会与企业进行深度沟通、讨论，确定最终上市方案；进入企业上市推进过程，项目组成员通过不断推进项目会进一步发现问题，并就相关问题进行补充尽职调查，这种补充尽职调查会伴随项目申报前的整个过程。

因此，对于企业和企业上市工作小组，上市会带来很多工作量。但是，这是一个必经的过程，从不规范到规范的过程本身也是一个非常痛苦的过程。在这个过程中，不能和已经上市的公司进行比较，也不能和同行业公司进行比较，过往的经验往往可能成为今天的羁绊。

公司的实际控制人以及董事会秘书、财务总监、主管业务和技术的副总等是中介机构开展尽职调查的关键人物。

尽职调查中，企业不只是简单地如实提供相关材料，而是要通过中介机构尽职调查清单了解中介机构需要这些材料的真实意义。

第一节　尽职调查的目的、小组组建及流程

一、尽职调查的目的

企业上市尽职调查的目的主要包括以下四点：
①确定企业是否具备较为全面的上市条件；
②为引进战略投资者或者引入私募融资奠定相应的基础；
③为中介机构决定是否推荐公司上市提供初步评价资料；
④为企业改制重组提供决策依据。

二、上市工作小组的组建

企业家一旦决定带领企业进入资本市场，就必须有再次创业的动力，要把上市和企业经营作为同等重要的事来抓。

在必要的时候企业应举行启动上市仪式，目的是给团队打气。企业的各个部门需要积极地为企业上市贡献力量，打好配合战。

企业上市的第一件事是组建上市工作小组。上市工作小组分为中介机构组和企业组：中介机构组由保荐机构项目保荐人作为组长，组织律师、会计师团队形成中介机构项目组；企业组以公司实际控制人，即公司董事长为组长，以公司总经理、董事会秘书、财务总监、证券事务代表为主要成员。

董事会秘书和证券事务代表系经董事会选聘的公司上市信息披露官和对外联络官，至关重要，建议企业在启动上市前，应当确定由专职人员担任公司董事会秘书和证券事务代表。

三、尽职调查的流程

尽职调查最关键的是制定详细的尽职调查计划，对调查内容、调查程序、调查执行人、时间进度及文件管理等作出规划。有组织、有计划的尽职调查将提高调查的效率、效果。

在作出尽职调查规划以后，一般会执行以下流程：
①根据企业的实际情况，确定各项调查内容的重要性水平，讨论并编制尽职调查问卷；
②进行尽职调查前的动员会，培训企业相关人员；
③发放尽职调查问卷，执行相应尽职调查程序。

尽职调查的方式一般包括以下几种：

①问卷调查；
②函证；
③访谈；
④实地走访；
⑤交叉验证复核；
⑥召开协调会讨论；
⑦其他合适的调查方式。

第二节　历史沿革的核查

企业上市尽职调查对历史沿革的核查，涉及对公司设立及历次股权变动情况、对历年工商登记等相关资料的核查；对历年业务经营情况记录、年度报告的核查；对股东情况及股东出资情况的核查，关注是否存在出资不实、抽逃出资行为。

发行人股东存在未全面履行出资义务、抽逃出资等情形的，或在出资方式、比例、程序等方面存在瑕疵的，应当在申报前依法采取补缴出资、补充履行相关程序等补救措施。

一、对历次出资的核查

核查拟上市公司及其子公司历次出资是否已经到位：若历次出资以货币方式出资，则应核查该出资是否有银行流水及资金证明；若历次出资以固定资产或者无形资产出资，则应核查固定资产或者无形资产的权属证明和评估报告。

其中，对于无形资产出资，还需要核查是否存在职务发明、权属纠纷，以及出资不实的情形，如所出资的无形资产与公司实际经营是否具有勾稽关系，所出资无形资产是否给公司带来经济收益等。

二、对历次股权转让的核查

核查拟上市公司及其子公司历次股权转让是否履行了法定的决策程序，股权转让款是否已经支付，税务部门是否出具了完税证明。转让方和受让方是否存在股权纠纷或者其他代持或者信托的安排。如公司历史上频繁转让股权的，要核查具体转让原因。

三、对于是否存在代验资行为的核查

实践中,有些公司在创业初期存在找中介机构进行代验资的情形,这种情形涉嫌虚假出资,大部分企业在财务上处理这种问题时,将验资进来的现金快速转给中介机构提供的关联公司,而拟上市公司在财务报表上以应收账款长期挂账处理。如果拟上市公司的账上长期挂大额应收非经营业务的款项,则表示该公司可能存在代验资的行为。

四、对于股东是否抽逃出资的核查

抽逃出资是公司股东通过制作虚假财务报表虚增利润进行分配或者虚构债权债务关系、利用关联关系等将出资转出去的行为。

司法实践中,抽逃出资具体包括以下几种情形:

①制作虚假财务会计报表虚增利润进行分配;

②通过虚构债权债务关系将其出资转出;

③利用关联交易将出资转出;

④其他未经法定程序将出资抽回的行为。

拟上市公司存在长期挂应收股东借款,或者大股东长期占用公司资金的情况的,一般不认定为股东抽逃出资。

五、对自然人股东的核查

对于历史上自然人股东人数较多的情况,须重点关注其股权变动是否存在争议或潜在纠纷。保荐机构、发行人律师应当核查历史上自然人股东入股、退股(含工会、职工持股会清理等事项)是否按照当时有效的法律法规履行了相应程序,入股或股权转让协议、款项收付凭证、工商登记资料等法律文件是否齐备,并抽取一定比例的股东进行访谈,就相关自然人股东股权变动的真实性、所履行程序的合法性,是否存在委托持股或信托持股情形,是否存在争议或潜在纠纷发表明确意见。对于存在争议或潜在纠纷的,保荐机构、发行人律师应对相关纠纷对发行人股权清晰稳定的影响发表明确意见。发行人以定向募集方式设立股份公司的,中介机构应以有权部门就发行人历史沿革的合规性、是否存在争议或潜在纠纷等事项的意见作为其发表意见的依据。

发行人为定向募集方式设立的股份公司的,应当由省级人民政府就发行人历史沿革的合规性、是否存在争议或潜在纠纷等事项出具确认意见。

对于存在争议或潜在纠纷的,发行人应当提出明确、可行的解决措施,并在

招股说明书中进行披露。

关于中介机构对历史上自然人股东的核查比例，审核中作如下区分处理：

①若相关自然人股东入股、退股均按照当时有效的法律法规履行了相应程序，入股或股权转让协议、款项收付凭证、工商登记资料等法律文件齐备，则保荐机构、发行人律师应对相关自然人股东股权变动的真实性、程序合法性、是否存在纠纷等进行书面核查，并抽取一定比例的股东进行访谈，访谈比例应不低于待核查股东人数及待核查股份总数的 30%；

②若相关自然人股东入股、退股的法律程序存在瑕疵，或相关法律文件不齐备，则保荐机构、发行人律师应对相关自然人股东股权变动的真实性、程序合法性、是否存在纠纷等进行书面核查。

第三节　主要资产权属、债权债务、重大合同的核查要点

一、主要资产的权属核查

主要资产的核查涉及土地、房产、知识产权及其他生产设备等固定资产的权属核查。

二、主要债权债务的核查

对于公司主要债权债务的核查重点在于核查公司正在履行的借款合同，包括银行融资和其他方式的融资、实际控制人通过其他方式融资后进入上市主体的合同。

三、重大合同核查

公司的重大合同包括采购合同、销售合同，尤其是与前十大客户和供应商相关的合同。对公司重大合同的核查主要关注以下几点。

①重点核查合同中是否有对客户的重大依赖，以及厘定公司收入确认的相关条款。合同中所描述的业务模式与公司说明的业务模式是否一致，重点确定该合同规定的模式属于经销还是代理，是否存在商业特许等情形。

②重点核查是否存在关键性技术许可合同。

③核查是否存在重大战略合作合同。

④核查发行人是否存在票据融资的情况。

⑤核查实际控制人是否存在对外大额担保情形。

第四节 重大诉讼、仲裁和行政处罚，生产经营合规性，业务经营资质核查

一、重大诉讼、仲裁和行政处罚核查

对于公司涉及的重大诉讼、仲裁和行政处罚的核查关注重点在于：

①重点核查公司作为被告的重大诉讼、涉及产品质量的诉讼，涉及关键性技术的知识产权侵权或者权属纠纷诉讼等；

②确认公司是否存在被市场监督、税务、环保、土地、安全生产、海关、外汇等主管部门施加的情节严重的行政处罚。

二、生产经营合规性核查

对于生产经营的合规性核查主要涉及市场监督管理部门、食品药品监督管理部门和安全生产监督管理部门。其中市场监督管理部门主要对广告的合规性、市场监管的合规性进行规制；食品药品监督管理部门主要对食品、药品、医疗器械、化妆品及这些产品相关的广告等进行核查；安全生产监督管理部门主管安全生产和相关的政策法规工作。

生产经营的合规性之所以如此重要，原因在于一旦生产经营出了问题，企业的根基就会动摇，进而一系列的法律后果纷至沓来，最典型的反面案例就是长生生物退市案。

三、业务经营资质核查

业务经营资质的核查主要核查公司的业务是否涉及行政许可或其他资质，如商业特许资质、安全生产许可、增值电信资质、特种设备资质以及其他行业许可资质。

第五节 企业员工与劳动人事情况核查

一、劳动合同

核查员工签订劳动合同的情况，是否存在应签订劳动合同而未签订的情形。

二、用工情况

公司是否存在劳务派遣的情形，如有劳务派遣核查是否符合劳务派遣的三性

（临时性、辅助性、替代性），是否超过员工总数的 10%，是否存在规避高新技术企业关于员工学历构成的条件。

三、社会保险金、公积金

拟上市公司应当率先履行社会责任，规范办理社会保险金和住房公积金的缴存手续，努力提高缴存比例。发行人在申报前应尽可能为所有符合条件的员工按规定办理社会保险金和住房公积金缴存手续。

发行人报告期内存在应缴未缴社会保险金和住房公积金情形的，应在招股说明书中披露应缴未缴的具体情况及形成原因，制定并披露切实可行的整改措施。对前述事项应取得发行人及其子公司所在地相关主管部门出具的无违法违规证明文件。发行人应对存在的补缴风险进行揭示，并披露明确的应对方案，如由控股股东、实际控制人承诺承担因发行人未按规定缴纳社会保险金或住房公积金被相关主管部门要求补缴的义务或被处以罚款的相关经济责任等。

此外，还应核查公司是否存在委托第三方机构代缴社会保险金和住房公积金的情形。

四、员工工资

核查是否存在为了避税以现金发放员工工资或者由实际控制人个人通过银行转账部分发放员工工资的情形。

五、核心技术人才或管理人员

核查核心技术人才或者管理人员履职情况、诚信记录、是否有犯罪记录等，核查其是否与原单位存在竞业禁止、保密安排等方面的协议。

六、劳动纠纷

核查公司是否存在劳动合同履行及社会保险金、公积金缴纳等方面的问题引致的劳资纠纷诉讼或仲裁。

第六节 企业财务和税务情况尽职核查

一、企业财务

核查公司财务管理是否规范，是否建立了内控制度，财务部门是否独立于控股股东，财务制度是否健全，财务人员是否专职，公司的资金管理制度、工资发放、发票开具、银行账户开立是否合规。

二、企业税务

主要核查内容如下。

①公司及其控股子公司执行的税种、税率是否符合现行法律、法规和规范性文件的要求。

②若公司享受优惠政策、财政补贴等政策，该政策是否合法、合规、真实、有效；公司的经营成果对税收优惠是否存在严重依赖。

③核查公司纳税是否规范，是否存在核定征税的情形，是否存在未开票收入等。

⑤核查公司及其子公司是否存在税务处罚的情形。

第七节　企业上市互联网核查方法

表 14-1　企业上市互联网核查方法

类别	序号	网站名称	查询事项
主体信息查询	1	国家企业信用信息公示系统	可查询全国及各省企业的工商登记信息，具体包括企业基本信息（营业执照上的全部内容）、股东及其出资、董监高成员、分支机构、动产抵押登记信息、股权出质登记信息、行政处罚信息、经营异常信息、严重违法信息等
	2	巨潮资讯	证监会指定的信息披露网站，可查询上交所、深交所上市的公司基本情况，包括股本及董监高、十大股东基本情况、公司披露的公告等
	3	上交所	可以查询上交所上市公司披露的信息，包括但不限于招股说明书、法律意见、年度报告、董事会、股东会决议等信息
	4	深交所	可以查询深交所上市公司披露的信息，包括但不限于招股说明书、法律意见、年度报告、董事会、股东会决议等信息
	5	北交所	可以查询北交所上市公司披露的信息，包括但不限于招股说明书、法律意见、年度报告、董事会、股东会决议等信息
	6	证监会	可以查询证监会最新发布的法规、政策及其解读、上市及并购重组预先披露信息、核准信息
	7	全国股转系统	可查询新三板挂牌企业的公告，以及预披露待审核公司的信息，新三板企业的重大事项公告、转让信息、财务信息以及新三板相关法律法规、政策资讯等

续表

类别	序号	网站名称	查询事项
主体信息查询	8	香港联交所	可以查询香港上市公司披露的信息，包括但不限于招股说明书、法律意见、年度报告、董事会、股东会决议等信息
	9	纳斯达克	可以查询纳斯达克上市公司信息，包括招股书、法律意见、重大合同等披露的信息
	10	美国证监会	可以查询美国上市公司公告信息，包括招股书、法律意见书等公开资料
	11	香港公司网上查册中心	可以查询在香港注册公司的基本登记信息，可以通过网上付费电子版查询
	12	全国建筑市场监督与诚信信息发布平台	可以查询建筑相关企业信息、注册人员信息及工程项目信息等
	13	住房和城乡建设部网站（建筑业单位资质查询）	建筑业资质查询，包括设计、勘察、造价、监理、建筑、房产开发等资质信息的查询
	14	中国证券投资基金业协会	可以查询股权投资基金等证券投资基金的基金管理人及基金的备案信息
	15	私募基金管理人分类查询公示	可查询私募基金管理人登记的实时基本情况以及违规公示情况
涉诉信息查询	1	中国裁判文书网	可以查询2014年1月1日起除涉及国家秘密、个人隐私、未成年人犯罪、调解结案以外案件的判决文书
	2	中国执行信息公开网	可查询2007年1月1日以后新收及此前未结的执行实施案件的被执行人信息
	3	全国法院失信被执行人名单信息查询系统	可以查询2013年10月24日起不履行或未全部履行被执行义务的被执行人的履行情况、执行法院、执行依据文书及失信被执行人行为的具体情形等内容
	4	中国法院网"公告查询"	可以查询到全国范围内法院案件审理公告信息
	5	人民法院诉讼资产网	可以查询全国范围内法院正在执行拍卖的资产情况
财产信息查询	1	中国土地市场网	可以查询全国范围内的供地计划、出让公告、企业购地情况等信息
	2	自然资源部官网	可以查询土地招标、拍卖、挂牌信息以及全国范围内土地抵押、转让、出租等信息，还可查询全国范围内的供地计划等

续表

类别	序号	网站名称	查询事项
财产信息查询	3	中国知识产权网	可以查询公司专利申请情况及专利法律状态
	4	国家知识产权局官网	可以查询公司专利申请情况及专利法律状态
	5	国家市场监督管理总局商标局"中国商标网"	可以查询商标注册信息,包括注册商标信息及申请商标信息;同时可以进行商标相同或近似信息查询、商标综合信息查询和商标审查状态信息查询
	6	中国版权保护中心"计算机软件著作权登记公告"	可以查询计算机软件著作权的登记情况、著作权人、撤销情况、质押情况等信息
	7	工业和信息化部ICP/IP地址信息备案管理系统	可以通过网站名称、域名、网站首页网址、许可号、网站IP地址、主办单位等查询已经备案的网站或域名的所有人信息等情况
	8	世界知识产权组织	可以查询加入WTO的所有国家专利、商标注册法律状态
	9	农业农村部植物新品种保护办公室	可以查询植物新品种权
	10	工业和信息化部官方网站	可以查询企业网站备案,以及电信增值业务许可
	11	人民法院诉讼资产网	可以查询涉诉财产情况
投融资信息查询	1	中国人民银行征信中心	可查询企业应收账款质押和转让登记信息,具体包括质权人名称、登记到期日、担保金额及期限等
	2	中国银行间市场交易商协会	可以查询DCM注册相关信息包括超短期融资券（SCP）、中小企业集合票据（SMECN）、短期融资券（CP）、中期票据（MTN）、定向工具（PPN）企业的融资情况
	3	动产融资统一登记公示系统	提供应收账款质押、融资租赁、所有权保留、留置权、租购、其他动产融资、保证金质押、存货/仓单质押、动产信托等登记业务,并提供以上动产物权的统一公示与查询
信用查询	1	信用中国	企业不良信用记录查询
	2	证监会	证券期货市场失信记录查询

第八节 企业上市主要法律问题整改方案

表14-2 企业上市主要法律问题整改方案

主要事项	存在的法律问题	解决方案	注意事项	时间节点	需要取得文件
历史沿革涉及职工会持股及职工持股会清理确权事项	对公司已退出持股的员工，持股及股权转让认股款是否支付；对继续持有公司股权的员工，确认所持股权目前状态	①对公司历史上工会委员会代职工持股的情况、持股职工情况，工会委员会股权转让的情况进行核查，并与公司沟通，由公司负责制作历史股东持股情况控制表。②对历史股东进行分批分类访谈，促成90%以上公司历史股东就确权事宜签署经公证的《确认书》。计划按如下步骤开展工作：(a)对现在员工持股平台中的职工持股进行确权；(b)对目前仍在公司工作的原持股职工进行确权；(c)通过公司退休人员管理办（或类似机构），与已退休或内退的原持股职工联系，并确权；(d)对已去世职工，由其合法继承人（按照配偶、子女、父母、同胞兄弟姐妹等顺位）进行确权；(e)因原持股职工技协已经注销，由申其主管单位进行确权；(f)在报纸上发布公告，通知无法联系的原持股员工前来确权。根据4号指引的规定，确权比例应不低于90%	建议对于尚未去世员工确权比例达到100%，避免出现举报事项；在总体可控的前提下，争取全部员工确权比例达到100%；确权是一个系统的工作，在达到法律规定的比例前提下，原则上在上市申报之前都是可以继续做工作，以便于最大限度完成100%确权；公司需要制定详细的分组分类表，并严格根据分组进行确权	建议在（ ）月中旬初步制定确权的总体分类和时间进度控制表，并通过内部分类、分工、建立小组长等方式做好前期准备工作。争取在（ ）月完成初步确权工作	经律师见证、公证处公证的《确认书》；经省政府出具的历史沿革及股权确认合规的确认文件

155

续表

主要事项	存在的法律问题	解决方案	注意事项	时间节点	需要取得文件
同业竞争问题		① 发行人控股股东与发行人共同持有子公司股权的，建议由发行人按照审计评估价格收购剩余的股权。 ② 发行人实际控制人控制的其他企业通过分割市场方式解决同业竞争，不符合A股上市的要求，建议通过重组解决此类公司与相关股东协商，通过摘牌后以吸收合并的方式换股。 ③ 对于实际控制人控制的其他产业链公司，根据A股上市要求，审慎从严考虑，并保证产业链的完整性和可扩张性，建议分不同情况重组至发行人。 a. 对于不需要通过换股方式解决同业竞争的，建议直接收购股权的方式进行。 b. 对于少数股东不同意收购的，可以只实际控制人控制的部分。 ④ 对不能装入发行人主体的构成同业竞争的公司，可分两种情况解决，可以公开对外转让的，建议出售给非关联方（上市申报前对外解决），如确定不能出售的，应尽快确定清算注销程序	做好实际控制人及相关股东工作，落实工作计划	（ ）月底完成全部工作	
公司治理架构的调整	独立董事尚未到位，董事调整尚未完成	建议尽快启动董事、独立董事规范治理的时间，夯实公司规范治理的时间，内董事，高管及核心技术人员变化不视为大（一般情况下增加董事高管不视为变化），董事会人数建议为（ ）人，（ ）名独立董事，（ ）名内部董事	其中1名独立董事须有财务背景，建议会计师教授或大学教授	建议（ ）月底完成，运行半年以上	独立董事须取得证书

156

第十五章
北交所上市之引进私募融资合规要点

第一节 企业上市前引进私募融资的战略规划

企业在上市前要不要进行私募融资需要根据企业所处发展阶段的实际情况确定，并不是引进私募融资的企业就更加受资本市场青睐，关键还是要看企业自身的实力和公司治理的水准。

一、企业上市前引进私募融资的目的

一般地，企业上市前引进私募融资，主要基于以下几个方面的考虑：
①扩充公司资本金，充实公司的现金流，为公司未来发展奠定资金基础；
②改变过去家族企业管理的治理结构，引进外部投资人，搭建公众公司治理架构；
③降低企业负债率，改善公司财务结构，降低财务风险，增加了必要时的举债能力；
④改善对供应商、客户的财务结算状况，提高企业信誉与资信，改善经营的外部环境。

二、企业上市前引进私募融资的缺点

①大多数私募基金投资的前提都要求大股东/实际控制人进行业绩对赌和退出保障的对赌，这种对赌可能使公司为了短期利益而牺牲长远利益，甚至陷入经营的困境；
②企业上市前引入私募基金如果与公司进行的股权激励在同一年度内产生股份支付问题，从而影响公司扣除股份支付后的利润和上市发行价格。

三、企业上市前对私募基金的甄别

基于企业上市的战略考虑，企业在引入私募基金的时候，首先要对接触的私募基金管理人进行反向的尽职调查，主要是看基金管理人在中国证券投资基金业协会合规备案及持续经营情况，是否违反私募股权投资基金管理及募集的相关法律规定，是否存在为了投资单一项目募集资金的情形。

对于引进的私募基金，不仅要考查基金管理人的管理经验、管理的基金规模，还要考虑其在市场上的口碑和对已投资项目的投后管理能力。

第二节　企业私募融资的对赌问题

一、对赌协议的基本含义

投资企业主要是投资企业的未来。为了控制风险，投资方倾向与企业约定"对赌协议"以控制投资风险。对赌协议的正式名称是估值调整机制（Valuation Adjustment Mechanism，VAM），即根据"现有业绩"初步作价和确定投资条件，根据"未来业绩"调整作价和投资条件。

如果企业未来的获利能力达到某一标准，则融资方享有一定的权利，用以补偿企业价值被低估的损失；否则，投资方享有一定的权利，用以补偿高估企业价值的损失。

二、对赌协议中的主要对赌条款

投资方投资目标企业时对赌的主要内容通常是目标企业未来几年的业绩以及目标企业上市、并购的时间，与此相对应的对赌条款主要有估值调整条款、业绩补偿条款与股权回购条款。

1. 估值调整

投资方对目标企业投资时，通常按 P/E（市盈率）估值，确定好 P/E 后，乘以目标企业当年预计利润，作为目标企业的投资估值，以此估值作为投资的定价基础；投资方投资后，若当年利润达不到预估的利润时，按照实际实现的利润对此前的估值进行调整，退还投资方的部分投资或增加投资方的持股份额。

2. 业绩补偿

投资时，目标企业或原有股东与投资方就未来一段时间内目标企业的经营业绩进行约定，如目标企业未实现约定的业绩，则须按一定标准与方式对投资方进行补偿。

3. 股权回购

投资时目标企业或原有股东与投资方就目标企业未来发展的特定事项进行约定，当约定条件成熟时，投资方有权要求目标企业或原有股东回购投资方所持目标公司股权。

三、对赌条款在司法裁判中的法律效力

【案例一】 HF 公司与 ZX 公司、DY 公司、陆某增资纠纷案

1. 案情简介

2007 年 11 月 1 日前，ZX 公司、HF 公司、DY 公司、陆某共同签订一份《ZX 公司增资协议书》（简称"《增资协议书》"），由 HF 公司以现金 2,000 万元对 ZX 公司进行增资。《增资协议书》第七条第二项是关于业绩目标的约定：ZX 公司 2008 年净利润不低于 3,000 万元，否则 HF 公司有权要求 ZX 公司予以补偿；如果 ZX 公司未能履行补偿义务，HF 公司有权要求 DY 公司履行补偿义务。

2007 年 11 月 1 日，HF 公司、DY 公司签订"合资经营 ZX 公司合同"，HF 公司出资 15.38 万美元，占注册资本的 3.85%；DY 公司出资 384 万美元，占注册资本的 96.15%。HF 公司应于合同生效后 10 日内一次性向合资公司缴付人民币 2,000 万元，超过其认缴的合资公司注册资本的部分，计入合资公司资本公积金。如果至 2010 年 10 月 20 日，合资公司由于自身的原因无法完成上市，则 HF 公司有权在任一时刻要求 DY 公司回购届时 HF 公司持有的合资公司的全部股权。

由于 ZX 公司 2008 年的净利润未达到约定金额，故 HF 公司向法院起诉要求 ZX 公司、DY 公司、陆某承担补偿责任。一审法院认为《增资协议书》第七条第二项违反了法律、行政法规的强制性规定，故驳回了 HF 公司的诉讼请求。HF 公司不服一审判决，提起上诉。二审法院认为虽然《增资协议书》第七条第二项无效，但 HF 公司投入 ZX 公司的资金可以认定为借款，要求 ZX 公司、DY 公司予以返还并支付相应利息。ZX 公司、DY 公司不服二审判决，请求再审。再审法院最终判决 DY 公司向 HF 公司支付补偿款。

2. 争议焦点

①《增资协议书》第七条第二项内容是否具有法律效力；

②如果《增资协议书》第七条第二项内容有效，ZX 公司、DY 公司、陆某应否承担补偿责任。

3. 裁判要点

最高人民法院认为："HF 公司作为企业法人，向 ZX 公司投资后与 DY 公司合资经营，故 ZX 公司为合资企业；ZX 公司、HF 公司、DY 公司、陆某在《增资协议书》中约定，如果 ZX 公司实际净利润低于 3000 万元，则 HF 公司有权从 ZX 公司处获得补偿，并约定了计算公式，这一约定使 HF 公司的投资可以取得相对固定的收益，该收益脱离了 ZX 公司的经营业绩，损害了公司利益和公司债权人利益，一审法院、二审法院根据相关法律的规定认定《增资协议书》中的这部分条款无效是正确的。

"《增资协议书》中并无由陆某对 HF 公司进行补偿的约定，HF 公司请求陆某进行补偿，没有合同依据。

"但是，在《增资协议书》中，DY 公司对于 HF 公司的补偿承诺并不损害公司及公司债权人的利益，不违反法律法规的禁止性规定，是当事人的真实意思表示，是有效的。DY 公司对 HF 公司承诺了 ZX 公司 2008 年的净利润目标并约定了补偿金额的计算方法，在 ZX 公司 2008 年的利润未达到约定目标的情况下，DY 公司应当依约应 HF 公司的请求对其进行补偿。DY 公司对 HF 公司请求的补偿金额及计算方法没有提出异议。"

最高人民法院的上述判决，确定了如下原则：

①投资机构向目标企业进行股权投资时，若目标企业不能完成一定的经营业绩，则应向投资机构进行补偿，此类约定为无效，即投资机构与目标企业对赌的，对赌条款无效；

②投资机构向目标企业进行股权投资时，若目标企业不能完成一定的经营业绩，由目标企业控股股东、实际控制人或目标企业以外的其他方对投资机构进行补偿，此类约定有效。

【案例二】TL 公司、XFX 公司与 JY 公司有关的纠纷案

1. 案情简介

2010 年 6 月 8 日，TL 公司与目标公司 JY 公司及其原股东 XFX 公司三方签订了增资扩股协议。在增资扩股协议中，各方约定，如果目标公司不能在 2013 年 12 月 31 日前完成上市，则投资方 TL 公司有权要求目标公司或其原股东 XFX 公司回购投资方 TL 公司所持目标公司的全部股份，目标公司及其原股东对该股权回购义务承担履约连带责任。之后，由于 JY 公司未能如期完成上市，作为投资人的 TL 公司依据增资扩股协议的约定，委托律师发送律师函，要求 JY 公司、XFX 公司回购 TL 公司持有的 JY 公司的股份。

一审法院判决 XFX 公司向 TL 公司支付股权回购款及相应利息，JY 公司就

XFX 公司上述付款义务承担连带责任。二审法院认可一审法院的部分裁判，驳回 JY 公司就 XFX 公司付款义务承担连带责任的判决。再审法院判决 XFX 公司向 TL 公司支付股权回购款及相应利息，JY 公司对 XFX 公司上述本息不能清偿部分承担二分之一赔偿责任。

2. 争议焦点

① 2010 年 6 月 9 日的股东会决议能否证明 TL 公司明知 JY 公司内部决议程序；

② JY 公司应否对 XFX 公司的股权回购义务承担履约连带责任；

③ JY 公司应否承担连带责任条款无效后的过错赔偿责任。

3. 裁判要点

（1）2010 年 6 月 9 日的股东会决议能否证明 TL 公司明知 JY 公司内部决议程序

根据再审查明的事实情况，增资扩股协议签订于 2010 年 6 月 8 日，在此之前 TL 公司与 JY 公司、XFX 公司就增资扩股等事宜进行磋商，而此时 JY 公司的公司章程中并没有关于公司对外担保议事程序的相关规定，至 2010 年 6 月 9 日，JY 公司才召开股东会决议对公司章程进行修订，包括股东、实际控制人及其关联方提供担保的内部决议程序。因此，2010 年 6 月 9 日的股东会决议不能证明增资扩股协议签订时 TL 公司已经知道 JY 公司的公司章程有关公司为股东提供担保须经过股东会决议的内容。因此，二审法院将 2010 年 6 月 9 日的股东会决议作为新证据采信，以后来发生的事实来判断此前行为人的审查注意义务，认定 TL 公司在签订增资扩股协议时非善意相对人，违背了新证据须与待证事实存在关联性的客观要求，属于证据采信不当。

（2）JY 公司应否对 XFX 公司的股权回购义务承担履约连带责任

增资扩股协议中约定 XFX 公司在约定触发条件成就时按照约定价格回购 TL 公司持有的 JY 公司股权，该约定的实质是投资人与目标公司原股东达成的特定条件成就时的股权转让合意，该合意系当事人真实意思表示，亦不存在违反《公司法》规定的情形，二审判决认定 XFX 公司与 TL 公司达成的股权回购条款有效，且触发回购条件成就，遂依协议约定判决 XFX 公司承担支付股权回购款本金及利息，适用法律正确。XFX 公司辩称增资扩股协议约定的股权回购条款无效，回购条件不成就，没有事实和法律依据，应不予支持。

至于增资扩股协议中约定 JY 公司对 XFX 公司的股权回购义务承担履约连带责任的条款效力问题，有如下分析。

首先，JY 公司不是股权回购的义务主体，并不产生 JY 公司回购本公司股份的法律后果，即不存在 XFX 公司答辩中称增资扩股协议约定 JY 公司对 XFX 公司的股权回购义务承担履约连带责任的条款违反相关《公司法》规定的情形。

其次，增资扩资股协议约定JY公司对XFX公司负有的股权回购义务承担履约连带责任，并未明确为连带担保责任。TL公司在一审中也是诉请JY公司对XFX公司承担的股份回购价款及涉及的税款承担连带责任。但是，JY公司、XFX公司二审上诉中称"TL公司明知未经股东会批准，而约定由JY公司对XFX公司提供担保，有违《公司法》第十六条第二款的规定，其请求亦不应得到支持"。TL公司亦抗辩称"《公司法》第十六条第二款属于管理性强制性规定，即使JY公司所提供的担保未经股东会决议，也不影响担保的有效性"。二审法院在双方当事人将增资扩资股协议约定的"连带责任"条款解释为"连带担保责任"的情况下，适用《公司法》第十六条第二款的规定裁判本案。法院认为，连带担保责任属于连带责任的情形之一，但连带担保责任有主从债务之分，担保责任系从债务。双方当事人将"连带责任"理解为"连带担保责任"，并未加重JY公司的责任负担，且从TL公司诉请JY公司的责任后果看，是对XFX公司承担的股权回购价款本息承担连带责任，仍然属于金钱债务范畴，也与JY公司实际承担的法律责任后果一致，法院予以确认。因此，二审判决依据《公司法》第十六条第二款关于公司为控股股东、实际控制人提供担保的相关规定来裁判JY公司对XFX公司的股权回购义务承担履约连带责任的条款效力，并无不当。

再次，TL公司申请再审，称《公司法》第十六条第二款的规定系管理性规范，JY公司承诺为XFX公司的股权回购义务承担履约连带责任，虽然未经JY公司股东会决议通过，亦不影响公司承诺担保条款的效力，并提交最高人民法院相关案例佐证。法院认为，《公司法》第十六条第二款明确规定"公司为公司股东或者实际控制人提供担保的，必须经股东会或者股东大会决议"，目的是防止公司股东或实际控制人利用控股地位，损害公司、其他股东或公司债权人的利益。对于合同相对人在接受公司为其股东或实际控制人提供担保时，是否对担保事宜经过公司股东会决议负有审查义务及未尽该审查义务是否影响担保合同效力，《公司法》及其司法解释未作明确规定。二审法院认为，虽然JY公司在增资扩股协议中承诺对XFX公司进行股权回购义务承担连带责任，但并未向TL公司提供相关的股东会决议，亦未得到股东会决议追认，而TL公司未能尽到基本的形式审查义务，从而认定JY公司法定代表人向某代表公司在增资扩股协议上签字、盖章行为，对TL公司不发生法律效力，适用法律并无不当。

（3）JY公司应否承担连带责任条款无效后的过错赔偿责任

TL公司在签订增资扩股协议时，因JY公司的公司章程中并无公司对外担保议事程序规定，TL公司有合理理由相信向某有权代表公司对外签订有担保意思表示内容的增资扩股协议，但其未能尽到要求目标公司提交股东会决议的合理注意义务，导致担保条款无效，对协议中约定的担保条款无效，自身存在过错。而JY公司在公司章程（2009年6月9日之前）中未规定公司对外担保及为公司股东、实际控制人提供担保议事规则，导致公司法定代表人使用公章的权限不明，法定代表人向某未经股东会决议授权，越权代表公司承认对XFX公司的股权回购义务承担履约连带责任，其对该担保条款无效也应承担相应的过错责任。《最高人民法院关于适用〈中华人民共和国担保法〉若干问题的解释》第七条规定："主合同有效而担保合同无效，债权人无过错的，担保人与债务人对主合同债权人的经济损失，承担连带赔偿责任；债权人、担保人有过错的，担保人承担民事责任的部分，不应超过债务人不能清偿部分的二分之一。"根据该条规定，TL公司、JY公司对增资扩股协议中约定的连带责任条款无效，双方均存在过错，JY公司对XFX公司承担的股权回购款及利息，就不能清偿部分承担二分之一的赔偿责任。

上述法院的判决确立了如下原则。

①投资机构与目标企业股东就目标企业的上市期限进行对赌时，若目标企业未能在约定期限完成上市，则目标企业控股股东或其指定方应向投资机构回购股权并支付股权转让款，此类条款约定有效。

②在目标公司股东或其指定方需要向投资机构回购目标公司股权且支付股权转让款时，目标企业就上述股东的付款义务承担连带担保责任的，经目标公司股东会或者股东大会决议的，该类条款约定有效；未经股东会或者股东大会决议的连带责任担保无效。

③目标公司越权为控股股东或者实际控制人回购股权提供连带责任的，承担过错责任。

【案例三】ZY投资公司与高某股权转让纠纷案

1.案情简介

2011年4月22日，DDX公司、ZY投资公司（普通合伙）及高某（DDX公司实际控制人）签署了《DDX公司增资协议》，约定由ZY投资公司对DDX公司进行增资；同日，ZY投资公司与高某签署了《DDX公司增资协议》的补充协议，对增资后DDX公司的经营业绩指标、公司上市及回购股权等事宜作出约定。

2013年9月17日，ZY投资公司与高某签订了协议书，约定了高某回购ZY投资公司持有的DDX公司股权等事宜。协议签订后，至2014年3月31日，高某并未按约定付款，尚欠ZY投资公司转让款6,447,945元。

2013年9月22日，高某将DDX公司价值19,021,643元的股权质押给ZY投资公司，但未付清所欠款项，故ZY投资公司以此为由向法院提起诉讼。

2. 裁判要点

法院认为，根据协议书的约定，被告高某未按照协议约定的时间支付股权转让款，ZY投资公司有权要求被告高某支付逾期付款违约金，故对于ZY投资公司要求被告高某从2013年10月1日起以第一笔未付款项金额3,719,178元为本金计算违约金至实际付清之日止及要求被告高某从2014年1月1日起以第二笔未付款项金额8,854,520元为本金计算违约金至实际付清之日止的诉讼请求，于法有据，法院予以支持。对于ZY投资公司主张计算违约金的标准，根据协议书的约定，每逾期一日，被告高某应按照应付金额的千分之一向ZY投资公司支付逾期付款违约金。被告高某在向法院提交的书面答辩状中认为ZY投资公司主张计算违约金的标准过高，请求法院予以调整。当事人一方可以约定一方违约时应当根据违约情况向对方支付一定数额的违约金，也可以约定因违约产生的损失赔偿额的计算方法。约定的违约金低于造成的损失的，当事人可以请求人民法院或者仲裁机构予以增加；约定的违约金过分高于造成的损失的，当事人可以请求人民法院或者仲裁机构予以适当减少。考虑到本案中被告高某违约给ZY投资公司造成的损失为资金占用的损失，且被告高某已向法院提交了书面答辩状请求人民法院予以适当降低违约金的计算标准，法院认为ZY投资公司主张违约金计算标准过高，法院按照不超过中华人民共和国人民银行同期贷款利率4倍的标准依法予以调整违约金的计算标准。

法院的上述判决，确立了如下原则：目标企业原股东或其指定方未能按协议约定承担回购义务支付股份转让款时，应按一定比例承担违约责任，该类条款约定有效，但是约定的违约金过分高于造成的损失的，法院予以调减，调减原则一般按不超过中华人民共和国人民银行同期贷款利率4倍的标准依法予以调整违约金的标准计算。

第三节　企业上市之私募融资出让股权比例和价格

一、引入私募融资的股权比例

1. 企业自身的资金需求

私募融资涉及的最重要的问题之一便是融资多少的问题，也就涉及相关的股权比例问题。对于该问题，首先需要考虑企业自身的需求。企业需要多少资金来发展自身，是该问题的核心。通常情况下，可以根据企业的发展规划，确定企业在未来两到三年内的主要资金需求额，进而测算私募股权份额；此外，有些企业有着改善财务结构的需求，此种情况下，可以在对财务报表进行审计的基础上，参照公司业务模式、行业特点等规划公司的合理财务结构，进而确定需要的资金量和私募的股权份额。

2. 上市对公司股权变化的相关要求

一般而言，公司在上市前的私募，外部引入的私募基金持股应控制在总股本的 30% 以内，如果过高，则可能影响公司控制权的稳定性。

3. 战略投资者的投资需求

一般而言，为降低管理成本，战略投资者期望的投资量较大。

保荐机构直投基金作为战略投资者，一般不超过公司总股本的 7%，否则根据《证券发行上市保荐业务管理办法》保荐机构在推荐发行人证券发行上市时，应联合一家无关联保荐机构共同履行保荐职责，且该无关联保荐机构为第一保荐机构。

二、私募融资的价格

1. 私募融资价格的一般衡量标准

对于多数行业而言，私募融资价格一般按照市盈率法定价，即"私募投资价格/每股收益"。

每股收益计算基础一般以前一年实现净利润计算，也可协商按照当年预期利润计算，但是按照预期利润计算，市盈率倍数一般较低。

2. 私募融资价格的考虑因素

私募融资价格一般由战略投资者与企业协商确定，主要考虑因素包括：

①公司自身各要素情况；

②公司的现时盈利水平及未来成长性；

③公司的所处行业现状及前景、行业地位与竞争状况、市场容量、公司本身

的业务与技术能力；

④公司的财务状况；

⑤公司治理的规范性、透明度。

公司治理的规范性、透明度很重要。治理不规范、透明度不高，投资者则认为风险大，从而要求降低价格。

第四节　附回售条款的股权投资问题

2019年9月11日，最高人民法院发布《全国法院民商事审判工作会议纪要》，基本上解决了投资人与被投资企业及股东对赌的法律问题。

实践中，基于投资风险的考量，投资人在投资协议中既选择和目标公司的实际控制人签订附回购条款的对赌协议（或一致行动人及核心团队），亦要求与目标公司签订附回购条款的对赌协议。

但是，投资人与目标公司之间签订附回购条款的对赌协议却给目标公司带来了另外一个影响企业会计处理的问题。

根据《企业会计准则第37号——金融工具列报应用指南（2018）》（以下简称"《37号应用指南》"）及证监会2020年11月13日发布的《监管规则适用指引——会计类第1号》（以下简称"《会计类1号指引》"）规定，投资人与被投资企业约定附回购条款的对赌协议的，被投资企业在会计上要将投资人的投资计入金融负债。

2018年11月，发行人A及其控股股东C与投资者B签订《增资协议》，约定B向发行人A增资2,500万元，如发行人A未能在三年内上市，B可要求发行人A或控股股东C按照年化收益率7%的保底收益（税后）予以回购。发行人A在收到增资款时确认股本及资本公积。2019年12月，三方签订《补充协议》，解除上述回购安排。

《37号应用指南》规定，如果企业不能无条件地避免以交付现金或其他金融资产来履行一项合同义务（如不能无条件避免的赎回、强制付息），则符合金融负债的定义。《会计类1号指引》明确了附回售条款的股权投资的确认与分类。若投资方与被投资方约定，如被投资方未能满足特定目标，投资方有权要求按照成本加年化收益率的对价将该股权回售给被投资方，由于被投资方存在无法避免的向投资方交付现金的合同义务，应将其分类为金融负债进行会计处理。

一是B对发行人A的投资在初始确认时应分类为金融负债。《增资协议》存在未能满足特定目标（发行人A三年内上市）情形下的回售条款，属于《会计类 1 号指引》规定的情形。在三年内未上市的情况下，B 有权要求发行人 A 或控股股东 C 回购其股份，发行人 A 存在不能无条件避免地向 B 交付现金的义务，因此，2018 年 11 月，在发行人 A 的账面上，B 对发行人 A 的投资应分类为金融负债。发行人 A 的会计处理不符合《企业会计准则》的相关要求。

二是回售条款解除后，B 对发行人 A 的投资应确认为权益工具。《补充协议》签署后，发行人 A 能够无条件地避免交付现金或其他金融资产，因此，2019 年 12 月，发行人 A 应将前述金融负债重分类为权益工具，并相应调整股本和资本公积等。发行人根据上述原则进行了会计差错更正。

一、附回售条款的股权投资

对于附回售条款的股权投资，投资方除拥有与普通股股东一致的投票权及分红权等权利之外，还拥有一项回售权，例如投资方与被投资方约定，若被投资方未能满足特定目标，投资方有权要求按投资成本加年化 10% 收益（假设代表被投资方在市场上的借款利率水平）的对价将该股权回售给被投资方。该回售条款导致被投资方存在无法避免向投资方交付现金的合同义务。基于投资方对被投资方的持股比例和影响程度不同，区分为以下两种情形。

情形 1：投资方持有被投资方股权比例为 3%，对被投资方没有重大影响。

情形 2：投资方持有被投资方股权比例为 30%，对被投资方有重大影响。

现就上述两种情形下被投资方和投资方的会计处理意见如下。

情形 1

从被投资方角度看，由于被投资方存在无法避免地向投资方交付现金的合同义务，应分类为金融负债进行会计处理。

从投资方角度看，投资方对被投资方没有重大影响，该项投资应适用金融工具准则。因该项投资不满足权益工具定义，合同现金流量特征不满足仅为对本金和以未偿付本金金额为基础的利息的支付，应分类为以公允价值计量且其变动计入当期损益的金融资产。

情形 2

被投资方的会计处理同情形 1。

从投资方角度看，长期股权投资准则所规范的投资为权益性投资，因该准则中并没有对权益性投资进行定义，企业需要遵照实质重于形式的原则，结合相关事实和情况进行分析和判断。投资方应考虑该特殊股权投资附带的回售权以及回售权需要满足的特定目标是否表明其风险和报酬特征明显不同于普通股。如果投资方实际上承担的风险和报酬与普通股股东明显不同，该项投资应当整体作为金融工具核算，相关会计处理同情形1。如果投资方承担的风险和报酬与普通股股东实质相同，因对被投资方具有重大影响，应分类为长期股权投资，回售权应视为一项嵌入衍生工具，并进行分拆处理。对投资方而言，持有上述附回售条款的股权投资期间所获得的股利，应按该股权投资的分类，适用具体会计准则规定进行处理。

第十六章
北交所上市之公司改制合规要点

第一节　上市工作机制及整体工作计划

企业经过慎重考查，选定中介机构和具体执行的团队后，在各中介机构进场前一般要安排企业上市的正式启动仪式，明确上市工作机制和工作计划。

一、工作机构的组成

上市工作是一项系统工程，为了确保上市工作和公司业务发展能够有序协调推进，公司在不影响企业正常经营的前提下应当由公司实际控制人牵头统筹安排公司主要管理层共同参与并应为此设置专门的工作机构，并指定人员总体负责、具体落实上市相关工作。

为了保证公司上市工作的顺利进行，提高决策效率，建议公司成立"上市工作领导小组—上市工作负责人—专项事务工作组"三级工作组织机构。

1. 上市工作领导小组

上市工作领导小组设置组长、副组长和成员。

职责：公司上市工作领导小组是公司上市工作的决策机构，组织领导公司上市的整体工作，审核上市方案，定期听取上市工作情况汇报，研究决定上市工作的重大问题，保证组织严谨，统筹有序，执行有力，规范高效，确保上市工作的顺利推进。

2. 上市工作负责人

上市工作负责人为上市工作领导小组成员。

职责：上市工作负责人是上市领导小组指定的执行人员，在领导小组领导下开展工作，负责领导小组与专项事务工作组的对接工作，负责与中介机构的对接工作，负责组织、执行、协调、宣传等工作。

3. 专项事务工作组

专项事务工作组下设立业务组、资产财务组，各工作组的人员构成和工作职责如下。

（1）业务组

业务组人员包括组长、副组长、专职成员等。

职责：组织安排公司上市项目的日常工作；负责上市工作有关会议的会务工作，记录、整理、编发会议纪要，收集整理大事记及相关资料；负责尽职调查清单的统一下发及尽职调查资料的统一归集工作；负责协助中介机构完成尽职调查，负责尽职调查资料、档案的统一管理；负责公司对外信息的统一发布，媒体、投资者关系维护；完成与业务、法律、人事等方面的尽职调查工作；拟订各项业务发展规划；负责公司募集资金投资项目的相关工作，包括项目的选择、规划、编制可行性研究报告、获得相关政府部门的批准或备案文件；起草、审查股改过程中各项法律文件；办理公司股改的工商登记工作；办理业务资质（提供资质证书、许可证、商标、专利、专有技术等与公司业务相关的文件及事项）的转移；与律师共同拟订公司章程、"三会"议事规则等内部控制制度；拟订董事会、股东会等相关会议文件；拟订股份公司治理结构及组织架构方案；负责相关协议的起草；完成上市工作负责人交办的其他工作。

（2）资产财务组

资产财务组人员包括组长、副组长、专职成员等。

职责：根据整体安排，负责制定财务审计与资产评估的具体方案并落实；配合审计及评估机构按时完成审计及资产评估工作，并出具专项文件；跟踪了解财务审计方面的相关问题及工作进程，并就出现的问题提出解决方案；负责建立财务估值模型，进行资本结构和融资结构分析，准备盈利预测和现金流预测（如需）；协助业务组完成与资产及财务有关的尽职调查工作；协助业务组制定募集资金使用计划；完成上市工作负责人交办的其他工作。

二、会议制度

1. 领导小组会议

①召开时间：由保荐机构根据工作需要提议召集，不定期召开。

②与会人员：由上市工作领导小组成员参加。经上市工作领导小组组长同

意,其他人员可列席会议。

③会议内容:听取上市工作情况汇报;审议决定上市重大问题;审议上市方案;研究决定其他重大事项。

2. 中介机构协调会

①召开时间:由保荐机构根据工作进展情况召集,在某一阶段可能为定期会议。

②会议形式:视情况采取现场会议或电话会议的形式召开。

③会议内容:通报工作进展情况、后续工作计划、当前存在问题及建议、需要公司予以关注和配合的事项。

3. 专题讨论会

①召开时间:当需要共同讨论专项问题时召开。

②会议内容:公司相关领导及人员、上市办有关专项业务组及各中介机构对工作中遇到的具体问题进行专题讨论和对接。

三、其他工作机制

1. 中介机构提报文件流程

文件提报流程是保证上市工作顺利进行的重要机制,为防止重要文件在流转过程中出现遗失、错漏,进一步提高效率,形成合力,需提前确定良好的中介机构文件提报流程。主要内容如下。

①保荐机构拟提报给企业的文件,须与其他相关中介机构协商后统一提交给业务组。

②律师、审计师、评估师等其他中介机构拟提报给企业的文件,须同时抄送保荐机构阅存。对于重大问题,须提前与保荐机构沟通,由保荐机构负责组织专题讨论会,形成统一意见后提交给业务组。

2. 尽职调查工作机制

尽职调查是公司上市过程中的一项重要工作,公司相关机构和个人应充分重视尽职调查材料的汇总和上报工作。

尽职调查材料由公司相关部门的负责人安排并根据公司各次下发的尽职调查清单填写,由公司业务组汇总。

公司相关部门在进行尽职调查中遇到专业性问题,可咨询相关中介机构。

3. 保密工作机制

保密工作机制主要分为保密信息范围、参与人员要求、明确保密责任、具体保密要求、发言人制度及应急机制等方面。

4.档案管理原则

项目档案指的是有关项目计划、项目进程等的项目进行当中所产出的对项目有重要价值的各种记录资料。项目档案文件中涉及很多关于公司的重要资讯（其中包括很多能对公司产生重大影响的机密资料），因此，项目进行过程当中，公司应对项目的相关档案文件进行妥善管理。对于档案的管理，公司和各中介机构均应指定专人负责项目相关档案的管理。

建议公司配备与各工作机构相对应的专职工作人员，并由公司上市工作领导小组正式通知。

四、关于尽职调查工作的开展

公司上市启动会后，参与本次上市工作的保荐机构、会计师、律师、资产评估师等中介机构将开展全面的尽职调查工作。

全面的尽职调查工作包括尽职调查材料的收集与现场调查及访谈工作两部分内容。其中，尽职调查资料的收集包括公司按照保荐机构汇总提交的各中介机构尽职调查清单提供书面和电子版的资料；现场调查及访谈工作是指各中介机构对公司及主要下属单位的现场调查及访谈。

保荐机构会将经过汇总、整理后的各家中介机构的尽职调查清单统一发送至公司，请公司尽早安排相关部门和专人负责按照尽职调查的说明填报相关的尽职调查资料。

同时，请公司协调组织各中介机构到公司现场调查，使各中介机构能够快速地对公司开展的业务及拥有的资产获得直观的印象；并安排各中介机构对公司高管的现场访谈。

1.准备办公场所和办公条件

公司应当为专职工作人员及中介机构安排集中的办公场所，办公场所应尽量靠近公司主要职能部门办公场所，以便于提高工作效率，但同时出于保密工作的需要，不应与其他部门混合办公。同时公司应当为专职工作人员及中介机构提供必要的办公条件。

（1）办公室

办公室应配置足够的上网设备和办公用品（根据各中介机构具体要求统一安排）。

（2）会议室

提供能容纳 20~30 人以上的大会议室一间，容纳 10 人左右的小会议室一间。

（3）其他办公用品

其他办公用品主要是复印机等。

2. 制作通信录

请各家中介机构将项目成员的联系方式及角色安排发送到保荐机构，由保荐机构统一汇总后发送至业务组，由企业将成员及分工信息补充完整后，统一将电子版的完整通信录发送至各中介机构。

第二节　企业上市改制重组的基本路径

企业上市改制重组的目的是按照《公司法》要求在于增强企业的核心竞争力、突出企业的主营业务、提高企业的持续发展能力、保持企业经营独立、运作规范、减少和规范关联交易、有效避免同业竞争。

一般情况下，拟上市企业按照以下几个方面展开公司改制重组。

1. 资产重组

拟上市企业梳理主营业务，主板上市可以多元化经营，但需要剥离非经营性资产，处置类金融资产，以及持有的其他金融企业的股权，如私募基金管理公司、小贷公司、融资租赁、供应链金融等资产，整合同业竞争公司，构建完整产业链，剥离非经营需要的关联方；涉及生产经营必需的土地、厂房需评估作价进入上市主体。

2. 财务重组

拟上市企业历史账务不规范的需要合规剥离；根据《企业会计准则》和审计机构的意见对拟上市企业账务和报表进行调整；梳理拟上市企业及关联方历史财务报告或模拟财务数据，根据《企业会计准则》及审计机构的建议设立新的账务系统等。

3. 业务重组

根据企业上市规范治理的要求，清晰地梳理公司的产品线和业务线，梳理和调整公司业务体系和业务流程，按照上市公司口径整理业务发展数据；根据业务发展计划、资本市场要求的投资回报率确定投资计划和募投项目。

4. 机构重组

根据业务重组结果，按照上市公司治理准则调整、更新拟上市公司的机构设置。

5. 人员重组

根据拟上市公司治理架构和机构设置，配置合适的董监高及核心技术人员，设置股权激励平台，制定股权激励计划，建立新的激励机制和人力资源体系，新的薪酬制度，规范劳动用工，合法配置聘用制员工、劳务派遣和劳务人员，期权计划。

上述资产、财务、业务、机构、人员的重组，目的是达到上市公司治理准则要求的规范治理标准，最终设立一家符合公众公司治理水平的拟上市公司（如表 16-1 所示）。

表 16-1　拟上市公司需要关注的板块

板块	业务改组	规范治理	同业竞争	关联交易
具体内容	拟发行上市的公司原则上应采取整体改制方式，即剥离非经营性资产后，企业经营性资产整体进入股份有限公司，企业不应将整体业务的一个环节或一个部分组建为拟发行上市公司。 改制后的公司主业应突出，具有独立完整的生产经营系统	公司的发起人应符合法律、法规规定的条件，发起人投入拟发行上市公司的业务和资产应独立完整。 公司应在改制重组和持续经营过程中，确保公司按照《上市公司治理准则》的要求，做到业务、资产、人员、机构、财务的独立	公司在改组时，应避免其主要业务与实际控制人及其控制的法人从事相同相似业务的情况，避免同业竞争。 存在同业竞争的，公司应从业务的性质、业务的客户对象、产品或劳务的可替代性、市场差别等方面判断，并进行合适的处理	存在数量较大的关联交易，应制定有针对性地减少关联交易的实施方案。 无法避免的关联交易应遵循市场公开、公正、公平的原则，关联交易的价格或收费，原则上应不偏离市场独立第三方的标准

第三节 企业上市改制之同业竞争解决方案

表 16-2 企业上市改制之同业竞争解决方案

序号	关联方	股权结构	待公司确认是否有实际经营	问题及解决方案等
1	A有限公司	发行人控股股东控股企业	收购	1. 待解决事项 目前完成不动产登记、土地厂房注入事项。 2. 方案 ①按照公允价格将_股权增资至发行人（换股）； ②经审计、评估后按照公允价格公司收购全部股权（现金收购）
2	B有限公司	发行人控股股东控股公司	未经营	1. 现状 ①截至_，公司对大股东形成债务_元； ②需要解释债务形成的原因、合理性。 2. 方案 （1）公开征集受让方 在某产权交易中心挂牌公开征集受让方（股权、债权打包一起出售）； 出售股权，对受让方的要求： ①与实际控制人、公司及控股股东及关联方董监高没有亲属关系； ②受让方有实力、有能力收购、收购符合商业逻辑； ③受让非实际控制人控制的公司等原职工或者现职工； ④转让价格公允、合理，可解释。 （2）股转股 ①需落实控股股东对公司债权的形成原因及性质、公司及股东是否认可该债权； ②控股股东是否有意愿将债权转为股权。 如主要股东认可控股股东对B有限公司目前的债权，在较少债务改变公司目前的债务结构的情况下，可由债权人向法院提请破产清算，公司进入破产清算程序后，同业竞争因公司破产清算停业而消除境，通过债转股可以改变公司目前的债务结构，在较少债务改变公司目前的债权，出售公司股权具有较大的执行空间。 （3）破产清算 如不能通过公开征集受让方或债转股解决同业竞争问题，可由债权人向法院提请破产清算，公司进入破产清算程序后，同业竞争因公司破产清算停业而消除

续表

序号	关联方	股权结构	待公司确认是否有实际经营	问题及解决方案等
3	C有限公司	发行人控股股东控股公司	实际从事原料药	1. 存在的问题 ①发行人主要产品与C有限公司主要产品同属于化学原料药，上下游产业链完整性； ②共同属于大的医药行业，上下游构成关联交易； ③同时构成关联交易； ④公司管理层的重合，董事长法定代表人为同一人。 2. 建议 ①同属于医药行业的上下游产业链，需要考虑发行审核关注的产业链完整性，以及发行人未来自由进入该行业及上下游是否会受限。 ②不仅考虑当前在相同和相似行业、上下游是否存在同业竞争，还应考虑未来是否可能存在这些领域构成同业竞争。 ③C有限公司与发行人均属于医药制造业，为同一行业。 a. 同业不竞争不能成为构成同业竞争的理由，相同、相似业务，存在（潜在）商业机会的竞争。 b. 简单的地域、档次区分不认可；共用采购销售渠道，不允许。 c. 同业竞争不接受划分细分市场，细分领域。与其他重要股东从事相同业务，存在同业竞争。 综上所述：基于发行人收购××公司后形成关联交易，且原料药和制药链打通，解释不存在同业竞争没有基础。 3. 方案 （1）换股 各方股东根据最后一轮私募价格及摘牌前的市场价格并根据审计评估后的公允价格制定换股方案。 （2）收购控股股东持有的股权 保留其他少数股东，可行性较小

续表

序号	关联方	股权结构	待公司确认是否有实际经营	问题及解决方案等
4	D有限公司；E有限公司	发行人控股股东实际控制的公司	医药流通领域	1. 待解决事项 ①核查两家公司主要资产情况及医药生产资质； ②会计师给出是否具备合并表的财务基础。 2. 方案 ①修改经营范围，公司名字，处理现有的医药业务，不再从事有同业竞争的业务； ②清算注销； ③经审计、评估后按照公允价格收购全部股权（现金收购）； ④按照公允价格相关股权增资至发行人（换股）
5	F有限公司	发行人控股股东实际控制的公司	新产品开发，规模小	方案 ①修改经营范围，公司名字，处理现有的医药业务，不再从事有同业竞争的业务； ②清算注销； ③经审计、评估后按照公允价格收购全部股权（现金收购），可以只考虑收购实际控制人控制的股权； ④按照公允价格相关股权增资至发行人（换股），可以考虑只置换实际控制人控制的股权
6	G有限公司	发行人控股股东实际控制的公司	实际经营中	控股股东将土地厂房增资至公司后与发行人合并

177

续表

序号	关联方	股权结构	待公司确认是否有实际经营	问题及解决方案等
7	H 有限公司	发行人控股股东实际控制的公司	实际经营中	1. 待解决事项 ①需要 H 有限公司确认目前公司经营的现状及未来的发展规划； ②实地核实 H 有限公司目前生产经营情况以及租赁大股东场地情况。 2. 方案 如公司尚未经营，发行人按照注册资本受让控股股东持有公司 1% 的股权；如有经营，按照审计的情况参照净资产的价格转让给发行人
8	I 有限公司	发行人控股股东参股企业	实际经营中	1. 存在的问题 ①发行人制药与发行人药业由于历史原因使用相同的商号，消费者难以分清两者之间的关系，发行人制药无法控制发行人药业在经营过程中可能出现的违法、违规或者产品质量问题对发行人制药造成的负面影响。 ②发行人制药持有发行人药业 5% 以上的股权，系重要股东，需要关注发行人制药是否对该公司经营决策有重大影响，是否构成同业竞争。 2. 解决方案 ①探讨是否存在收购的可能性，控股或者全资持有发行人药业； ②发行人制药将持有发行人药业 5% 以上的股权转让给无关联第三方（有实力、有能力、合理），待上市后寻找机会，在适当的时机收购发行人药业

第四节　企业上市改制之资产整合及同一控制下企业合并方案

为尽快推动发行人上市工作，目前仍计划以＿＿年9月30日作为申报基准日，力争在＿＿年12月31日前完成申报工作。

要求如下。

①＿＿年8月31日前，完成上市主体的搭建，包括股东及股权的梳理、清理，A公司股权变更至发行人名下（取得变更后营业执照）。

②在向证监局申报辅导前，相关主体（发行人及其控股子公司）单体最近三年财务数据经会计师核验，并编制出最近三年合并口径报表（可以不出具审计报告，报表由发行人相关人员签字并加盖公章，与最终申报报表相比不能有重大以及实质性的差异）。

③＿＿年9月30日前，控股股东完成对发行人增资，并取得变更后的营业执照（发行人如希望安排股权激励，也需要在＿＿年9月30日前完成）。

④其他需要较长时间才能整理完毕的土地资产，在后期通过现金方式购入，确保基准日后发行人的股东人数、股权结构不发生重大变化。

相关事项及时间表分述如下。

（一）同一控制下企业合并

＿＿＿＿＿＿＿年8月31日前完成，涉及地块：＿＿＿＿＿＿＿＿。

1.控股股东与发行人关联方签署一揽子协议

这一部分包括：①发行人关联方向发行人控股股东出售所有账面房产；②控股股东以该房产以及其所占用土地向发行人关联方增资。

注意事项如下。

①拟用于增资的土地，应当已经办理解抵押完毕。

股东或者发起人可以用货币出资，也可以用实物、知识产权、土地使用权等可以用货币估价并可以依法转让的非货币财产作价出资。

股东或者发起人不得以劳务、信用、自然人姓名、商誉、特许经营权或者设定担保的财产等作价出资。

②鉴于评估师不能对边界不明、没有权属证书的土地资产进行评估，建议前述占用土地不作切分，以免耽误进度。

③向会计师出具专项说明，说明相关土地、房产权属虽然不在发行人名下，但会如约变更，以配合审计。

④发行人关联方企业整体价值建议按照"审定净资产＋拟置入土地市价"方式确定。

2. 发行人关联方以现金方式向发行人控股股东购买增资到位后发行人关联方全部股权

操作结果：

发行人关联方对发行人控股股东形成账面应收＿＿元；

发行人对发行人控股股东形成账面应付，备抵下文"发行人控股股东以土地等资产对发行人增资"房产交易，针对集团的应收款。

（二）发行人控股股东以土地等资产对发行人增资

＿＿＿年9月30日前完成，涉及地块：＿＿＿。

可能以增资方式进入的地块：＿＿及＿＿一部分。如不能如期办理完毕，建议以现金方式购入。

这一部分包括如下事项。

①发行人向发行人控股股东出售所有账面房产（约＿＿元）。

②发行人控股股东以相关土地房产向发行人办理实物增资：拟增资土地解抵押完毕；拟切分土地，切分整合完毕，办理新的权属登记证书；相关土地办理评估完毕。

③发行人在＿＿年9月30日前取得变更后的营业执照。

附：整合方案时间表（示例）

一、整体时间表（如表16-3所示）

表16-3　整体时间表

时间	事项	责任人
8月4日前	各方尽快讨论落实整合方案及时间表 发行人并与各股东讨论确认方案	集团、发行人 券商、律师 会计师、评估师
	集团、发行人与各中介机构讨论确定服务协议核心条款，并尽快安排签署	集团、发行人
8月7日前	发行人控股股东、发行人关联方（发行人）等签署一揽子交易及增资协议 董事会、股东会流程	集团、发行人 券商、律师
	发行人关联方将账面房产出售给集团，并开具发票	集团
8月8日	会计师出具发行人关联方__年6月30日时点审计报告	集团 券商、会计师
8月9日	评估师出具发行人关联方房产及占用土地的资产评估报告（增资用） 评估师出具发行人关联方整体价值评估报告（股权转让用）	集团、发行人 评估师 券商、律师
8月10日前	发行人完成在建工程梳理（会计师核验） 确定拟转让房产范围及账面价值	发行人 会计师
8月14日	发行人控股股东董事会决议 以土地房产增资发行人关联方（仅集团） 转让发行人关联方股权（增资完成后数额） 购买发行人出售的房产 发行人董事会决议 向发行人控股股东出售房产 购买发行人关联方增资完成后前部股权	集团、发行人 律师、券商
8月28日	土地解抵押完毕	集团

续表

时间	事项	责任人
8月29日	发行人控股股东召开股东会，作出股东会决议 实物增资发行人关联方（仅集团） 转让发行人关联方全部股权 决议购买发行人拟出售房产 发行人股东会决议： 购买发行人关联方全部股权 出售账面房产	集团、发行人 律师
8月31日	发行人关联方取得股东变更后工商营业执照	集团
9月1日	发行人资产出售给集团，开具发票	发行人
9月6日前	相关土地解抵押完毕 土地如需切分整合的，权证办理到位 与发行人其他股东确认资产价格、本次增资价格	集团
9月6日	发行人控股股东 评估师出具土地房产评估报告 发出董事会通知	评估师 集团
9月10日前	拟增资进入发行人的土地解抵押完毕	集团、发行人
9月11日	发行人控股股东召开董事会，作出董事会决议 以实物方式向发行人增资 股东会通知	集团
9月25日前	发行人控股股东股东会决议 以实物增资发行人	集团
9月30日前	发行人取得增资完成后营业执照	发行人

二、分项时间表

（一）同一控制下企业合并

尽快办理土地解押，相关土地不作重新切分（如表16-4所示）。

表 16-4 同一控制下企业合并时间表

时间	发行人关联方	发行人控股股东/投资	发行人
	尽快签署一揽子协议（流程"倒签"）		
8月7日前	资产出售给集团开具发票		
8月8日	出具审计报告 尽快完成三年审计报告		
8月9日		出具土地房产合一评估报告（增资） 出具企业价值评估报告（股权转让）	出具企业价值评估报告 董事会会议通知
8月14号		董事会决议 土地房产增资 出售发行人关联方股权	董事会决议 购买发行人关联方股权
8月28日		土地解抵押完毕	
8月29日		股东会决议 实物增资 股权出售	股东会决议购买
8月31日前	取得变更后营业执照		

（二）发行人控股股东以土地房产向发行人增资（如表16-5所示）

表 16-5 发行人控股股东以土地房产向发行人增资时间表

时间	发行人控股股东	发行人
8月10日前		在建工程梳理完毕（会计师核验） 确定拟转让房产范围及账面价值
8月14日	董事会决议购买房产	董事会决议出售房产

续表

时间	发行人控股股东	发行人
8月29日	股东会决议购买房产	股东会决议出售房产
9月1日		资产出售给集团，开具发票
9月6日前	相关土地解抵押完毕 土地如需切分整合的，权证办理到位 与发行人其他股东确认资产价格、本次增资价格	
9月6日	出具土地房产评估报告 发出董事会通知	
9月11日	董事会决议 以实物增资发行人	
9月25日前	股东会决议 以实物增资发行人	
9月30日前		取得变更后营业执照

第五节　公司股份改制工作操作细则

表16-6　公司股份改制工作操作细则

时间点	操作细则
__年__月__日	由全体发起人指定的代表或共同委托的代理人向工商信息登记机关申请名称预先核准。 （名称确定后即可申请，6个月的有效期）

续表

时间点	操作细则
__年__月__日（时间可以根据具体情况确定，但是一般出具审计报告都要董事会决议，因此有限公司董事会决议一般不晚于审计报告出具日）（可以是审计评估出具日期的当日）	有限公司董事会决议。 ①同意公司类型由有限公司依法整体变更为股份公司（非上市公司）。 ②同意公司名称由____有限公司变更为____股份有限公司。 ③审议通过公司审计报告和评估报告。 ④公司整体变更发起设立股份公司的具体方案。 ⑤同意有限责任公司的债权债务及其他权利和义务由依法定程序变更后的股份公司依法承继。 ⑥同意公司变更为股份公司后的经营期限变更为长期。 ⑦全权委托董事会依法办理公司整体变更发起设立股份公司的相关事宜。 ⑧同意公司董事会、监事及总经理等高级管理人员应履行职责至股份有限公司创立大会暨第一次临时股东会召开之日，转由股份有限公司新组成的股东会、董事会、监事会（监事或者董事会设审计委员会）及总经理、董事会秘书、财务总监等高级管理人员按照《公司法》等法律法规及公司章程的规定履行相关职责。 ⑨提议召开临时股东会会议。当日执行董事发出关于召开临时股东会的通知（一般提前15天发出临时股东会通知，如果时间来不及，有限公司阶段可由全体股东一致同意随时召开临时股东会）
__年__月__日（可以是有限公司董事会决议的当日）	签署发起人协议
__年__月__日（指审计报告日）	会计师出具改制审计报告。 ①会计师出具改制基准日的《审计报告》，确认____有限公司于基准日（__年__月__日）的账面净资产值。 ……
__年__月__日（指评估报告日）	评估师出具改制评估报告： ①资产评估公司出具改制基准日的《资产评估报告书》，确认____有限公司于基准日（__年__月__日）的净资产评估值。 ……
__年__月__日	有限公司召开临时股东会。 ①同意公司类型由有限公司依法整体变更为股份公司（非上市公司）。 ②同意公司名称由____有限公司变更为____股份有限公司。 ③审议通过公司审计报告和评估报告。 ④公司整体变更发起设立股份公司的具体方案。 ⑤同意有限责任公司的债权债务及其他权利和义务由依法定程序变更后的股份公司依法承继。 ⑥同意公司变更为股份公司后的经营期限变更为长期。

续表

时间点	操作细则
__年__月__日	⑦全权委托董事会依法办理公司整体变更发起设立股份公司的相关事宜。 ⑧同意公司董事会、监事应履行职责至股份有限公司创立大会暨第一次临时股东会召开之日，转由股份有限公司新组成的股东会、董事会、监事会（监事或者董事会设审计委员会）按照《公司法》等法律法规及公司章程的规定履行相关职责
__年__月__日（一般与有限公司临时股东会同日）	发出召开创立大会的通知（提前15天）
__年__月__日	市场监督管理局通过股份公司名称预核准。 ①市场监督管理局颁发企业名称变更核准通知书，核准股份公司的名称。 ……
__年__月__日	召开股份公司创立大会暨第一次临时股东会。 ①审议关于_____股份有限公司筹办情况的报告。 ②审议关于_____股份有限公司设立费用的报告。 ③关于_____股份有限公司章程的议案。 ④关于组建_____股份有限公司董事会即成立第一届董事会的议案。 ⑤关于选举_____为_____股份有限公司第一届董事会董事的议案。 ⑥关于选举_____为_____股份有限公司第一届董事会董事的议案。 ⑦关于选举_____为_____股份有限公司第一届董事会董事的议案。 ⑧关于选举_____为_____股份有限公司第一届董事会董事的议案。 ⑨关于选举_____为_____股份有限公司第一届董事会独立董事的议案。 ⑩关于选举_____为_____股份有限公司第一届董事会独立董事的议案。 ⑪关于选举_____为_____股份有限公司第一届董事会独立董事的议案。 ⑫关于组建_____股份有限公司监事会（监事或者董事会设审计委员会）即成立股份公司第一届监事会（监事或者董事会设审计委员会）的议案。 ⑬关于选举_____为_____股份有限公司第一届监事会（监事或者董事会设审计委员会）非职工监事的议案。

续表

时间点	操作细则
__年__月__日	⑭ 关于选举_____为_____股份有限公司第一届监事会（监事或者董事会设审计委员会）非职工监事的议案。 ⑮ 关于_____股份有限公司股东会议事规则的议案。 ⑯ 关于_____股份有限公司董事会议事规则的议案。 ⑰ 关于_____股份有限公司监事会（监事或者董事会设审计委员会）议事规则的议案。 ⑱ 关于_____股份有限公司独立董事制度的议案。 ⑲ 关于_____股份有限公司对外投资管理制度的议案。 ⑳ 关于_____股份有限公司关联交易决策制度的议案。 ㉑ 关于_____股份有限公司对外担保管理制度的议案。 ㉒ 关于发起人用于抵作股款财产作价情况的报告。 ㉓ 关于聘请_____为_____股份有限公司___年度外部审计机构的议案。 ㉔ 关于授权董事会办理_____股份有限公司设立及注册登记等相关事宜的议案。 股份公司董事会人数为5至19人（一般为奇数），其中独立董事人数不低于董事会总人数的三分之一。 股份公司监事会（监事或者董事会设审计委员会）人数不得少于3人（一般为奇数），其中职工代表监事不低于监事会（监事或者董事会设审计委员会）总人数的三分之一，董事和高级管理人员不得兼任监事，董事和高级管理人员的关联方、财务人员不建议兼任监事
__年__月__日	制作_____股份有限公司股东名册
__年__月__日 （一般与股份公司创立大会同日）	召开股份公司第一届董事会第一次会议。 ① 关于选举_____为公司第一届董事会董事长的议案。 ② 关于选举_____为公司第一届董事会副董事长的议案（如需）。 ③ 关于聘任_____为公司总经理的议案。 ④ 关于聘任_____为公司副总经理的议案（如需）。 ⑤ 关于聘任_____为公司财务总监的议案。 ⑥ 关于聘任_____为公司董事会秘书的议案。 ⑦ 关于_____股份有限公司总经理工作制度的议案。 ⑧ 关于_____股份有限公司董事会秘书工作规则的议案。 ⑨ 关于_____股份有限公司董事会审计委员会实施细则的议案。 ⑩ 关于_____股份有限公司董事会提名委员会实施细则的议案。 ⑪ 关于_____股份有限公司董事会薪酬与考核委员会实施细则的议案。

续表

时间点	操作细则
__年__月__日 （一般与股份公司创立大会同日）	⑫ 关于_____股份有限公司董事会战略委员会实施细则的议案。 ⑬ 关于_____股份有限公司设立董事会审计委员会并选举_____、_____、_____为董事会审计委员会成员的议案。 ⑭ 关于_____股份有限公司设立董事会提名委员会并选举_____、_____、_____为董事会审计委员会成员的议案。 ⑮ 关于_____股份有限公司设立董事会薪酬与考核委员会并选举_____、_____、_____为董事会审计委员会成员的议案。 ⑯ 关于_____股份有限公司设立董事会战略委员会并选举_____、_____、_____为董事会审计委员会成员的议案。 ⑰ 关于设立_____股份有限公司内部审计部的议案。 ⑱ 关于_____股份有限公司内部审计制度的议案。 ⑲ 关于_____股份有限公司内部控制制度的议案。 ⑳ 关于_____股份有限公司财务管理制度的议案。 ㉑ 关于_____股份有限公司控股子公司管理办法的议案（如有控股子公司）。 ㉒ 关于《防范控股股东及关联方占用公司资金管理制度》的议案（如涉及控股股东及其关联方占用资金）。 股份公司可以依据实际情况增设副董事长或高级管理人员的职位。 董事会专门委员会人数应为3名以上董事，其中独立董事应占半数以上，审计委员会至少有1名独立董事是会计专业人士
__年__月__日 （一般与股份公司创立大会同日）	召开股份公司第一届监事会（监事或者董事会设审计委员会）第一次会议。 ① 会议选举_____为_____股份有限公司第一届监事会（监事或者董事会设审计委员会）主席。 ……
__年__月__日 （一般与股份公司创立大会同日）	召开股份公司第一次职工代表大会。 ① 会议选举_____为_____股份有限公司职工代表监事。 ……
__年__月__日	股份公司为外商投资企业的，取得外经贸委/商委关于变更为股份公司的批复文件，涉及其他前置审批手续的，办理其他前置审批手续
__年__月__日	会计师出具改制验资报告。 ① 会计师出具改制《验资报告》，确认_____股份有限公司的注册资本已缴足。 ……

续表

时间点	操作细则
__年__月__日	申请办理档案迁移（迁入市局）
__年__月__日	公司向所属市场监督管理局递交申请变更登记资料。 ①申请公司变更为股份有限公司，同时申请变更公司名称、出资方式、经营期限、经营范围等。 ……
__年__月__日	市场监督管理局核发营业执照。 ①市场监督管理局核发股份公司的营业执照。 ……
__年__月__日 （市场监督管理局核发股份公司企业法人营业执照后）	权属类资产的更名申请。 ①股份公司资质、证照主体变更。 ②股份公司公章、印鉴并更。 ③股份公司税务、信用信息、基本账户、其他银行账户的变更。 ④商标、软件著作权及专利等无形资产的主体变更。 ⑤其他权属类资产的主体变更。 ⑥通知客户、供应商合同主体、发票等变更事项

第六节　企业改制以未分配利润、盈余公积、资本公积转增股本是否应当缴纳个人所得税问题

一、盈余公积

企业从净利润中提取的盈余公积，可以分为法定盈余公积和任意盈余公积。

公司分配当年税后利润时，应当提取利润的 10% 列入公司法定公积金。公司法定公积金累计额为公司注册资本的 50% 以上的，可以不再提取。公司从税后利润中提取法定公积金后，经股东会决议，还可以从税后利润中提取任意公积金。

二、资本公积

《公司法》第一百六十七条规定，公司以超过股票票面金额的发行价格发行股份所得的溢价款发行无面额股所得股款未计入注册资本的金额以及国务院财政部门规定列入资本公积金的其他收入应当列为公司资本公积金。

三、相关法规规定

1.《财政部 国家税务总局关于将国家自主创新示范区有关税收试点政策推广到全国范围实施的通知》的规定

全国范围内的中小高新技术企业以未分配利润、盈余公积、资本公积向个人股东转增股本时，个人股东一次缴纳个人所得税确有困难的，可根据实际情况自行制定分期缴税计划，在不超过5个公历年度内（含）分期缴纳，并将有关资料报主管税务机关备案。

2.《国家税务总局关于股权奖励和转增股本个人所得税征管问题的公告》的规定

①非上市及未在全国股转系统挂牌的中小高新技术企业以未分配利润、盈余公积、资本公积向个人股东转增股本，并符合财税〔2015〕116号文件有关规定的，纳税人可分期缴纳个人所得税；非上市及未在全国股转系统挂牌的其他企业转增股本，应及时代扣代缴个人所得税。

②上市公司或在全国股转系统挂牌的企业转增股本（不含以股票发行溢价形成的资本公积转增股本），按现行有关股息红利差别化政策执行。

3.《财政部 国家税务总局关于合伙企业合伙人所得税问题的通知》的规定

①合伙企业以每一个合伙人为纳税义务人。合伙企业合伙人是自然人的，缴纳个人所得税。

②合伙企业生产经营所得和其他所得采取"先分后税"的原则。

4.《国家税务总局关于〈关于个人独资企业和合伙企业投资者征收个人所得税的规定〉执行口径的通知》的规定

个人独资企业和合伙企业对外投资分回的利息或者股息、红利，不并入企业的收入，而应单独作为投资者个人取得的利息、股利、红利所得，按"利息、股利、红利所得"应税项目计算缴纳个人所得税。

综合以上相关规定，企业在股份制改制过程中如属于高新技术企业的，自然人股东以未分配利润、盈余公积、资本公积转增股本的，一般可以通过申请在不超过5个公历年度内（含）分期缴纳个人所得税，非高新技术企业参照高新技术企业申请在不超过5个公历年度内（含）分期缴纳个人所得税的，根据有关部门的规定执行，未获得申请备案的，应当及时缴纳个人所得税。

私募股权投资基金以合伙企业投资入股企业的，在企业股份制改制中未分配利润、盈余公积、资本公积转增股本的，按照"先分后税"的原则待上市减持分配时缴纳个税。

第十七章
北交所上市之重大问题解决合规要点

第一节　劳务派遣、劳务分包、劳务外包业务模式合规问题

劳动力成本的上升推动了制造业企业的转型升级，制造业一方面通过人工智能、机器人升级生产生态，另一方面通过新的用工模式或者生产业务模式解决劳动力成本高的难题。

制造业企业在上市过程中，一般会通过劳务派遣、劳务分包、劳务外包的方式解决劳动力成本高的问题。

劳务派遣和劳务分包有明确的法律法规规范，易于区别。劳务外包实际上是一种生产或业务领域的劳务协作模式，实践中并没有非常明确的法规予以规范。《劳务派遣暂行规定》明确规定用人单位以承揽、外包等名义，按劳务派遣用工形式使用劳动者的，按照劳务派遣的相关规定处理。因此，拟上市制造企业需要根据公司实际经营情况、生产模式综合判断自身是否适合采用劳务外包方式。

一、劳务派遣、劳务分包、劳务外包业务模式的定义

（一）劳务派遣

劳务派遣是指由劳务派遣单位与用工单位签订劳务派遣协议，约定派遣岗位和人员数量、派遣期限、劳动报酬和社会保险费的数额与支付方式并在用工单位临时性、辅助性或者替代性的工作岗位上实施的补充用工形式。

实施劳务派遣用工需要满足以下条件。

1. 临时性、辅助性、替代性的工作岗位

①临时性工作岗位是指存续时间不超过 6 个月的岗位；

②辅助性工作岗位是指为主营业务岗位提供服务的非主营业务岗位；

③替代性工作岗位是指用工单位的劳动者因脱产学习、休假等原因无法工作的一定期间内，可以由其他劳动者替代工作的岗位。

2. 劳务派遣用工不得超过其用工总量的 10%

劳务派遣用工总量控制，涉及拟上市主体和下属子公司，并分别计算总量。

3. 用人单位以承揽、外包等名义，按劳务派遣用工形式使用劳动者的，按照劳务派遣的相关规定处理

实践中，制造业在辅助性岗位使用劳务派遣较多，认定辅助性岗位应根据《劳务派遣暂行规定》通过工会或者职工代表大会决议并公示。对于进行生产、销售和售后服务等直接面对产品、客户的岗位，原则上不应认定为辅助性岗位。一般情况下，公司的保安、保洁、司机、后勤管理、厨师、企业内勤人员可认定为辅助性工作岗位，对于为主营业务提供不可或缺的财务、行政、人力资源的基层岗位，以及在生产岗位中为主要生产工序提供辅助作业的学徒、助理，亦可认定为辅助性岗位。

（二）劳务分包

劳务分包是指施工总承包企业或者专业承包企业将其承包工程中的劳务作业发包给劳务分包企业完成的活动。

依据《房屋建筑和市政基础设施工程施工分包管理办法》（2019 年）和《建筑业企业资质标准》，建筑业企业资质分为施工总承包、专业承包和施工劳务三个序列。目前各省市主管部门已陆续取消施工劳务企业资质要求，原先的审批制改为备案制。劳务作业企业在本省行政区域内从事建筑劳务作业的企业不再需要提供施工劳务资质；但劳务作业企业出省承接业务，项目所在地建设主管部门需要提供资质的，本省主管部门经核实后予以按原规定的程序和条件办理施工劳务资质。

（三）劳务外包

劳务外包一般认为是企业（发包方）将部分业务或辅助性工作委托给本企业之外的专业机构或其他经济组织（承包方），由承包方自行安排劳动者按照发包方的要求完成业务或工作的业务模式。

二、劳务派遣、劳务外包、劳务分包业务模式的判定

(一) 劳务派遣与劳务外包的区别（如表 17-1 所示）

表 17-1　劳务派遣与劳务外包的区别

序号	区别	劳务派遣	劳务外包
1	法律适用不同	劳务派遣属于《劳动法》意义上的概念，对应概念是"直接用工"，适用《劳动合同法》	劳务外包是一种业务经营模式，对应概念是"直接经营"，属民事法律关系，受《合同法》等调整
2	合同性质不同	劳务派遣签订劳务派遣合同	劳务外包合同的主要形式为生产外包、业务外包、岗位外包、业务流程外包协议等
3	对劳动者的指挥管理权限不同	劳务派遣情况下，用工单位对劳动者的劳动过程享有完整的指挥管理权，用工单位的各种规章制度适用于被派遣的劳动者	劳务外包中，指挥管理权由承包单位行使；发包人不直接对其进行管理，发包人的各种规章制度也并不适用于从事外包劳务的劳动者。但发包单位基于安全、消防、质量等因素，可对劳动者行使一定的间接管理权
4	劳动风险的承担不同	劳务派遣中的核心要素是劳动过程，劳务派遣单位对被派遣劳动者的工作结果不负责任，劳动结果风险由用工单位承担	业务外包中的核心要素是工作成果，发包人关注的是承包人交付的工作成果，承包人只有在工作成果符合约定时才能获得相应的外包费用，从事外包业务的劳动者的劳动风险与发包人无关
5	用工风险的承担不同	劳务派遣作为一种劳动用工方式，用工单位系劳务派遣三方法律关系中的一方主体，需承担一定的用工风险	业务外包中，承包人招用劳动者的用工风险与发包人无关，发包人与承包人自行承担各自的用工风险，各自的用工风险完全隔离
6	经营资质要求不同	劳务派遣单位必须是严格按照《劳动合同法》规定设立的、获得劳务派遣行政许可的法人实体	业务外包中的承包人一般没有特别的经营资质要求
7	会计处理不同	在劳务派遣中，劳务派遣人员工资总额纳入用工单位工资总额的统计范围	在业务外包活动中，承包人在发包人支付的外包费用中向从事业务外包工作的劳动者支付劳动报酬，业务外包费用不纳入发包人的工资总额

（二）劳务分包与劳务外包的区别

劳务分包适用于建筑领域的专项规定，属于法律特别规定。除了建筑领域，劳务外包适用一切具备劳务外包业务模式的企业。

三、企业上市发行审核有关劳务派遣、劳务外包、劳务分包的案例

【案例一】BH 公司

BH 公司成立于 2013 年，是国内背光显示模组一站式综合方案提供商，集光学设计、导光板设计、精密模具设计、整体结构设计和产品智能制造于一体。主要产品包括背光显示模组、导光板、精密结构件、光学材料等相关零部件，广泛应用于笔记本电脑、平板电脑、桌面显示器、车载屏幕、手机、医疗显示器及工控显示器等终端产品。2022 年 3 月，BH 公司转板上市申请获通过，曾因以下问题被问询：

① 2019 年改变用工模式，大量劳务外包的原因及合理性；

②劳务外包的提供方，与发行人股东、董监高及客户是否存在关联关系、亲属关系，外包方是否具备相关资质，外包协议内容、合作模式、结算方式、金额，是否合法合规；

③劳务外包与劳务派遣、委托加工是否存在实质性区别，发行人是否为劳务外包公司业务人员提供了必要的工作和生活保障。

以下为回复内容。

1. 改变用工模式，大量劳务外包的原因及合理性

发行人生产辅助工序多、用工数量大。发行人工厂生产的主要工序为前加工、组装、检查、包膜、扫码、打包；模具开发、修模调机、上料、成型、保压、冷却、开模、削毛刺、检验、入库等。其中大部分为辅助工序，例如上下料、物料周转、贴附、开模、削毛刺、检验、包装、入库等。辅助工序对个人技能要求不高，只需简单培训即可操作，但无法完全用机器取代，因而用工量较大。

辅助工序人员招聘和管理难度大。辅助工序相对单调，且为重复性劳动，人员流动性高，对相关人员进行管理难度大。劳务外包公司能提供充足的劳动力，满足发行人用工需要，降低发行人对辅助工序用工招聘和管理的难度。

劳务外包能灵活满足发行人用工需求。下游液晶显示屏生产企业的业务受节假日、促销季等影响，对发行人的产能需求并不均衡，导致发行人在部分时段用工需求量突增，用工荒时有发生。劳务外包能灵活满足发行人在不同用工时段对

辅助工序人员的需求。

劳务外包公司拥有专业的劳务管理能力、通畅的劳动力供应渠道和充足的劳动力供应能力，能够有效保障发行人的辅助工序外包需要，并将发行人从招工、用工管理等大量基础工作中解放出来，有利于发行人将管理资源分配到核心工序管理和专项技术突破，以更好地组织、优化生产，提高生产效能。

降低劳务派遣比例，保证劳动用工合规性。根据发行人律师的核查，报告期内，发行人及其控股子公司存在劳务派遣用工比例超10%的情形。2017年、2018年劳务派遣人员占总用工人数的比例分别为36.03%、31.19%。通过劳动用工模式的转变，发行人对劳务派遣用工超比例问题进行了规范，并于2019年6月30日终止了所有劳务派遣用工形式。

综上所述，发行人律师认为，发行人改变用工模式、采用劳务外包具有合理性。

2. 劳务外包的提供方、与发行人股东、董监高及客户是否存在关联关系、亲属关系，外包方是否具备相关资质，外包协议内容、合作模式、结算方式、金额，是否合法合规

报告期内，发行人劳务外包的提供方为 JS 公司和 LJ 公司，基本情况如下。

（1）劳务外包提供方基本信息

根据发行人律师对 JS 公司及 LJ 公司有关负责人进行的访谈、两家公司出具的书面确认文件、发行人股东提供的调查表并经承办律师核查，两家公司与发行人股东、董监高及客户不存在关联关系或亲属关系。

综上所述，劳务外包的提供方与发行人股东、董监高级及客户均不存在关联关系或亲属关系。

（2）劳务外包提供方资质情况

根据发行人律师对外包提供方有关负责人进行的访谈并经承办律师核查，劳务外包提供方 JS 公司、LJ 公司系依法设立并经合法登记，工商登记经营范围包括劳务管理、劳务服务等，依现行法律从事劳务外包服务暂无须取得相关行政许可。两家公司具备从事劳务外包业务相关资质。

（3）劳务外包协议内容、合作模式、结算方式、金额，是否合法合规

根据发行人律师对劳务外包公司有关负责人进行的访谈以及发行人出具的说明，外包协议内容主要约定合作内容、双方的权利义务、外包服务费及支付结算方式、用工风险安排等。

合作模式主要为发行人及子公司将上下料、物料周转、贴附、开模、削毛刺、检验、包装、入库等辅助工序外包给劳务外包公司，劳务外包公司根据劳务

外包协议约定独立组织具有相应技术资格的人员提供外包服务，发行人支付外包服务费。

结算方式为发行人每月根据劳务外包公司每月实际完成工作量进行核算并支付相应的外包服务费。付款日期为每月 20 日之前，每月服务费用数额明细以劳务外包公司制定并经发行人确认后的结算单为准，结算单于每月 10 日之前由劳务外包公司发送至发行人。

报告期内，发行人及子公司劳务外包金额如表 17-2 所示。

表 17-2　报告期内发行人及子公司劳务外包金额

单位：万元

公司名称	2019 年度	2018 年度	2017 年度
北京 GD	1,809.71	—	—
合肥 FY	2,570.32	—	—
合肥 HRC	309.09	—	—
合肥 TT	546.38	—	—
合肥 XSL	51.59	—	—
合计	5,287.10	—	—

根据国家税务总局合肥经济技术开发区税务局、合肥经济技术开发区人事劳动局出具的证明文件及 JS 公司出具的书面说明，JS 公司最近两年内不存在税务违法违规行为，亦未受到劳动监察方面行政处罚。根据国家税务总局芜湖市镜湖区税务局、镜湖区人力资源和社会保障局劳动保障监察大队出具的证明文件及 LJ 公司出具的说明，LJ 公司最近一年内不存在税务违法违规行为，亦未受到人社部门的行政处罚。

综上所述，鉴于相关劳务外包协议内容及其履行不存在违反法律法规的情况，发行人控股子公司上述接受劳务外包的行为合法合规。

3. 劳务外包与劳务派遣、委托加工是否存在实质性区别，发行人是否为劳务外包公司业务人员提供了必要的工作和生活保障

根据《劳务派遣暂行规定》等相关法律法规的规定，劳务外包与劳务派遣、委托加工在合同形式及主要条款等方面存在实质性区别（如表 17-3 所示）。

表 17-3　三种模式的区别

内容	劳务派遣	劳务外包	委托加工
合同形式及主要条款	劳务派遣公司与用工单位签订劳务派遣协议，约定派遣岗位和人数、派遣期限、劳动报酬、保险、劳务费结算、支付方式等	劳务外包单位与用工单位签订外包协议，合同一般主要约定外包服务内容、双方的权利义务、外包服务费及支付结算、用工风险安排等	委托方与受托方签订委托加工合同，合同一般约定委托加工内容、委托加工费及支付方式、交货标准及违约责任等
用工风险承担	用工单位承担实际的用工风险，用工单位给被派遣劳动者造成损害的，劳务派遣公司与用工单位承担连带赔偿责任	外包服务单位承担用工风险，发包方不对外包人员承担连带赔偿责任	由受托方承担用工风险
人员管理权限和责任	劳务派遣单位主要负责与派遣员工劳动人事关系、工资社保关系和劳动用工手续的建立，同时代收代付工资、社保、公积金等人力成本。劳务派遣人员的日常管理由用工单位负责，由用工单位负责告知劳务派遣人员本单位的规章制度、操作规程，接受用工单位的管理并遵守用工单位管理。劳务派遣单位不对被派遣人员进行管理和考核	外包单位通过其自身的内部规章制度对外包人员进行管理和考核，外包单位提供人员的招聘、劳动关系建立、培训、薪酬管理、绩效考核、社保缴纳等，在外包业务执行过程中，外包单位参与外包服务流程。发包方不直接管理外包人员，发包方的规章制度也不直接适用于外包人员	人员管理权限和责任由受托方拥有和承担
经营资质	劳务派遣单位必须获得《劳务派遣经营许可证》方可从事劳务派遣业务	外包单位一般没有特别的经营资质要求	无明确经营资质要求，只需对委托加工结果负责
薪酬标准	劳务派遣员工与用工单位的正式员工同工同酬，劳务派遣员工的具体工资由用工单位决定和承担。允许用工单位接受劳务派遣单位委托直接向派遣人员支付报酬	外包单位自行决定外包人员的工资标准并向外包人员支付报酬，与发包方无关	加工人员的薪酬标准由受托方决定，与委托方无关
服务费结算方式	由用工单位按劳务派遣人员的数量支付劳务派遣服务费	由发包方与外包单位按照以工作内容和工作结果为基础，并依据外包协议进行结算	由委托方支付委托加工费

综上所述，劳务外包与劳务派遣、委托加工在合同形式及主要条款、用工风险承担、人员管理权限和责任、经营资质、薪酬标准、服务费结算方式等方面存在实质性区别。

根据发行人的说明并经本所承办律师核查，报告期内，发行人虽然不负责劳务外包公司业务人员的薪酬、社保、公积金等事务，但为其提供了安全健康的工作环境和必要生活保障（包括但不限于餐饮、住宿、生日聚会抽奖等）。

综上所述，承办律师认为，发行人为劳务外包公司业务人员提供了必要的工作和生活保障。

【案例二】JX 公司

JX 公司创建于 2006 年 4 月，由蚌埠 RD 公司控股，公司主营业务为新型无毒 PVC 辅助热稳定剂二苯甲酰甲烷（DBM）和硬脂酰苯甲酰甲烷（SBM）等精细化工产品的生产和销售。该公司于 2020 年 7 月 27 日在北交所上市，曾因以下问题被问询。

①RD 物业向发行人提供劳务派遣服务期间持有劳务派遣相关资质情况，是否符合《中华人民共和国劳动法》（以下简称"《劳动法》"）和《劳动合同法》等法律法规的要求；

②报告期内发行人劳务派遣用工人数的变化情况，并说明人数变化的具体原因，是否存在从关联方处大幅减少劳务派遣用工的情形；

③劳务派遣服务价格的公允性，是否存在劳务派遣用工违法违规情形，终止劳务派遣是否存在争议或潜在纠纷。

以下为 JX 公司回复的内容。

1. 劳务派遣相关资质情况

RD 物业成立于 2001 年 7 月 5 日，统一社会信用代码为×××，注册资本为 200 万元，经营范围为劳务派遣（有效经营期至 2022 年 8 月 1 日止）；洗浴（限分支机构经营）；物业管理；家政服务；不动产租赁；房屋维修及防水工程施工；水电安装及维修。RD 物业目前持有蚌埠市人力资源和社会保障局核发的《劳务派遣经营许可证》，证书编号为×××，注册资本为 200 万元，许可经营事项为劳务派遣，证书有效期限为 2019 年 7 月 31 日至 2022 年 8 月 1 日。

因此，RD 物业向发行人提供劳务派遣期间持有劳务派遣的相关资质，且合法有效，符合《劳动法》《劳动合同法》和《劳务派遣暂行规定》的相关规定。

2. 报告期内劳务派遣用工人数的变化情况

发行人报告期内在 2017 年度、2018 年度均不存在劳务派遣用工情形。2019

年，发行人基于辅助性岗位人员流动性大等原因，开始在厨师、杂工、物业保洁和门卫等辅助性岗位采用劳务派遣用工，该年度内，发行人共使用劳务派遣用工6人，其中厨师1人、食堂杂工1人、物业保洁3人和门卫1人。报告期内，发行人不存在从关联方处大幅减少劳务派遣用工的情形。

3. 劳务派遣的合法合规性

（1）劳务派遣服务价格的公允性

发行人与RD物业之间的劳务派遣服务价格及其他劳务派遣单位服务价格标准情况如表17-4所示。

表17-4　劳务派遣服务市场价格情况

序号	劳务派遣单位名称	劳务派遣服务价格标准
1	RD物业	每月按实际发生劳务派遣费用总额的13%收取
2	JJ人力资源有限公司	每月按实际发生劳务派遣费用总额的12%收取
3	安徽灵活就业管理服务	每月按实际发生劳务派遣费用总额的13%收取

发行人与劳务派遣单位RD物业签订的《劳务派遣合同》约定的服务价格是参照市场价格协商确定的，与其他劳务派遣单位的服务价格标准基本相当，具备市场公允性。

（2）是否存在劳务派遣用工违法违规情形

针对发行人劳动用工合法合规事项，2020年2月25日，蚌埠市人力资源和社会保障局出具证明，确认JX公司自2017年1月1日以来严格遵守国家劳动用工和社会保障方面的法律、法规和规范性文件的要求，并已为员工依法缴纳社会保险费，不存在因违反劳动和社会保障方面法律、法规和规范性文件的要求而受到行政处罚的情形。发行人不存在劳务派遣用工违法违规情形。

（3）终止劳务派遣是否存在争议或潜在纠纷

发行人存在的劳务派遣用工符合《劳动法》《劳动合同法》和《劳务派遣暂行规定》，并且公司严格遵守劳务派遣协议的相关约定，依约及时足额支付相关费用，不存在违约情形，亦不存在损害被派遣劳动者合法权益的情形，劳务派遣协议未来终止时不会存在争议或潜在纠纷。

综上所述，发行人劳务派遣服务价格具备公允性，发行人不存在劳务派遣用工违法违规情形，终止劳务派遣不存在争议或潜在纠纷。

【案例三】RN节水公司

RN节水公司是一家专业从事节水灌溉产品研发、生产制造，灌溉工程设计、施工的综合性企业。公司主要生产产品包括节水灌溉用首部过滤系统、自动化施肥系统、节水滴灌管（带）、变频控制柜、喷灌设备、供水设备等的研发、制造、销售等。该公司于 2020 年 7 月 27 日在北交所上市，曾因以下问题被问询。

根据公开发行说明书，公司对节水灌溉工程服务的施工采取劳务分包的方式，择优选择劳务公司合作。

请发行人披露以下内容。

①公司主要合作的劳务公司的基本情况、合作内容、金额、占营业收入比例，劳务公司与发行人及其控股股东、实际控制人、主要股东、董事、监事、高级管理人员是否存在关联关系或其他利益关系，劳务公司及其业务人员是否依法取得劳务分包、施工等业务资质。

②劳务分包模式下公司工程服务的用工情况，公司对分包项目的管理模式、质量控制措施，发行人与劳务分包公司的责任分担原则及纠纷解决机制。

③劳务分包中是否存在重大违法违规行为，分包施工过程是否曾发生工程施工质量纠纷、安全事故或其他责任事故，工程施工质量纠纷（如有）、责任事故（如有）对公司生产经营的具体影响。

④报告期内公司是否存在向施工队、个人进行劳务分包的情形，是否存在劳务派遣、临时工、非全日制用工等其他用工形式；如有，请披露各类用工形式的金额、占比、项目管理模式、质量控制措施、施工质量纠纷（如有）、劳务纠纷（如有），说明采取相应用工方式的必要性、合法合规性及对生产经营的影响。

以下为发行人回复的内容。

1. 公司与劳务公司的合作情况

发行人律师会同保荐机构对发行人报告期内主要合作的劳务公司进行了走访，取得了发行人报告期内主要合作的劳务公司的营业执照、业务资质证书，并在国家企业信用信息公示系统和企查查、全国建筑市场监管公共服务平台等网站对主要合作的劳务公司的基本信息、业务资质进行查询核对；抽查了发行人与主要合作劳务公司签订的劳务分包合同及资金支付凭证，核对了控股股东、实际控制人、主要股东、董事、监事、高级管理人员填写的调查问卷，取得了部分劳务分包公司出具的书面说明。

报告期内，与发行人合作的劳务公司的基本情况如表 17-5 所示。

表 17-5 · 报告期内与发行人合作的劳务公司基本情况

公司名称	注册资本（万元）	股东姓名	主要人员	是否存在关联关系
唐山 CK 劳务服务有限公司	3,000	张某春、刘某萍	张某春（执行董事）；刘某萍（监事）	否
石家庄 HQ 建筑劳务有限公司	2,000	朱某英、秦某军	朱某英（执行董事、总经理）；秦某军（监事）	否
北京 XT 建筑劳务分包有限公司	2,000	刘某元、肖某	刘某元（执行董事、经理）；刘某（监事）	否
……	……	……	……	……

根据发行人律师对劳务公司的访谈及部分劳务公司出具的书面说明，并经发行人律师核查，发行人主要合作的劳务公司与发行人及其控股股东、实际控制人、主要股东、董事、监事、高级管理人员之间不存在关联关系或其他利益关系。

报告期内，与劳务公司合作的内容、金额等信息如表 17-6 所示。

（1）关于合作劳务公司的资质

根据《中华人民共和国建筑法》《房屋建筑和市政基础设施工程施工分包管理办法》（2019 年）和《住房城乡建设部关于修改〈建筑业企业资质管理规定〉等部门规章的决定》等法律法规的规定，建设工程劳务分包企业须取得相应的施工劳务资质，即建筑业企业资质证书。经核查，报告期内向发行人提供建筑施工劳务服务的劳务分包供应商中，2017 年供应商金昌市 CC 劳务服务有限公司及 2019 年供应商乌兰察布市 XA 劳务服务有限公司不具备提供建设工程劳务所应当具备的建筑业企业资质证书。发行人律师取得并核查了发行人与上述劳务分包供应商合作的工程项目中标文件、与总发包方签署的总包协议、项目结算单、收款凭证，发行人与合作劳务公司签署的劳务分包协议、结算单、付款凭证等资料，结果如下：

金昌市 CC 劳务服务有限公司参与的项目为金昌植物园节水灌溉维修项目，该项目总发包方为 JL 公司和 XD 农业科技有限公司、金昌市农艺研究院，总包金额为 47,633 元，发行人向金昌市 CC 劳务服务有限公司的劳务采购金额为 15,613.21 元。JL 公司和 XD 农业科技有限公司已向发行人支付全部工程款，且发行人亦向金昌市 CC 劳务服务有限公司支付了全部的劳务费，项目已执行完毕，不存在争议和纠纷。

表 17-6 合作内容、采购金额等信息汇总

供应商名称	合作内容	采购金额（元）	占劳务采购金额比例	占其营业收入比例	劳务公司是否具备相关资质	业务人员是否具备相关资质
2019 年度							
北京 XT 建筑劳务分包有限公司	建设工程施工，包括管材安装、土方工程、井房砌筑、管道铺设等	34,864,777.40	49.20%	7.96%	是	是
石家庄 HQ 建筑劳务有限公司	建设工程施工劳务	27,288,944.44	38.51%	6.23%	是	是
遵化市 YX 劳务服务有限公司	××县水系综合治理工程××村治理二期工程项目工程施工劳务	4,459,151.22	6.29%	—	是	未提供
……	……	……	……	……	……	……
合计	—	—	100.00%	—	—	—
2018 年度							
石家庄 HQ 建筑劳务有限公司	建设工程施工劳务	25,745,563.43	55.00%	6.06%	是	是
北京 XT 建筑劳务分包有限公司	建设工程施工，包括管材安装、土方工程、井房砌筑、管道铺设等	19,302,821.01	41.24%	4.54%	是	是

续表

供应商名称	合作内容	采购金额（元）	占劳务采购金额比例	占其营业收入比例	劳务公司是否具备相关资质	业务人员是否具备相关资质
遵化市 CJ 建筑劳务有限责任公司	土方开挖与回填，支模板、模板拆除，钢筋制作与安装，混凝土浇筑，抹灰，防水等	998,000.00	2.13%	—	是	未提供
……	……	……	……	……	……	……
合计	—	—	100.00%	—	—	—
2017 年度
石家庄 HQ 建筑劳务有限公司	建设工程施工劳务	30,952,782.60	62.16%	7.81%	是	是
北京 XT 建筑劳务分包有限公司	建设工程施工，包括管材安装、土方工程、井房砌筑、管道铺设等	12,928,199.00	25.96%	3.26%	是	是
唐山 CK 劳务服务有限公司	工地到货装卸，搬运，清理，回填，机械开沟后的管材焊接等	5,896,519.10	11.84%	1.49%	是	是
……	……	……	……	……	……	……
合计	—	—	100.00%	—	—	—

乌兰察布市 XA 劳务服务有限公司参与的项目为 2017 年集宁区马莲渠乡农业综合开发高标准农田建设项目，该项目总发包方为乌兰察布市集宁区农业综合开发办公室，发行人通过公开招投标方式中标该项目，中标金额为 14,065,695.00 元，该项目已通过验收，结算金额为 13,000,000.00 元，发行人向乌兰察布市 XA 劳务服务有限公司的劳务采购金额为 232,260.00 元。乌兰察布市集宁区农业综合开发办公室已向发行人支付全部工程款，且发行人已向乌兰察布市 XA 劳务服务有限公司支付了全部的劳务费，项目已执行完毕，不存在争议和纠纷。

除上述情况外，发行人报告期内合作的其他劳务分包公司均具备法律法规规定的提供相应劳务所需的资质。

（2）关于劳务公司相关业务人员的资质[①]

根据《建筑业企业资质标准》的相关规定，施工劳务企业取得相应的施工劳务资质，须满足持有岗位证书的施工现场管理人员不少于 5 名等条件。发行人律师核查了发行人报告期内主要合作的劳务公司北京 XT 建筑劳务分包有限公司、石家庄 HQ 建筑劳务有限公司、唐山 CK 劳务服务有限公司及长垣县 JK 劳务有限公司和金昌市 TH 劳务有限公司相关业务人员资质，上述劳务公司相关业务人员资质符合《建筑业企业资质标准》的有关规定。报告期内发行人向上述劳务公司采购金额合计占各期劳务采购金额的比例均在 90% 以上。

综上所述，报告期内，发行人与无资质的劳务公司合作内容较为简单，采购金额较小，且均为偶发的和临时性的合作，发行人长期合作的劳务公司均具备相应的建筑工程施工劳务资质。就劳务公司和施工团队的选用，发行人制定了准入和管理标准，由工程技术部负责执行和考核，劳务公司和相关人员的资质是发行人重点考查的因素。由于项目工期较紧，为满足总包方对施工进度的要求，发行人选择了当地无资质劳务公司，发行人后续未与相关劳务公司开展业务合作。发行人已出具书面承诺，今后将进一步加强对劳务公司和施工团队准入的管理和考核，杜绝与无资质劳务公司开展项目合作。

根据相关行政主管部门出具的证明文件，并经发行人律师核查，报告期内，发行人不存在因选用无资质劳务公司或因劳务公司相关业务人员不具备相应资质而与客户之间产生合同纠纷或受到行政处罚的情况，发行人与上述无资质劳务公司的合作不构成重大违法违规行为，亦不会对发行人生产经营产生重大不

[①] 住房和城乡建设部办公厅 2021 年发布《关于做好建筑业"证照分离"改革衔接有关工作的通知》，自 2021 年 7 月 1 日起，建筑业企业施工劳务资质由审批制改为备案制，由企业注册地设区市住房和城乡建设主管部门负责办理备案手续。

利影响。

2. 劳务分包模式下公司工程服务的用工情况，公司对分包项目的管理模式、质量控制措施，发行人与劳务分包公司的责任分担原则及纠纷解决机制

发行人律师核查了发行人与主要劳务分包公司签订的劳务分包协议、发行人工程项目相关的内控制度，会同保荐机构、审计机构对部分劳务分包公司进行了走访，对发行人工程技术部负责人进行了访谈并取得了发行人出具的书面说明，核查结果如下。

（1）劳务分包模式下公司工程服务的用工情况

报告期内，发行人工程服务用工主要采用劳务分包模式，该模式下，发行人工程技术部负责建设工程施工管理，劳务供应商负责组织具体施工人员进行跟班施工，发行人派驻项目负责人和技术人员负责施工现场管理。

根据发行人制定的《工程技术部管理规章制度》及对工程技术部负责人的访谈，发行人在每个项目施工现场均派驻一名项目经理作为施工现场第一负责人，全面负责项目进度、项目质量、项目技术安排以及与总包方的沟通等事宜。另外根据项目金额为每个项目配备 1~3 名技术人员，具体负责项目施工技术指导、库房管理等事宜，项目经理及技术人员均为具备相应业务、岗位资质的人员。除项目经理及技术人员外，根据项目需要及发行人工程技术部人员培养安排，发行人会在个别项目派驻 1~2 名辅助人员，协助项目经理、技术人员对施工现场进行管理。

发行人关于施工现场派驻人员的具体安排如下：项目金额在 150 万元以下的，配备项目经理 1 人，由附近项目或大区经理另行指定 1 人兼任库房管理员；项目金额在 150 万元以上 300 万元以下的，配备项目经理 1 人、技术人员 1 人；项目金额在 300 万元以上 500 万元以下的，配备项目经理 1 人、技术人员 2 人；项目金额超过 500 万元的，配备项目经理 1 人、技术人员 3 人；有特殊情况的根据项目具体情况确定。

发行人同时施工的项目数量一般为 40~60 个，受季节因素影响，存在一定波动。对于同一个地区的项目，为保证项目管理质量并提高人力资源利用效率，项目经理一般单独负责一个项目，现场技术人员通常同时负责 3~4 个项目。

项目施工现场中，除发行人派驻的项目经理、技术人员及其他辅助人员外，还有监理单位人员、业主方派驻人员以及具体施工人员。具体施工人员均由与发行人合作的劳务服务供应商负责组织，通过发行人考核后，在发行人管理和指挥下进行施工作业。

（2）公司对分包项目的管理模式、质量控制措施

1）管理模式

发行人主要从项目劳务分包公司的准入管理、劳务施工团队的选用与考核、施工的开展和过程管理、质量检验等方面对分包项目进行管理，具体如下。

①劳务分包公司的准入管理

发行人选择劳务公司主要有如下要求：a.依法设立，可以从事劳务分包业务；b.经济实力较强，公司治理规范；c.业绩好；d.有成熟的施工团队；e."五大员"（造价员、施工员、质检员、安全员、材料员）按法规配备齐全，不得随意更换主要岗位人员；f.历史评价良好，信誉良好（多方咨询查证）。

具体审批流程为：综合管理办公室首先筛选具有合规资质的劳务公司进行咨询交流，列示有合作意向的劳务公司清单提交财务部，财务部对其资质及业务关系进行梳理确认，将经审核合格的劳务公司清单提交公司行政副总，公司行政副总审批确认合作关系，最后财务部负责对接合同签订事宜。

②劳务施工团队的选用与考核

发行人选定劳务分包公司后，由劳务分包公司负责选派劳务施工团队并任命施工团队的负责人，负责与发行人项目经理对接有关工程项目的分包工作，统筹管理分包劳务作业。劳务公司派遣的劳务施工团队须提前15天向发行人项目经理报送本施工团队的劳务作业准入申请、负责人身份证复印件以及所涉工种人员名册。项目经理收到相关申请后，5天内对劳务施工团队进行考查（包括但不限于现场书面或口头考试、现场技能考核等），考查合格后向公司工程技术部申请备案，工程技术部3天内应作出是否备案的决定，考核不过关或备案未通过的，将告知劳务外包公司替换合格的施工人员。

③施工的开展和过程管理

项目开展前，发行人会先对劳务施工人员进行培训，培训合格后，劳务施工团队在发行人的指挥和管理下进行工程施工。发行人项目经理是劳务分包公司劳务施工团队施工过程控制的第一责任人，根据公司内部管理制度对劳务公司劳务施工团队在施工过程中的各项事务进行严格管理，对施工进度、施工质量进行监督检查，准确掌握施工作业的具体情况，及时纠正出现的问题，监督各项要求的执行情况，直至分包项目验收结束，对分包项目实施全过程控制和管理。公司工程技术部则做好监督指导工作。

④质量检验

发行人在项目现场配备质量监测设备和工具，并成立项目小组，对项目工程质量负责，同时配合项目监理单位对项目质量进行日常管控，施工团队必须在工

地现场放置和展示公司的全面验收标准，并依照验收标准对各工序进行严格验收。施工过程中按公司分阶段的工程管理要求，对每一道工序进行自检，经自检合格后，报监理单位验收，监理单位验收合格后方可进行下一道工序。若前一工序验收不合格，则劳务分包方必须进行整改，整改达标后方可进入下一个工序。

2）质量控制措施

发行人就施工进场前、施工过程中及施工项目验收时建立起一套完善的质量控制措施，具体如下。

①施工进场前的质量控制

发行人项目中标并签署合作协议后，委派项目经理并确定项目部成员，项目经理一经确定，直至工程竣工验收前，不得更换。项目经理确定后，在项目正式施工进场前，对项目现场进行复核，查看项目现场情况与中标情况和合作协议约定情况（包括但不限于材料存储场地、办公地点、施工时间、竣工时间、施工方式等）是否相符，如不符，则根据现场复核情况重新设计方案，并报甲方确认。确认无误后，项目经理制定施工费用预算和施工进度计划，在选定劳务分包公司及其派遣的劳务施工团队后安排施工人员进场。

②施工过程中的质量控制

在施工过程中，公司在材料配送、库房管理和施工流程方面进一步加强质量控制。

在材料配送和库房管理方面，公司建立了工程材料计划制度和施工现场库房管理制度。项目负责人根据施工进度确定材料计划，并提交片区经理和预算小组审批，销售内勤根据计划量安排发货。材料申请必须标注好材料的名称、数量、规格、型号、图纸等详细信息。同时，公司定期对材料计划的实施情况进行考核，避免造成材料限制和浪费。材料发货后，项目负责人严格履行仓库管理职责，在材料的入库、出库、退库、保管方面做好对施工材料的管理工作。

…………

③施工项目验收时的质量控制

在施工项目验收方面，公司注重每一个环节的施工质量，并建立了从进场施工到客户完工验收的分项管理机制，只有当每个阶段的验收合格后，才能进入下一阶段的施工，有效保证了施工过程的质量。项目竣工验收后，制作并整理全部工程资料，并进行存档。工程验收后，由甲方出示竣工报告。同时，对于验收过程中发现的瑕疵或质量问题，公司根据相关制度进行追责，确保过程中的质量问题降至最少。

发行人在施工完工结算、售后服务和维修方面也建立了完备的质量控制措施，通过项目全流程质量控制确保项目完工质量。

3）发行人与劳务分包公司的责任分担原则及纠纷解决机制

根据《建设工程安全生产管理条例》《建设工程质量管理条例》及《房屋建筑和市政基础设施工程施工分包管理办法》（2019年）的相关规定，建筑工程总承包单位按照总承包合同的约定对建设单位负责；分包单位按照分包合同的约定对总承包单位负责。总承包单位和分包单位就分包工程以及分包工程的质量、安全生产对建设单位承担连带责任。分包单位应当接受总承包单位的质量管理，服从总承包单位对施工现场的安全生产管理，分包单位不服从管理导致生产安全事故的，由分包单位承担主要责任。

经核查，发行人与劳务分包公司的责任分担原则在遵循相关法律规定的前提下，主要由合同约定、双方协商以及行业惯例确定。具体如下。

①安全生产纠纷的责任分担原则

由发行人安全施工方案不完善、安全施工投入不足造成的安全事故，责任由发行人承担。由劳务分包公司不能落实安全施工方案或不服从发行人安全施工管理所造成的安全事故责任由劳务分包公司承担。发生重大伤亡及其他安全事故，发行人应按有关规定立即上报有关部门，同时按国家有关法律、行政法规对事故进行处理。劳务分包公司要积极配合发行人做好事故处理工作。

②施工质量纠纷的责任分担原则

劳务分包公司不按照分包合同约定提供符合施工要求的作业人员或不履行合同约定的义务，其违约行为足以影响施工项目的质量、安全、竣工工期时，发行人可以书面告知劳务分包公司并限期要求其完全、恰当履行合同义务。劳务分包公司逾期不能按约定履行义务的，发行人可以发出解除合同的通知。劳务分包公司施工质量不符合合同约定的质量标准的，劳务分包公司应向发行人支付违约金。发行人可以要求劳务分包公司整改，劳务分包公司因自身原因无法完成的，发行人可以委派其他劳务企业完成，产生的费用由劳务分包公司承担。劳务分包公司未达到约定的安全文明施工标准，应向发行人支付违约金。

③纠纷解决机制

发行人与劳务分包商在履行合同时发生争议，可以自行和解或要求有关主管部门调解，任何一方不愿和解、调解或和解、调解不成的，可以向有管辖权的人民法院起诉。发生争议后，除非单方违约导致合同无法履行或者双方协议终止合同、调解要求停止合同工作（且为双方接受）、仲裁机构或法院要求停止合同工作，否则双方都应继续履行合同，保持工作连续，保护好已完成的工作成果。

（3）劳务分包中是否存在重大违法违规行为，分包施工过程是否曾发生工程施工质量纠纷、安全事故或其他责任事故，工程施工质量纠纷（如有）、责任事

故（如有）对公司生产经营的具体影响

发行人律师会同保荐机构对发行人主要客户、部分劳务分包公司进行了访谈，查询了中国裁判文书网、中国执行信息公开网、国家企业信用信息公示系统以及信用中国网站等关于发行人及劳务分包公司的相关公开信息，取得了发行人出具的书面说明及相关主管部门出具的证明文件。经核查，报告期内，发行人劳务分包中不存在重大违法违规行为，分包施工过程中未发生工程施工质量纠纷、安全事故或其他责任事故。

（4）报告期内公司是否存在向施工队、个人进行劳务分包的情形，是否存在劳务派遣、临时工、非全日制用工等其他用工形式；如有，请披露各类用工形式的金额、占比、项目管理模式、质量控制措施、施工质量纠纷（如有）、劳务纠纷（如有），说明采取相应用工方式的必要性、合法合规性及对生产经营的影响

发行人律师取得并核查了发行人报告期内的劳务分包合同，取得并核查了发行人及其子公司的员工情况表，就劳务用工情况访谈了公司相关部门主管人员。经核查，报告期内，发行人不存在向施工队、个人进行劳务分包的情形，不存在劳务派遣、临时工、非全日制用工等其他用工形式。

【案例四】QS 园林公司

QS 园林公司是一家综合性园林企业，主营业务为园林工程施工、园林景观设计、园林养护及苗木种植，拥有市政、风景园林、建筑、环保、古建、水利、劳务等多项设计施工资质。2022 年 2 月 9 日，作为新三板创新层公司的 QS 园林公司基于公司未来战略发展的考虑和对资本市场路径的重新研判规划，撤回北交所申请材料。该公司曾因以下问题被问询。

①关于劳务分包的合法合规性。请发行人说明劳务分包中相关分包商是否具备合法有效的业务资质，公司是否存在向施工队、个人进行劳务分包的情形，分包施工过程是否曾发生工程施工质量纠纷、安全事故或其他责任事故。

②关于劳务分包的质量控制。请发行人：补充披露报告期内公司对分包项目的管理模式、质量控制措施，发行人与劳务分包公司的责任分担原则及纠纷解决机制；说明劳务采购中是否存在将工程的核心主体部分、关键工作对外分包的情形，是否符合相关法律法规要求，报告期内是否存在纠纷或潜在纠纷。

本次问询后，公司经认真研究和审慎决定，拟终止向不特定合格投资者公开发行股票并撤回相关上市申请文件。

【案例五】TY 环保公司

TY 环保公司是一家以水环境治理为主营业务的公司。2022 年 7 月 27 日北交所决定终止对 TY 环保公司公开发行股票并在北京证券交易所上市审核。

问题：外包、分包的基本情况及合规性。根据申请材料，2018年至2021年1—6月，公司分别采购土建及安装外包服务636.25万元、1,603.39万元、4,830.84万元和1,967.43万元，分别占当年营业成本的10.81%、18.94%、27.88%和34.76%，公司在进行水环境治理项目过程中存在聘用个别无建筑施工资质分包商进行土建施工的情况。

就工程外包、分包与劳务分包的基本情况，请发行人回复以下内容。

①按业务类型补充披露报告期各期土建及安装外包采购的金额及占比，分析土建及安装外包采购逐年上升的原因及合理性；

②补充说明与四川省SC建设安装工程有限公司、河源市LJ建设有限公司签订的土建、安装相关重大采购合同已履行完毕但合同金额仍为暂定的原因及合理性；

③说明报告期各期前十大工程或劳务分包供应商基本情况及与发行人合作情况，与发行人及其实际控制人、董监高等是否存在关联关系、资金业务往来，交易的必要性及定价公允性，发行人对分包项目的管理模式、质量控制措施、责任分担原则及纠纷解决机制；

④说明发行人的供应商是否存在成立当年或成立时间较短即成为发行人主要供应商的情形，是否存在由供应商为发行人承担成本费用或利益输送的情形。

就工程分包与劳务分包的合规性，请发行人回复以下内容。

①工程或劳务分包是否需要并已取得业主方同意，分包供应商及其相关人员是否需要并已取得相应资质，是否存在违反合同约定或法律规定的不规范分包情形，是否存在施工质量纠纷、安全事故等情形。如是，请详细披露具体情况及对公司的影响。

②是否存在劳务外包、劳务派遣及向施工队、个人采购劳务情形，是否存在非全日制用工等其他用工形式。如是，请说明前述用工的必要性、合规性并测算所有外采人员均为正式员工情形下各期人工成本变动情况及对公司影响。

本次问询后，公司经认真研究和审慎决定，拟终止向不特定合格投资者公开发行股票并在北京证券交易所上市并撤回相关申请文件。

第二节　股东超过200人合规问题

一、《非上市公众公司监管指引第4号——股东人数超过二百人的未上市股份有限公司申请行政许可有关问题的审核指引》规范情形

《证券法》第十条明确规定，向特定对象发行证券累计超过200人的属于公

开发行，须依法报经证监会履行行政许可程序。为此，证监会制定了《非上市公众公司监管指引第 4 号——股东人数超过二百人的未上市股份有限公司申请行政许可有关问题的审核指引》。

（一）需要履行证监会审批的情形

①股东人数已经超过 200 人的未上市股份有限公司（以下简称"200 人公司"）；

②未上市股份有限公司控股股东、实际控制人或者重要控股子公司股东超过 200 人的情形。

（二）审核标准

1. 公司依法设立且合法存续

① 200 人公司的设立、增资等行为不违反当时法律明确的禁止性规定，目前处于合法存续状态。城市商业银行、农村商业银行等银行业股份公司应当符合《关于规范金融企业内部职工持股的通知》（财金〔2010〕97 号）。

② 200 人公司的设立、历次增资依法需要批准的，应当经过有权部门的批准。存在不规范情形的，应当经过规范整改，并经当地省级人民政府确认。

③ 200 人公司在股份形成及转让过程中不存在虚假陈述、出资不实、股权管理混乱等情形，不存在重大诉讼、纠纷以及重大风险隐患。

2. 股权清晰

200 人公司的股权清晰，是指股权形成真实、有效，权属清晰及股权结构清晰。

①股权权属明确。200 人公司应当设置股东名册并进行有序管理，股东、公司及相关方对股份归属、股份数量及持股比例无异议。股权结构中存在工会或职工持股会代持、委托持股、信托持股，以及通过持股平台（是指单纯以持股为目的的合伙企业、公司等持股主体）间接持股等情形的，应当按照本指引的相关规定进行规范。

②股东与公司之间、股东之间、股东与第三方之间不存在重大股份权属争议、纠纷或潜在纠纷。

③股东出资行为真实，不存在重大法律瑕疵，或者相关行为已经得到有效规范，不存在风险隐患。

申请行政许可的 200 人公司应当对股份进行确权，通过公证、律师见证等方式明确股份的权属。申请公开发行并在证券交易所上市的，经过确权的股份数量应当达到股份总数的 90% 以上（含 90%）；申请在全国股转系统挂牌公开转让的，经过确权的股份数量应当达到股份总数的 80% 以上（含 80%）。未确权的部分应当设立股份托管账户,专户管理,并明确披露有关责任的承担主体。

3. 经营规范

200人公司持续规范经营,不存在资不抵债或者明显缺乏清偿能力等破产风险的情形。

4. 公司治理与信息披露制度健全

200人公司按照证监会的相关规定,已经建立了健全的公司治理机制和履行信息披露义务的各项制度。

(三) 申请文件

1. 200人公司申请行政许可须提交的文件

①公司关于股权形成过程的专项说明;

②设立、历次增资的批准文件;

③证券公司出具的专项核查报告;

④律师事务所出具的专项法律意见书,或者在提交行政许可的法律意见书中出具专项法律意见。

2. 应当报送省级人民政府出具的确认函的情形

① 1994年7月1日《公司法》实施前,经过相关部门批准设立,但存在内部职工股超范围或超比例发行、法人股向社会个人发行等不规范情形的定向募集公司;

② 1994年7月1日《公司法》实施前,经依法批准向社会公开发行股票的公司;

③按照《国务院办公厅转发证监会关于清理整顿场外非法股票交易方案的通知》(国办发〔1998〕10号),清理整顿证券交易场所后"下柜"形成的股东超过200人的公司;

④证监会认为需要省级人民政府出具确认函的其他情形。

省级人民政府出具的确认函应当说明公司股份形成、规范的过程以及存在的问题,并明确承担相应责任。

3. 关于集中托管

股份已经委托股份托管机构进行集中托管的,应当由股份托管机构出具股份托管情况的证明;股份未进行集中托管的,应当按照规定提供省级人民政府的确认函。

4. 关于银行业股份公司

属于200人公司的城市商业银行、农村商业银行等银行业股份公司应当提供中国银行业监督管理机构出具的监管意见。

（四）关于股份代持及间接持股的处理

1. 一般规定

股份公司股权结构中存在工会代持、职工持股会代持、委托持股或信托持股等股份代持关系，或者存在通过持股平台间接持股的安排以致实际股东超过 200 人的，在依据相关指引申请行政许可时，应当已经将代持股份还原至实际股东，将间接持股转为直接持股，并依法履行了相应的法律程序。

2. 特别规定

以依法设立的员工持股计划以及已经接受证券监督管理机构监管的私募股权基金、资产管理计划和其他金融计划进行持股，并规范运作的，可不进行股份还原或转为直接持股。

申请行政许可的 200 人公司的控股股东、实际控制人或者重要控股子公司也属于 200 人公司的，应当依照本指引的要求进行规范。

2006 年 1 月 1 日《证券法》修订实施后，未上市股份有限公司股东人数超过 200 人的，应当符合《证券法》和《非上市公众公司监督管理办法》的有关规定。

二、不同持股形式的规范途径

1. 定向募集公司问题

定向募集公司是在进行股份制试点初期遗留的一批未向社会公开发行股票，只对法人和内部职工募集股份的股份有限公司。

该等情形主要是发生在 1994 年《公司法》颁布以后。定向募集问题是股票发行审核委员会重点关注的事项，关注点主要是潜在纠纷和法律风险。一般情况下该问题可以通过规范得以解决，不会成为首发障碍。

根据原国家经济体制改革委员会于 1993 年 7 月 1 日发布的《定向募集股份有限公司内部职工持股管理规定》，公司向内部职工募集的股份，只限于以下人员购买和持有：

①公司募集股份时，在公司工作并在劳动工资花名册上列名的正式职工；
②公司派往子公司、联营企业工作，劳动人事关系仍在本公司的外派人员；
③公司的董事、监事；
④公司全资附属企业的在册职工；
⑤公司及其全资附属企业在册管理的离退休职工。

发行人内部职工股的发行须符合上述要求。中介机构须核查发行人内部职工股的历次变动，除继承取得内部职工股的情形外，均应符合上述资格要求。

根据《定向募集股份有限公司内部职工持股管理规定》，股权证不得交予内部职工个人持有，应由公司委托省级、计划单列市人民银行认可的证券经营机构集中托管；内部职工转让股份，须经公司委托的证券经营机构办理过户手续，并开具转让收据。

因此，定向募集公司的职工持股一般采取托管的方式进行规范。若发行人存在未按规定办理托管手续的，应及时办理托管手续纠正违规行为，并通过获得省级人民政府就该事项出具的不存在违规情形的确认函予以规范。同时，针对上述情况，中介机构还应对发行人内部职工股发行后未托管期间的转让和继承进行详细核查和确认，并获得省级人民政府就内部职工股的转让、交易事项出具的合法合规确认函。

综上所述，相关合规方案可以关注以下要点。

①详细介绍内部职工股的审批和发行情况。

②详细核查内部职工股转让的情况，关注程序是否合规，是否存在潜在纠纷。

③详细介绍内部职工股的托管情况，如果托管单位存在变更，需要介绍历次变更情况；尤其是要详细介绍发行人最后一次托管的情况，并且需要证明股份托管人与实际持有人一致，以防止纠纷；内部职工股的托管确认率要达到95%以上。

④省级人民政府对定向募集问题的确认文件。

⑤中介机构发表核查意见。

定向募集公司的案例如表17-7所示。

表17-7 定向募集公司案例

序号	公司名称	职工持股形式	规范途径
1	TY电缆	1994年，定向募集设立，内部职工股100万元，占股本总额的2.5%	2007年7月16日，发行人与兴业证券签订了"内部职工股集中托管协议"，委托兴业证券南平滨江中路证券营业部对其内部职工股进行集中托管； 发行人内部职工股按照《定向募集股份有限公司内部职工持股管理规定》进行集中托管已得到福建省人民政府确认，现已不存在违规情况

续表

序号	公司名称	职工持股形式	规范途径
2	烟台 AL	1993 年，定向募集改造设立，内部职工股占比 64.29%	1994 年至 1999 年，于烟台市股权证托管中心托管，托管比率达 98.9%； 1999 年至 2007 年 1 月，转至山东证券登记有限公司托管，托管比率为 100%； 截至 2007 年 6 月，公司股票已经由山东省产权登记有限责任公司集中托管完毕，确认股东身份的内部职工股股东持有的股数占内部职工股总数的 99.75%
3	济宁 RY	1993 年，定向募集设立，内部职工股 80 万股，同时超范围发行，社会个人股形成内部职工股 685.11 万股	1997 年 4 月，将上柜交易的全部社会个人股和内部职工股在山东企业产权交易所进行了托管； 1999 年 4 月，将停止交易后的社会个人股和内部职工股在山东证券登记有限公司进行了托管； 2002 年 6 月，再次办理托管
4	JD 新材	1994 年，定向募集设立，形成内部职工股，占股份总额的 16.6%。但内部职工并未实际出资，所有出资由玻纤厂垫付	将公司设立时形成的职工股 198.3 万以 1 元/股转给玻纤厂；省政府出文确认
5	江西 TZ 电机	1991 年，募集方式设立，内部职工实际认购 93.808 万股； 由于职工股在设立时并未募足，在此后的经营过程中，公司持续接受职工认购股份本金，同时也办理相关职工的退股手续； 截至 2000 年 6 月，职工个人股 1,170.9678 万股，占股本总数的 38.05%	2002 年 11 月，将全部股份托管于世纪证券，托管率为 95.83%； 2002 年，为规范股权结构，公司部分内部职工股将其持有的职工股以 1 元/股转让给南昌高新科技创业投资有限公司； 2006 年 8 月 18—19 日，公司在报刊刊登了《关于职工股托管确认的公告》要求 2002 年 11 月托管时尚未确认股权的职工股股东进行确认，至此内部职工股股东确认的股份占内部职工股总数的 99.56%； 2007 年 1 月，公司所有内部职工股股东均签署了股份锁定承诺，同时对其持股数全部进行了确认

续表

序号	公司名称	职工持股形式	规范途径
6	HB冶炼	1994年，定向募集形成25%的内部职工股，466名职工	1995年，委托山东证券登记有限责任公司对内部职工股进行托管； 2003年，内部职工股在内部职工之间进行转让，并经相关部门批复同意； 2004年，全部职工股转让给HB集团
7	Y传媒（个人代持）	1992年建北大厦定向募集设立，内部职工股500万股； 1993年，建北大厦与建北集团重组，以定向募集方式增资扩股，内部职工股为4588万； 内部职工股委托自然人持有	1994—2001年，公司内部职工股于清远市证券登记公司办理集中托管，托管率99.84%； 2005年4月，公司内部职工股托管比例达99.85%，对于未办理托管手续的内部职工股，该中心继续跟踪办理及统一代管其历年的分红派息； 截至2006年11月，将内部职工股共计2,468,460股的托管资料移交到国信证券，余下的388,100股由清远市股权托管中心进行托管至今
8	南京HBL（内部职工股+职工持股会持股）	1994年6月，南京HBL股份有限公司设立，内部职工股占比20%； 1996年9月，建立职工持股会，承接高淳县财政局所持有的261.58万股份	1994年8月，内部职工股托管于南京证券登记公司； 至2001年9月，公司股本认足以后，再次办理托管至今，托管率100%； 2001年10月，持股会将其持有的部分股份转让给自然人柏某；2004年5月，将剩余的股份以1.53元/股转让给陶某
9	QJD	1993年，定向募集设立，内部职工股占公司股本总额的2.5%	1994年4月，与北京证券登记公司签订《内部股权登记管理协议》； 2001年6月，与北京证券登记公司签署托管协议，对公司的全部股份进行集中托管

此类公司，如果在上报前内部职工股一直处于托管状态，对股份转让相关情况进行了充分披露，且获得有权部门的确认批文，认为不存在潜在股权纠纷和法律纠纷，内部职工股就不构成发行上市的实质性障碍。

2. 工会、职工持股会直接或代为持股问题

1994年《公司法》生效后，由于有限责任公司在股东人数上受到限制，同时职工有持股意愿，所以出现通过工会和职工持股会对公司进行间接持股的现

象。而证监会法律部 24 号文明确规定工会和职工持股会不能成为拟上市公司的股东，故该问题是拟上市公司必须解决的问题之一。

工会和职工持股会代持股份的问题，一般通过股权转让的方式就可以解决：职工持股会注销，工会不再承担股东的角色；如果股东人数并不违反法律法规，也可直接显化量化至个人。

具体而言，解决该问题可以参考以下要点。

①详细介绍职工持股会或工会持股的形成背景和过程；
②由当地主管部门批复同意撤销职工持股会或工会持股；
③召开全体职工大会或职工代表大会就处理方案进行表决；
④签署股权转让协议或其他处理协议；
⑤取得当地主管部门同意调整的批复；
⑥股权受让方支付股权对价然后按照持股比例分配给职工，定价依据一般为每股净资产。

此外，还需要重点关注以下事项。

①在处理过程中一定要制定尽量周全的方案，以免引起不必要的纠纷和举报。
②在股权转让过程中职工应当承担纳税义务，以职工名义缴纳个人所得税并由工会或持股会代扣代缴。
③也可通过公开拍卖进行清理：首先，确认职工股股数、人数及具体持股职工身份；其次，进行股权登记及备案；再次，持股会召开会议，持股职工同意委托拍卖；最后，委托拍卖机构公开拍卖。
④对拟上市公司而言，发行人的股东不应属于职工持股会及工会持股，同时，发行人的实际控制人不应属于职工持股会或工会持股。

工会、职工持股会直接或代为持股的案例如表 17-8 所示。

表 17-8　工会、职工持股会直接或代为持股案例

序号	公司	职工持股形式	规范途径
1	TP集团	2002 年，部分职工以安置费折为 TP 集团股权并委托 TP 集团工会代为持有；2004 年 TP 集团职工技术协会于 2004 年 12 月受让公司 30% 的股权，该股权受让价款由钟某实际支付，职工技术协会代为持有	2004 年 8 月和 12 月，集团工会通过减资和股权转让方式实现退出；2005 年，技术协会将该股权变更至实际持有人钟某名下

续表

序号	公司	职工持股形式	规范途径
2	HL股份	集团职工持股协会持股	2001年10月20日，经集团股东会同意，HL集团职工持股协会将其所持的全部股权转让给公司其他股东
3	EH药业	1999年，EH药业集团成立，徐州DS制药厂职工持股会出资272.1万元（徐州DS制药厂工会委员会代为持有），人数759人； 2001年4月，EH公司将国有量化至EH药业集团有限公司职工持股会1522.35万元；同时职工持股会现金出资455万元	2005年3月，将职工持股会合计持有的股权以出资额转让给EH投资，并将股权转让款对EH投资进行增资，然后再将上述EH投资的股权转让给孙某、祁某等25位自然人 2007年8月，将职工持股会予以注销
4	HC集团	（工会持股） 1999年11月，HY化工改制设立，HC集团工会出资717万元，其中675.6万是由1004名职工以HC集团工会的名义投入HY化工，41.4万元股权由HC集团工会以自有资金出资投入	2001年12月，HC集团工会以其持有的HY化工2040万元股权出资设立了HY投资； HC集团工会持有HY化工的股权转为HY投资持有HY化工的股权； 2003年，994名职工合计出资637.8万元以资金信托方式委托其他7名职工购买HC集团工会对HY投资的出资额； HY集团工会以自有资金出资形成的HY化工的那部分股权，全部转让给其他自然人
		（信托持股） 2003年，994名职工合计出资637.8万元，以资金信托方式委托其他7名职工购买华昌集团工会对华源投资的637.8万元出资	2007年8月23—25日，原资金信托委托人与受托人解除原民事信托关系； 2007年9月5日，按每1元华源投资的出资额作价20元，将其转给120名自然人； 2007年9月5日，由于HY投资股东人数增至167人，超过《公司法》规定的，将HY投资整体变更设立为HN投资股份

续表

序号	公司	职工持股形式	规范途径
5	HD公司	1997年，HD公司实行公司制改制时，HD公司员工持股会持股498.82万元	2001年7月，将所持有的公司股份498.82万元转让，其中33%的股份转由11名工会持股会会员个人直接持有，16%转让给三家公司； 持股会2002年完成清算，2004年注销
6	JY港	2001年，JY港改制后，职工持股会持股49%，后由工会代持	2004年，职工持股会所持JY港股份全部转让给公司高级管理人员，职工持股会解散；但至持股会解散，仍有8名会员不同意领取其所持职工持股会出资份额应得的款项。该款项由工会代为保管，后存入专户、受让人出具承诺，保荐人和发行律师发表意见

上述公司通过以合理的价格向外转让股权，或在股东人数的规定范围内以股权还原的方式进行了规范。其中有的公司由于仍存在8名职工持股会会员不同意股权转让，被认定为解决不够彻底和存在潜在纠纷而被否；有的公司因为长期占用转让款被认为清理不力而被否。

3. 委托持股问题

通过委托持股形式来实现职工持股与工会、持股会代持不同的只是受托人由一个团体变成一个或数个自然人，其实质还是"以一拖N"的代持方式。由于是自然人之间的委托代理关系，在拟上市发行时，巨大的利益驱动下，可能存在潜在的纠纷，故须在发行前进行规范、清理。

委托持股涉及的首先是名义出资人与实际出资人之间基于委托持股协议产生的法律上的权利义务关系。实际出资人作为公司的隐名股东不具有对抗第三人的效力；实际出资人只有在实际履行了出资义务后，方可向名义出资人主张有关投资权益归属的权利。

公司拟发行上市，就有关委托持股事宜，需详细披露有关股份的形成原因及演变情况，包括清理过程，排除潜在问题和风险隐患或明确有关责任的承担主体。具体处理思路如下。

（1）核查委托持股的真实性

委托持股是基于合同而形成的实际出资人和名义出资人之间的权利义务关

系。关于书面合同的真实性，除核查合同原件外，对于容易产生争议纠纷的合同，还应对全部委托方和受托方进行访谈并取得当事人书面确认，并收集实际出资人的缴款凭证（最好为银行单据）等资料加以佐证；若当时没有书面合同，则须在委托方和受托方书面说明的基础上进行访谈，通过缴款凭证、股东会决议、员工持股计划等其他外部资料相互印证，谨慎判断。

（2）明确委托持股的原因

对于委托持股的原因，应当如实并详细披露，从已有案例看，通常不是规避股东人数超过 200 人的问题且在解除委托持股过程中加以纠正的原因并不会构成上市障碍，委托持股的原因应当具有合理性。

（3）委托持股的清理

1）还原实际出资人

还原实际出资人通常包括由实际出资人直接持股和间接持股两种方式，无论是直接持股还是间接持股，都涉及发行人的股权转让。

2）解除代持涉及的个人所得税

鉴于代持过程中名义出资人的出资通常由实际出资人缴付，解除代持过程中股权转让的价格通常设定为委托方的实际出资金额（视同借款）或 0 元，该等定价能否被视为合理原因而无须缴纳所得税须由当地税务主管机关确定，建议收集取得完税证明或有关税务主管机关关于无须缴纳所得税的证明文件。

3）对代持形成过程中股权变动情况进行确认

因员工持股而产生的代持情形，在代持过程中很可能发生员工离职等情况导致代持股份的变动，或在代持过程中，发行人发生增资等情况导致实际出资人持有发行人股权比例变动的情形，为避免争议纠纷，建议在清理代持过程中，向全体实际出资人说明情况并取得其无异议的书面确认。

4）退股的处理

鉴于上市事宜属于牵涉利益较大的事项，若对实际出资人做退股处理，则须采取更为谨慎的态度处理，除上述注意事项外，还需要对代持费用等事项予以明确，并保留退股的全部凭证，尽量对退股协议进行公证。

5）兜底承诺

在梳理和清理代持问题的过程中，如存在部分代持协议遗失或部分离职且退股的实际出资人联系不上等情形，在如实披露的同时，应补充大股东对发行人潜在损失的兜底承诺。

委托持股的案例如表 17-9 所示。

表 17-9　委托持股案例

序号	公司	职工持股形式	规范途径
1	LH化工	2003年4月，山东DF化肥厂改制，其中240.65万元出资实际上由19名自然人股东受861名自然人委托投资形成	2007年5月签署委托投资转让协议书；在每股净资产1.77元的基础上，以2元/股将委托的投资全部转让给19名自然人股东，并由县公证处对协议书进行公证，股东出具承诺
2	JF科技	2000年，对职工进行股权激励，用于激励的股权由陶某代持	2000年年底，将代持股权以等价方式向原股权所有人转让，并获得相关部门的确认批复
3	TY纸业	1998年4月，TY纸业集团总公司改组，32%界定为职工出资，委托田某等5名自然人持有；1999年，将32%股权以出资额价格转让给JTY纸业，并以该转让款对JTY纸业增资，占其注册资本32%	2001年6月，将上述股权以净资产为基础转让给白某等37名自然人

案例显示，委托持股的方式主要通过股权转让（且这种股权转让主要在自然人之间进行），实现实际股东人数少于200人，审核关注点仍在于转让价格的合理性，以及转让行为的真实性方面。

4. 信托持股

相关案例如表17-10所示。

表 17-10　信托持股案例

序号	公司名称	职工持股形式	规范途径
1	HD石油	2001年公司成立时向职工借入经济补偿金；2004年，公司股份制改制将债权转为股权，并与在册股东签署资产信托合同书，委托在册股东持有（委托人数444名）；	2006年9月解除全部的信托持股协议，同时将出资份额转让给不同的中高层管理人员
2	XW公司	2003年9月27日，公司工会委员委托LH国际信托投资以现金认缴500万元，占增资后注册资本的5%	2005年2月22日，经工会同意，LH信托将其所持本公司5%的股权全部转让给YR投资，转让价款为600万元

信托持股的案例相对较少，同时解决方案也比较简单，通过解除信托协议，并转让相关股权，股东人数可降至合法范围。

三、职工持股会清理方案

根据《关于职工持股会及工会能否作为上市公司股东的复函》《中国证券监督管理委员会法律部关于职工持股会及工会持股有关问题的法律意见》的规定，职工持股会属于单位内部团体，不再由民政部门登记管理，其股东构成、出资资金来源、管理机制等情况复杂。工会成为上市公司的股东与其设立和活动的宗旨不符。

对于历史沿革中曾存在工会、职工持股会持股或者自然人股东人数较多情形的，发行人与中介机构应当通过以下方式进行规范与核查。

①考虑到发行条件对发行人股权清晰、控制权稳定的要求，发行人控股股东或实际控制人存在职工持股会或工会持股情形的，应当予以清理。对于间接股东存在职工持股会或工会持股情形的，如不涉及发行人实际控制人控制的各级主体，发行人不需要清理，但应予以充分披露。对于工会或职工持股会持有发行人子公司股份，经保荐机构、发行人律师核查后认为不构成发行人重大违法违规的，发行人不需要清理，但应予以充分披露。

②对于历史沿革涉及较多自然人股东的发行人，保荐机构、发行人律师应当核查历史上自然人股东入股、退股（含工会、职工持股会清理等事项）是否按照当时有效的法律法规履行了相应程序，入股或股权转让协议、款项收付凭证、工商登记资料等法律文件是否齐备，并抽取一定比例的股东进行访谈，就相关自然人股东股权变动的真实性、所履行程序的合法性，是否存在委托持股或信托持股情形，是否存在争议或潜在纠纷发表明确意见。对于存在争议或潜在纠纷的，保荐机构、发行人律师应对相关纠纷对发行人股权清晰稳定的影响发表明确意见。发行人以定向募集方式设立股份公司的，中介机构应以有权部门就发行人历史沿革的合规性、是否存在争议或潜在纠纷等事项的意见作为其发表意见的依据。

（一）职工持股会清理程序

①职工持股会召开理事会，作出关于同意会员转让出资（清理或解散职工持股会）的决议；

②职工持股会召开会员代表大会，作出关于同意会员转让出资（清理或解散职工持股会）的决议；

③转让出资的职工与受让出资的职工或投资人签署《出资转让协议》；

④受让出资的职工或其他投资人支付款项。

（二）职工持股会清理的难点

①职工持股会人数众多，一一清理，逐一签署确认函或者进行公证，难度较大；

②部分职工思想和认识不统一，不愿意转让出资；

③部分职工对于出资转让价格期望值较高；

④拟挂牌公司在历史上未按照公司章程发放红利，职工对公司的做法有意见，不愿意配合；

⑤职工持股会人员因工作调动、辞退、死亡等原因变动较大，难以取得其对有关事项的确认或承诺；

⑥部分职工与拟挂牌公司存在法律纠纷，不愿意配合职工持股会的清理。

【案例】LD 集团借壳 JF 投资职工持股会规范方案

LD 集团规范职工持股会的整体思路是通过设立 23 个有限合伙企业承接职工持股会 900 多名股东，并且设置了 FOF 模式的有限合伙企业持股平台，由公司经营管理层设立的管理公司作为有限合伙人的 GP，具体负责合伙企业的管理。

1. LD 集团职工持股会的确权情况

1997 年 3 月 14 日，上海市农业委员会和上海市建设委员会出具《关于同意上海市 LD（集团）有限公司设立职工持股会的批复》，同意设立职工持股会，向职工集资人民币 3,020.43 万元，占 LD 集团股权比例为 18.88%。经过历次变更，截至预案签署日，LD 集团职工持股会共有成员 982 人，合计持有 LD 集团出资额 376,655.21 万元，占 LD 集团股权比例 29.09%。

对于职工持股会的持股情况，全体职工持股会成员签署声明如下。

全体持股会成员对于职工持股会股份归属、股份数量及持股比例无异议。全体持股会成员与职工持股会之间、职工持股会其他成员之间、第三方之间不存在股份权属争议、纠纷或潜在纠纷。全体持股会成员承诺其所持持股会股份权属清晰，为本人真实持有，不存在代持、信托持股情形，并承诺对该股份具有完全的处分权，股份未被冻结、拍卖，没有设置任何抵押、质押、担保或其他任何第三方权利的限制。职工持股会目前正在改制，无论改制后全体人员直接或间接持有 LD 集团股权的形式如何，上述声明中的相关内容同样适用。上述职工持股会的确权事宜已经律师的现场见证，以及相关事业部所在地公证机构的公证。

2. LD 集团职工持股会的规范过程

（1）职工持股会的规范方案

LD 集团管理层 43 人出资 10 万元共同设立一家管理公司 GLL 投资。

全体持股会成员与上述管理公司 GLL 投资成立 32 家有限合伙企业（简称"小合伙企业"）：上海 GLL 壹投资管理中心（有限合伙）至上海 GLL 叁拾贰投资管理中心（有限合伙）。其中 GLL 投资作为小合伙企业的普通合伙人，全体持股会会员作为小合伙企业的有限合伙人。

GLL 投资以及 32 家小合伙企业共同出资再组建设立一家有限合伙企业（简称"大合伙企业"）上海 GLL。

大合伙企业上海 GLL 设立后，通过吸收合并职工持股会的方式承继职工持股会的全部资产、债权债务及其他一切权利与义务。

大、小合伙企业及其全体合伙人委托管理公司 GLL 投资及投资管理委员会全权代表参与制定和实施具体的上市计划并完成有关工作。职工持股会规范后其对 LD 集团的持股架构如图 17-1 所示。

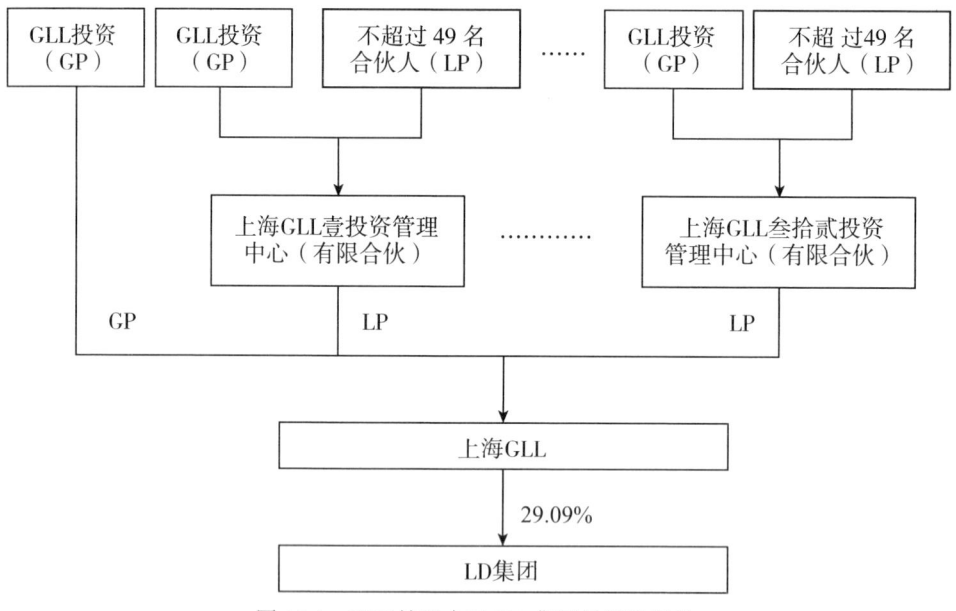

图 17-1　职工持股会对 LD 集团的持股架构

（2）管理公司的设立

2014 年 1 月，经全体股东作出股东会决议，同意设立 GLL 投资，注册资本 10 万元，于公司设立时一次性缴足。2014 年 1 月 27 日，GLL 投资取得了营业执照。GLL 投资基本情况如表 17-11 所示。

表 17-11　GLL 投资基本情况

公司名称	GLL 投资管理有限公司
公司类型	有限责任公司（国内合资）
公司注册地	—
法定代表人	张某
注册资本	10 万元
营业执照注册号	—
经营范围	投资管理；资产管理；实业投资；创业投资；企业管理咨询；投资咨询（经营项目涉及行政许可的，凭许可证件经营）

（3）小合伙企业的设立

截至预案签署日，GLL 投资与职工持股会成员分别签署了《上海 GLL 壹投资管理中心（有限合伙）合伙协议书》《上海 GLL 贰投资管理中心（有限合伙）合伙协议书》至《上海 GLL 叁拾贰投资管理中心（有限合伙）合伙协议书》，同意共同出资设立上海 GLL 壹投资管理中心（有限合伙）、上海 GLL 贰投资管理中心（有限合伙）至上海 GLL 叁拾贰投资管理中心（有限合伙）。

截至预案签署日，上海 GLL 壹投资管理中心（有限合伙）、上海 GLL 贰投资管理中心（有限合伙）至上海 GLL 叁拾贰投资管理中心（有限合伙）均取得了合伙企业营业执照，具体情况如表 17-12 所示：

表 17-12　小合伙企业部分信息

序号	小合伙企业	普通合伙人	GP 出资额（万元）	LP 出资额（万元）
1.	上海 GLL 壹投资管理中心（有限合伙）	GLL 投资	0.1	519.85
2.	上海 GLL 贰投资管理中心（有限合伙）	GLL 投资	0.1	114.20
3.	上海 GLL 叁投资管理中心（有限合伙）	GLL 投资	0.1	103.35
4.	上海 GLL 肆投资管理中心（有限合伙）	GLL 投资	0.1	135.76
5.	上海 GLL 伍投资管理中心（有限合伙）	GLL 投资	0.1	39.73
6.	上海 GLL 陆投资管理中心（有限合伙）	GLL 投资	0.1	221.68
7.	上海 GLL 柒投资管理中心（有限合伙）	GLL 投资	0.1	121.52
8.	上海 GLL 捌投资管理中心（有限合伙）	GLL 投资	0.1	15.75

续表

序号	小合伙企业	普通合伙人	GP 出资额（万元）	LP 出资额（万元）
9.	上海 GLL 玖投资管理中心（有限合伙）	GLL 投资	0.1	184.29
10.	上海 GLL 壹拾投资管理中心（有限合伙）	GLL 投资	0.1	25.05
11.	上海 GLL 壹拾壹投资管理中心（有限合伙）	GLL 投资	0.1	37.51
12.	上海 GLL 壹拾贰投资管理中心（有限合伙）	GLL 投资	0.1	31.41
13.	上海 GLL 壹拾叁投资管理中心（有限合伙）	GLL 投资	0.1	37.94
14.	上海 GLL 壹拾肆投资管理中心（有限合伙）	GLL 投资	0.1	55.69
15.	上海 GLL 壹拾伍投资管理中心（有限合伙）	GLL 投资	0.1	14.76
16.	上海 GLL 壹拾陆投资管理中心（有限合伙）	GLL 投资	0.1	54.18
17.	上海 GLL 壹拾柒投资管理中心（有限合伙）	GLL 投资	0.1	51.09
18.	上海 GLL 壹拾捌投资管理中心（有限合伙）	GLL 投资	0.1	42.22
19.	上海 GLL 壹拾玖投资管理中心（有限合伙）	GLL 投资	0.1	61.64
20.	上海 GLL 贰拾投资管理中心（有限合伙）	GLL 投资	0.1	112.91
21.	上海 GLL 贰拾壹投资管理中心（有限合伙）	GLL 投资	0.1	27.46
22.	上海 GLL 贰拾贰投资管理中心（有限合伙）	GLL 投资	0.1	87.13
23.	上海 GLL 贰拾叁投资管理中心（有限合伙）	GLL 投资	0.1	52.89
24.	上海 GLL 贰拾肆投资管理中心（有限合伙）	GLL 投资	0.1	81.51
25.	上海 GLL 贰拾伍投资管理中心（有限合伙）	GLL 投资	0.1	96.55
26.	上海 GLL 贰拾陆投资管理中心（有限合伙）	GLL 投资	0.1	162.55
27.	上海 GLL 贰拾柒投资管理中心（有限合伙）	GLL 投资	0.1	288.76
28.	上海 GLL 贰拾捌投资管理中心（有限合伙）	GLL 投资	0.1	125.02
29.	上海 GLL 贰拾玖投资管理中心（有限合伙）	GLL 投资	0.1	324.66
30.	上海 GLL 叁拾投资管理中心（有限合伙）	GLL 投资	0.1	238.58
31.	上海 GLL 叁拾壹投资管理中心（有限合伙）	GLL 投资	0.1	72.51
32.	上海 GLL 叁拾贰投资管理中心（有限合伙）	GLL 投资	0.1	221.59
合计		—	3.2	3,759.74

（4）大合伙企业的设立

2014年2月，GLL投资与上海GLL壹投资管理中心（有限合伙）、上海GLL贰投资管理中心（有限合伙）至上海GLL叁拾贰投资管理中心（有限合伙）共同签署了《上海GLL投资企业（有限合伙）合伙协议书》，由上海GLL作为普通合伙人，上海GLL壹投资管理中心（有限合伙）、上海GLL贰投资管理中心（有限合伙）至上海GLL叁拾贰投资管理中心（有限合伙）合计32个小合伙企业作为有限合伙人，共同设立上海GLL投资企业（有限合伙），出资额为3,766.55万元，其中GLL投资出资6.8万元，32个小合伙企业合计出资3,759.74万元。

2014年2月19日，上海GLL取得了合伙企业营业执照。上海GLL的具体情况如表17-13所示。

表17-13 上海GLL的具体情况

合伙企业名称	上海GLL投资企业（有限合伙）
主要经营场所	上海市青浦区……
执行事务合伙人	上海GLL投资管理有限公司（委派代表：张某）
出资额	3,766.55万元
营业执照注册号	—
经营范围	投资管理，资产管理，实业投资，创业投资，企业管理咨询，投资咨询。（经营项目涉及行政许可的，凭许可证件经营）

（5）大合伙企业与职工持股会的吸收合并

截至预案签署日，上海GLL已与LD集团职工持股会签署吸收合并协议。根据该协议，吸收合并完成后，由上海GLL作为LD集团股东，继受职工持股会的全部资产、债权债务及其他一切权利、义务。上海GLL、职工持股会正在办理吸收合并相关程序，自吸收合并完成之日起，将由上海GLL取代职工持股会参与本次重大资产重组，职工持股会在《资产置换及发行股份购买资产协议》项下的全部权利、义务由上海GLL继受，即上海GLL将成为本次交易的交易对方。上海GLL与职工持股会的吸收合并工作将在上市公司审议本次重组正式方案的董事会之前完成。

四、职工持股会确权告知函及确认书（示例）

告 知 函

××证券公司（简称"保荐机构"）、××律师事务所（简称"发行人律师"）作为××公司（简称"公司"或"发行人"）境内证券市场首次公开发行股票并上市（简称"上市"）的保荐机构和法律顾问，就公司历史沿革有关职工持股会持股及依法改制、清理职工持股等事项进行核查。

根据《非上市公众公司监管指引第4号——股东人数超过二百人的未上市股份有限公司申请行政许可有关问题的审核指引》（简称"《指引》"）的规定，股权清晰，是指股权形成真实、有效，权属清晰及股权结构清晰。股份公司股权结构中存在工会代持、职工持股会代持、委托持股或信托持股等股份代持关系，或者存在通过持股平台间接持股的安排以致实际股东超过二百人的，在依据《指引》申请行政许可时，应当已经将代持股份还原至实际股东，将间接持股转为直接持股，并依法履行了相应的法律程序。

本次核查程序将依据《指引》对上述相关事项进行核查。

确 认 书

一、基本事实

（一）个人情况

①本人_____，性别____，身份证号_____。

②____年__月，【A】改制为【B】时，本人系公司职工，当时所在岗位是_____。

（二）历史出资

①本人参与改制时，系公司在职员工，有权分享公司工资结余分配。

②公司改制时，本人出资_____元。

③本人确认，出资额中个人缴纳部分系本人自有或自筹。

④____年__月前，本人通过职工持股会/工会委员会间接持有公司股权。在此期间，除领取红利外，其他股东权利通过职工持股会会员代表大会及职工持股理事会行使。

（三）职工股清理

① ____年__月__日，公司召开第四次职工持股会会员代表大会，审议通过《关于解决工会委员会（职工持股会）职工出资历史遗留问题的方案》。

② ____年__月__日，工会委员会召开全体会员大会，审议通过《关于解决工会委员会所持公司股权问题的方案》。根据该方案，工会委员会将所持股权置换为合伙企业持股。

③ 本人现通过_____合伙企业（有限合伙）/ 间接持有公司股份，不存在通过其他任何方式委托他人代本人持有公司股份的情形。

二、本人确认

① 本人曾参与公司改制，系个人真实意思表示。改制时，职工持股个人缴纳部分系本人自有或自筹，不存在接受他人委托、替他人代持情形。

② 本人通过职工持股会 / 工会委员会间接持有公司股权期间，除分红权外，其他股东权利通过职工持股会会员代表大会或职工持股理事会行使。本人已按照职工持股会章程领取公司历史分红。

③ 本人根据____年__月__日工会委员会全体会员大会审议通过的方案将股权置换至合伙企业系本人真实意思表示。

④ 本人现持有的_____合伙企业（有限合伙）出资份额系本人真实持有，不存在为他人代持的情形。

⑤ 本人与公司及第三方就本次确认的股权不存在纠纷及其他未决事项。

声明人：_____

见证律师：_____

____年__月__日

五、职工持股会关于股权确权事宜的通知示例

通　知

××有限公司职工持股会全体会员：

为进一步加快××有限公司（简称"公司"）的发展，使公司更好地融入资本市场，公司决定公开发行股票并上市（简称"上市"）。依据《非上市公众

公司监管指引第 4 号——股东人数超过二百人的未上市股份有限公司申请行政许可有关问题的审核指引》的相关要求，同时本着保护会员合法权益的原则，职工持股会决定对职工持股会所有会员进行股权确权工作。

一、确权对象

公司职工持股会截至____年__月__日在册的所有会员。

二、确权工作整体方案

①会员确权整体方案：依据就近原则，会员按照通知的时间、地点，提交通知规定的资料并进行现场确权。

②本通知发布之日至____年__月__日为确权工作通知期间，在此期间，请相关负责人通知所负责区域所有在册会员。

三、操作流程

（一）股权确权的时间、地点

会员在指定地点进行现场股权确权，具体安排如下：

地点：_____ 时间：_____

所有会员应在上述时间提交本通知要求的资料并进行现场确权。如有特殊原因未按时提供资料或进行现场确权，最迟应在____年__月__日前与股权确权工作人员沟通。

（二）通知及附件获取方式

本通知及附件在公司网站上进行公告，并供各会员下载，网址为：_____。如不方便下载，可在上述确权地点领取。

（三）具体操作流程

会员持有职工持股会股权未发生事项变更（即会员姓名、身份证号码未发生改变，所持股权未曾挂失、继承、赠予、转让）以及未质押或冻结的，会员本人须携带股权证、有效身份证件及复印件等，并按要求填写"公司职工持股会会员信息核查表"，办理股权确认手续。

会员持有职工持股会股权发生继承、赠与、转让等，或发生质押、冻结的，在本次股权确认工作开展前尚未到职工持股会办理登记的，会员本人或其授权经办人须按照附件中的要求提供相关文件，办理股权确认手续。

如果存在会员受他人委托代持股份情形的，除上述资料外，还应提供经公证的股份代持协议及委托方的相关主体资格文件材料。

如果股份存在尚未了结的法律纠纷或其他瑕疵的，除上述资料外，还应提供情况说明和相关证明文件。

四、说明事项

①会员应持相关资料办理股权确权事宜，如身份证丢失的，可至所在辖区派出所出具证明。

②现场确权时须携带通知要求资料的全部原件及复印件，原件经查验后退回，如原件遗失的，须到相关主管机构开具证明；核查表、声明函等资料须在现场签字确认。

③会员须保证所提供资料真实、完整、准确，否则引起的不利后果由会员自行承担。

④本次股权确权工作不向会员收取任何费用，为保证上述工作顺利进行并确保股东的权利，请各股东在通知中规定的时间内办理股权确权登记，否则自行承担无法确权的不利后果。

五、特别事项

为实现××公司公开发行股票并上市的目的，需要对职工持股会予以规范。根据公司股权设置方案，公司拟设置若干有限合伙企业，将各会员在职工持股会中持有的股权出资至各有限合伙企业中。出资完成后，各会员将通过有限合伙企业间接持有公司股权。

××有限公司

___年__月__日

第三节　公司以自有资产评估调账转增股本合规问题

一、《企业会计制度》

《企业会计制度》规定，企业的各项财产在取得时应当按照实际成本计量。其后，各项财产如果发生减值，应当按照本制度规定计提相应的减值准备。除法律、行政法规和国家统一的会计制度另有规定者外，企业一律不得自行调整其账面价值。

二、涉及国有资产的评估调账的特别规定

(一)《国有资产评估管理办法施行细则》

《国有资产评估管理办法施行细则》规定：国有资产管理行政主管部门确认的净资产价值应作为国有资产折股和确定各方股权比例的依据。注册会计师对准备实行股份制企业的财务和财产状况进行验证后，其验证结果与国有资产管理行政主管部门确认的资产评估结果不一致需要调整时，必须经原资产评估结果确认机关同意。

(二)《中华人民共和国企业国有资产法》

企业改制是指：①国有独资企业改为国有独资公司；②国有独资企业、国有独资公司改为国有资本控股公司或者非国有资本控股公司；③国有资本控股公司改为非国有资本控股公司。

三、公司以自有资产评估调账转增股本具体处理方式

除非法律明确规定允许进行调整外，企业各项财产增值的，就增值部分不得自行调整账面价值，若该增值部分被企业错误处理转增股本的，企业股东应就摊销完毕的增资部分用现金方式补足。

1. 企业以自有土地、房产评估增值

对于企业以自有土地、房产评估增资的，且尚未摊销完毕的，一般处理方式是将该土地评估增值部分作为重大会计差错追溯调整计入其他应收款中应收股东的款项，然后由股东按照出资比例以现金补足。

2. 企业以自有的其他无形资产评估增值

对于企业以自有的其他无形资产（如非专利技术、专利技术）评估增资，金额相对较小，且经摊销完毕的，同时在改制时，净资产已经充实实收资本，即净资产折股不高于实收资本的，可以不再补足，但是需要原股东出具兜底承诺函。

四、公司以自有资产评估调账转增股本整改案例

【案例一】SWG 公司

2005 年 8 月 31 日，SWG 公司召开股东会并形成决议，同意以公司资本公积金 11,400 万元（资产评估增值入账形成）及盈余公积金 2,600 万元（公司提取企业发展基金形成）转增注册资本，公司注册资本由 6,000 万元增至 20,000 万元，SWG 科技及 KH 投资的持股比例不变。

2005 年 9 月 22 日，云南华审会计师事务所有限公司出具了验资报告，其中记载，截至 2005 年 8 月 31 日止，SWG 有限已收到 SWG 科技出资 17,000 万

元，占注册资本的 85%；KH 投资出资 3,000 万元，占注册资本的 15%；变更后的注册资金为 20,000 万元。

根据市场主体档案记载，SWG 有限于 2005 年 9 月 23 日完成变更登记。经律师核查，上述增资事项存在以资产评估增值作为资本公积金直接转增注册资本的情况，不符合财政部《关于股份有限公司进行资产评估增值处理的复函》的相关规定，不符合"只有在法定重估和企业产权变动的情况下，才能调整被重估资产账面价值"否则"不能将资产重估增值入账，调增资产价值"的相关规定。

根据 JSJ 投资（SWG 科技更名后）、KH 投资等出具的说明，随着公司内部控制的完善、管理水平的提高并出于谨慎考虑，上述将资本公积金转增注册资本的 11,400 万元改由 SWG 科技、KH 投资投入等值货币现金予以置换，且已全部缴足，不存在出资不足、出资不实、股权纠纷或者潜在纠纷等影响公司股本、股权真实确定的事项。

2007 年 12 月 31 日，云南华审会计师事务所有限公司出具了验资报告，其中记载，公司原由资本公积转增的注册资本 11,400 万元，改为由原股东新增投入货币资金 11,400 万元；截至 2007 年 7 月 31 日，公司已收到 SWG 科技、KH 投资缴纳的新增注册资本 11,400 万元，具体缴纳明细如下。

① SWG 科技已经于 2007 年 7 月 20 日将 2,300 万元缴存公司的银行账户；7 月 24 日缴存 2,600 万元；7 月 25 日缴存 2,100 万元；7 月 27 日缴存 2,690 万元；共计缴存 9,690 万元。

② KH 投资已经于 2007 年 7 月 5 日将 1,000 万元缴存公司的银行账户；7 月 29 日缴存 710 万元；共计缴存 1,710 万元。

本次变更后的公司累计注册资本仍为 20,000 万元，实收资本 20,000 万元。

【案例二】BF 科技

反馈问题：关于无形资产评估增值，你公司上期末净资产 166.01 万元，本期末净资产 2,770.72 万元。你公司控股股东报告期内向公司无偿赠与 2 项发明专利技术和 26 项实用新型专利，上述无形资产以评估值 2,800.19 万元入账，计入本年资本公积 - 股本溢价。

经查询公开信息，你公司问询函回复中披露的 28 项专利的公告日均为 2017 年以前，其中 3 项专利将在 2022 年 6 月份到期。上述专利中的 13 项为申请人沈阳 SS 有限公司于 2016 年 10 月转让给北方 ZN 装备有限公司后，再于 2019 年 7 月转让给实际控制人吴某，其余 15 项为 2019 年 7 月由北方 ZN 装备有限公司转让给实际控制人吴某。北方 ZN 装备有限公司系实际控制人父母控制的公司，沈阳 SS 有限公司现为公司的参股公司。

请你公司说明：

①上述 28 项专利均于 2017 年前取得，且 3 项即将到期，请说明相关专利的关键技术、技术应用场景，上述专利形成后是否产生过实质经济利益；

②说明 2019 年实际控制人自出让方取得上述专利的交易价格，转让价格的确认依据，前次转让是否进行评估，如有，请说明上次评估的评估结果、评估方法、关键参数与本次评估结果、评估方法、关键参数是否存在较大差异。

请评估机构说明：无形资产评估采用的评估方法，具体程序，评估关键参数的确认依据，结合市场需求、公司在手订单等情况详细说明收入预测的确认依据，与同行业公司可比交易的差异，评估价值是否公允。

第四节 国有股东认定合规问题

一、基本法律、法规

①《中华人民共和国企业国有资产法》；

②《关于施行〈上市公司国有股东标识管理暂行规定〉有关问题的函》（简称"80 号文"）；

③《上市公司国有股东标识管理暂行规定》（简称"108 号文"）；

④《企业国有资产交易监督管理办法》（简称"32 号文"）。

二、国有股东的认定依据及程序

国家出资企业，是指国家出资的国有独资企业、国有独资公司，以及国有资本控股公司、国有资本参股公司。

国有及国有控股企业、国有实际控制企业包括：

①政府部门、机构、事业单位出资设立的国有独资企业（公司），以及上述单位、企业直接或间接合计持股为 100% 的国有全资企业；

②上述①所列单位、企业单独或共同出资，合计拥有产（股）权比例超过 50%，且其中之一为最大股东的企业；

③上述①②所列企业对外出资，拥有股权比例超过 50% 的各级子企业；

④政府部门、机构、事业单位、单一国有及国有控股企业直接或间接持股比例未超过 50%，但为第一大股东，并且通过股东协议、公司章程、董事会决议或者其他协议安排能够对其实际支配的企业。

持有上市公司股份的下列企业或单位应按照《上市公司国有股东标识管理暂

行规定》标注国有股东标识。

①政府机构、部门、事业单位、国有独资企业或出资人全部为国有独资企业的有限责任公司或股份有限公司。

②上述单位或企业独家持股比例达到或超过50%的公司制企业；上述单位或企业合计持股比例达到或超过50%，且其中之一为第一大股东的公司制企业。

③上述②所述企业连续保持绝对控股关系的各级子企业。

④上述所有单位或企业的所属单位或全资子企业。

国有股东是指符合以下情形之一的企业和单位，其证券账户标注"SS"：

①政府部门、机构、事业单位、境内国有独资或全资企业；

②上述①中所述单位或企业独家持股比例超过50%，或合计持股比例超过50%，且其中之一为第一大股东的境内企业；

③上述②中所述企业直接或间接持股的各级境内独资或全资企业。

不符合上述规定的国有股东标准，但政府部门、机构、事业单位和国有独资或全资企业通过投资关系、协议或者其他安排，能够实际支配其行为的境内外企业，证券账户标注为"CS"，所持上市公司股权变动行为参照《上市公司国有股东标识管理暂行规定》管理。

三、国有股东认定的相关案例

1. 反馈意见

请公司补充披露公司改制、历次股权增资、股权转让、减资、股份制改造过程中，CY科技及CY财务的股权变动是否经过有权国资管理部门的批复及确认，是否经过国有资产交易平台的招拍挂流程，是否符合国资管理相关规定。

2. 反馈回复

CY科技为于1993年11月9日经证监会批准并公开发行股票的上市公司，截至2015年7月28日，CY投资（即CY集团）持有CY科技34.33%股份；CY投资是苏州市国有资产监督管理委员会100%持股的国有独资公司，因此，CY科技为国有相对控股的上市公众公司。

《关于施行〈上市公司国有股东标识管理暂行规定〉有关问题的函》对应当标注国有股东标识的企业或单位进行了明确定义，包括以下类别。

①政府机构、部门、事业单位、国有独资企业或出资人全部为国有独资企业的有限责任公司或股份有限公司。

②上述单位或企业独家持股比例达到或超过50%的公司制企业；上述单位或企业合计持股比例达到或超过50%，且其中之一为第一大股东的公司制企业。

③上述②中所述企业连续保持绝对控股关系的各级子企业。

④以上所有单位或企业的所属单位或全资子企业。

CY 投资持有 CY 科技的股份自 2003 年以来均低于 50%，CY 科技不具有标注为国有股东的条件，不应当被认定为国有股东。因此，其所持有的公司的股份亦不应当被认定为国有股。

根据 CY 投资于 2015 年 5 月 7 日出具的《关于 CY 科技持有 SC 公司 86.42% 股份性质的批复》，CY 科技是国有相对控股的上市公众公司，其所持有的 SC 公司 86.42% 的股份不被认定为国有股。鉴于 CY 科技于 1993 年成为上市公众公司，故其持有公司的股权至今均应被认定为非国有股权。

综上所述，律师认为，CY 科技对外转让公司股权、增资、股份制改造均无须按照国资相关的规定操作，无须国资管理部门的批复和确认。

第五节　知识产权合规问题

硬科技时代，智能制造时代，数字经济崛起，对于以科技领先的企业来说，知识产权的战略意义愈发凸显。

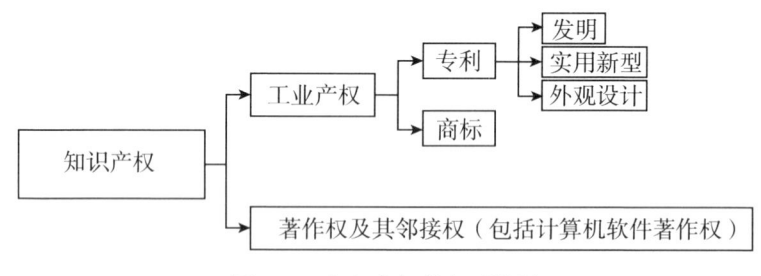

一、知识产权的主要类别

知识产权的主要类别如图 17-2 所示。

图 17-2　知识产权的主要类别

二、企业上市之专利问题

根据审核实践，北交所主要关注专利及核心技术是否具有先进性，核心技术权属及专利权到期的影响，以及研发人员 / 核心技术人员的认定等问题。

（一）常规核查方式

一般而言，中介机构可以从以下几个方面对企业的专利进行常规核查：

①取得发行人截至报告期末已取得的专利授权书以及在审专利文件；

②通过中国及多国专利审查信息查询平台查询发行人的专利取得情况；

③通过国家知识产权局官网查询专利审查的流程及相关规定；

④查阅《中华人民共和国专利法》《中华人民共和国专利法实施细则》《专利审查指南》等相关法律法规及主管部门文件，了解专利申请的审查和批准的相关流程、专利保护等规定；

⑤查阅《公开发行说明书（申报稿）》，了解公司行业地位、进口替代情况、技术研发所处行业水平、客户认证情况；

⑥查阅发行人获奖证书，在相关官网进行核实，查阅该项目相关鉴定书、检测报告等文件；

⑦与发行人董事长、核心技术人员、研发人员等进行访谈，了解核心技术来源的具体情况及与发行人专利技术的对应关系，了解原始技术的后续拓展成果及专利技术保护情况；

⑧取得发行人就公司专利技术的竞争优势及其先进性，公司核心技术对应的关键技术指标情况、简要含义、选取依据及衡量标准的书面说明；

⑨通过裁判文书网，核查发行人涉及的诉讼及纠纷情况；

⑩查阅发行人工商档案，核查股东技术出资（如有）的具体内容及协议约定；

⑪获取并查阅发行人历史研发资料和研发成果情况、目前在研项目资料和研发进展情况、研发人员构成情况、核心技术人员背景情况、研发创新机制及未来研发计划情况；

⑫获取并查阅同行业企业研发情况并与发行人情况进行比较。

（二）针对性核查方式

除了常规核查外，对于专利技术、核心技术、研发人员、获奖技术，还需要进行有针对性的专项核查。

1. 专利技术

关于专利技术，除常规核查外，还可从以下角度进行核查并说明：

①发行人专利技术属于行业通用技术还是公司特有技术，结合国内主要竞争对手的研发、技术水平等情况，说明发行人专利技术的竞争优势及其先进性；

②若存在长期未获核准的专利技术，须说明长期未获批准的原因；

③若存在专利权将到期的情况，须核查并结合《中华人民共和国专利法》中有关专利权保护期限的规定、国内外实施专利补偿期限制度等，说明在可能的情况下，发行人后续如何延长专利保护期，是否可能误导投资者；

④若发行人专利权到期后专利技术进入公有领域，须核查并披露拟采取的应

对措施，相关产品是否无法依据技术优势、品牌优势继续保持垄断地位或原有市场份额，毛利率是否无法保持较高水平，是否会影响发行人的持续经营能力。

2. 核心技术

关于核心技术，除常规核查外，还可从以下角度进行核查并说明：

①结合核心技术对应的发明专利等情况，说明认定核心技术先进性的依据是否充分，相关专利是否仍具有先进性，发行人是否具有持续创新能力；

②列示核心技术对应的关键技术指标情况、简要含义、选取依据及衡量标准，并结合国内外同行业可比公司已达到的技术水平，说明发行人核心技术在国内和国际市场是否具有先进性；

③若存在将核心技术作为技术秘密进行管理的情况，须核查并说明其合理性，涉及生产、制备的具体环节，相关技术是否为发行人独有，是否申请专利保护，与竞争对手是否存在侵权纠纷或利益分成情形；

④列表逐项披露核心技术来源的具体情况及其与公司专利技术的对应关系，说明核心技术与相关方的关系；

⑤若存在技术出资的情况，须核查并说明具体内容及协议约定，发行人后续拓展成果，对应的专利技术保护情况，是否与第三方存在共有专利、共享技术或侵犯知识产权的情形。

3. 研发人员

关于研发人员，可从以下角度核查并说明：

①研发人员的认定依据，是否全部技术人员均为研发人员，发行人的核心技术人员、研发人员的数量、平均薪酬、背景学历、从业经验等与同行业可比公司是否存在较大差异，是否可以满足发行人的研发需求；

②发行人进行研发的主要参与人、核心技术人员在研发过程中所起的作用，是否为公司发明专利的发明人，对主要产品研发、核心技术的贡献情况。

4. 获奖技术

若发行人存在获奖的技术，须核查并说明：

①获奖的具体情况；

②获奖技术是否与公司主营业务相关，相关技术是否已经产业化。

（三）关于专利问题的典型案例

【案例一】TH 公司

反馈问题：根据公开转让发行说明书，发行人有专利共 35 项，其中发明专利 12 项、实用新型专利 21 项、外观设计专利 2 项；在申请专利共 26 项，其中发明专利 23 项、实用新型专利 3 项，其中大部分是 2017—2018 年申请的。发行人还拥有 8 项核心技术并在 2019 年获得中国机械工业科学技术奖二等奖。

审核机构要求发行人：①说明上述专利技术属于行业通用技术还是公司特有技术，结合国内主要竞争对手的研发、技术水平等情况，补充说明发行人专利技术的竞争优势及其先进性；②结合核心技术对应的发明专利较少的情况，说明认定核心技术先进性的依据是否充分，相关专利是否仍具有先进性，发行人是否具有持续创新能力；③列示 8 项核心技术对应的关键技术指标情况、简要含义、选取依据及衡量标准，并结合国内外同行业可比公司已达到的技术水平，说明发行人核心技术在国内和国际市场是否具有先进性；④补充披露 2019 年获得中国机械工业科学技术奖二等奖的具体情况，说明公司参与了项目的哪些内容、是否为项目的主要参与方，说明获奖技术是否与公司主营业务相关、相关技术是否已经产业化；⑤补充说明在申请专利技术长期未获得核准的原因。

以下介绍发行人回复的内容。

1.说明上述专利技术属于行业通用技术还是公司特有技术，结合国内主要竞争对手的研发、技术水平等情况，补充说明发行人专利技术的竞争优势及其先进性

截至 2020 年 6 月 30 日，发行人有专利共 38 项，其中发明专利 13 项，实用新型专利 23 项，外观设计专利 2 项；在申请专利共 21 项，其中发明专利 20 项，实用新型专利 1 项。

发行人的主要专利技术属于公司特有技术；结合发行人所处行业技术情况，将发行人发明专利技术与行业技术情况进行对比分析，发行人授权和在审的发明专利技术的竞争优势、先进性具体情况如表 17-14 所示。

表 17-14 发行人发明专利技术的竞争优势、先进性

序号	专利名称	专利类型	行业情况	竞争优势及其先进性
1	欠采样混频电路	发明	根据奈奎斯特定律对高频信号使用采样率更高的模数转换集成电路进行信号采集	将高频信号通过混频降低频率，可以使用高精度低速模数转换集成电路进行信号采集
2	基于二分法的线路通断快速测试方法	发明	同类仪器使用的是一对其他法进行测试，对于一个 N 个脚位的产品需要扫描 N 次	二分法的优势在于测试效率高，例如一个 64 脚位的产品，二分法只需 6 次扫描即可完成测试；而同类产品的一对其他法，则需要 64 次才能完成
……	……	……	……	……

综上所述，发行人律师认为，发行人拥有的专利技术均属于特有技术，与所处行业情况比对分析可见，发行人的专利技术具有竞争优势及先进性。

2. 结合核心技术对应的发明专利较少的情况，说明认定核心技术先进性的依据是否充分，相关专利是否仍具有先进性，发行人是否具有持续创新能力

（1）发行人核心技术对应的发明专利较少的原因

1）早期申请专利较少

发行人的核心技术主要源于业务发展过程中的自主研发与技术积累，发行人认为即便不申请专利保护，也能保证发行人技术的先进性和领先性。由于对专利保护的重要性认识不足，同时担忧申请专利后核心技术被公布于众，2017年前发行人并不重视和鼓励核心技术的专利申请工作。

2）发明专利审核周期长

近年来，随着国家对知识产权保护的重视，发行人开始鼓励、积极推动核心技术的专利申请工作。2017年3月，发行人发布《员工申请专利奖励办法》，明确了专利申请奖励机制。

在相关办法激励下，发行人专利申请数量显著增加，但因发明专利审核周期长，新增授权不多。

报告期内，发行人新增发明专利申请具体情况如表17-15所示。

表17-15 发行人新增发明专利申请具体情况

序号	申请号/专利号	专利名称	专利类型	申请日期	授权公告日或审核状态
1	2017106755846	具有开启电压预处理功能的数控恒流源装置	发明	2017.08.09	2019.08.30
2	2017107966878	基于交流阻抗的接触检查方法和装置	发明	2017.09.06	2020.01.31
3	2018100034735	基于电压法的市电自动切换装置	发明	2018.01.03	2020.01.17
……	……	……	……	……	……

综上所述，发行人早期不鼓励专利申请，系发行人发明专利较少的主要原因；报告期内，虽发明专利申请数量显著增加，但由于发明专利审核周期较长，所以发明专利新增并不显著。上述两个原因最终导致发行人发明专利数量较少。

（2）认定核心技术先进性的依据是否充分

早期，发行人未就核心技术及时申请专利保护，导致目前发明专利数量较少；发明专利取得情况，不能作为评估发行人核心技术先进性与否的依据。发行人核心技术先进性认定，主要依据其核心技术的关键技术指标与国内外同行业可比公司已达到的技术水平的比对结果。

发行人核心技术的主要性能指标已接近或达到行业优势企业的主流技术水平，在国内和国际市场具有一定的先进性（发行人在对其他问题的回复中说明了具体情况）。

（3）相关专利是否仍具有先进性

发行人相关专利仍具有先进性（发行人在对其他问题的回复中说明了具体情况）。

（4）是否具有持续创新能力

发行人保持技术创新能力主要体现在研发机制、创新激励和研发投入三个方面。

1）研发机制

为规范新产品的研发流程，公司建立了"通用新产品结构化开发过程定义指南"等研发机制。发行人研发团队分工明确，研发机制成熟。发行人根据各研发人员工龄、研发经验、专业基础等综合因素，对研发人员进行分组，分配研发内容，研发团队内部呈梯队化分工，分工明确、合理。

2）创新激励

发行人鼓励员工持股。发行人于2018年第二次临时股东会审议通过了2018年股权激励计划的议案，部分研发人员通过持股平台获授激励股权。

为激发与调动研发人员的积极性和创造性，使研发人员薪酬体系制度化，构建合理的人才梯队，提高公司对优秀创新人才的吸引力和市场竞争力，公司制定并实施了《研发人员技术等级评定方法》，对研发人员进行技术等级评定。

为建立和完善科学的研发管理绩效评价体系，不断提高公司技术创新能力和新产品、新项目的研发效率，公司制定并实施了《研发人员绩效考核方法》，将研发人员绩效考核结果作为研发人员技术等级晋升的主要依据。

3）研发投入

为实现新产品研发，发行人购入"产品生命周期管理系统"（PLM）软件，通过该软件对新产品进行全生命周期管理。

报告期内，公司每年的研发投入占公司营业收入的比例均在12%以上，在保证持续性研发投入的前提下，通过自主研发和合作开发相结合的方式，保持公司的持续创新能力。

综上所述，公司为保持技术先进性，在建立研发创新制度、创新激励、研发投入三个方面积极作为，使公司具备了持续创新的能力。

3.列示8项核心技术对应的关键技术指标情况、简要含义、选取依据及衡量标准，并结合国内外同行业可比公司已达到的技术水平，说明发行人核心技术在国内和国际市场是否具有先进性

相关情况如表17-16所示。

表17-16 核心技术对应的关键技术指标等情况

序号	核心技术名称	关键技术指标	简要含义	衡量标准	国内外最高水平	行业主流水平	发行人技术水平	主要竞争对手技术水平	未来发展方向
1	数字化自动平衡阻抗测试技术	测试频率	测试被测件的信号频率	范围越大指标越好	20Hz~120MHz	20Hz~1MHz	5Hz~10MHz	SD科技 20Hz~120MHz WJ电子 20Hz~120MHz	1Hz~300MHz
……	……	……	……	……	……	……	……	……	……

[注]①因发行人所处行业暂未形成相对统一的国家标准和行业标准，故按照行业惯例，选取相应类别产品的主要性能指标进行对比。②"国内外最高水平""行业主流水平""主要竞争对手技术水平"均来源于公开可查询到的数据。

综上所述，结合表17-16中的数据，发行人核心技术的主要性能指标已接近或达到行业优势企业的主流技术水平，在国内和国际市场具有一定的先进性。

4.补充披露2019年获得中国机械工业科学技术奖二等奖的具体情况，说明公司参与了项目的哪些内容、是否为项目的主要参与方，说明获奖技术是否与公司主营业务相关、相关技术是否已经产业化

第十七章 北交所上市之重大问题解决合规要点

（1）发行人 2019 年获得中国机械工业科学技术奖二等奖的具体情况

获奖项目的基本情况如表 17-17 所示。

表 17-17 获奖项目的基本情况

项目名称	磁性电子元器件参数宽频高精度智能测试关键技术及应用
完成单位	常州大学、常州 TH 电子股份有限公司
项目简介	项目针对高端电子元件批量测试精度差、效率低及综合测试能力弱等三大瓶颈问题，校企团队持续攻关六年多，突破了技术难点，主要技术创新如下。①数字化自动平衡电桥测试技术。设计了融矢量信号发生、平衡检零、高速数模转换于一体的数字化自动平衡电桥技术，使测试精度在 20Hz~2MHz 达到 0.05%，在 5MHz 达到 0.5%，在 10MHz 达到 1%。②欠采样混频技术。针对高频信号精确检相的技术难题，设计了特殊的数模融合和双通道 ADC 相结合的采样混频电路，在信号幅度和相位信息不变的条件下实现了高频信号的低频化。③高速取样及软件矢量检相技术。研发了一种软件矢量检相算法，结合数字高速同步取样电路，替代硬件检相和多斜积分式 ADC，提高了检相灵敏度和测试速度。④矩阵式治具智能扫描技术。设计了一种高低压结合的矩阵式扫描架构，实现了对矩阵中各个引脚测试功能的自由分配和阻抗参数的高速扫描，使测试效率达到国际领先水平，另可配合工业机器人组成全自动化生产线。⑤大电流电感偏流源。设计了一种特殊的交直流叠加方法和主从式结构，研制了电流达 120A 的电感偏流源系统，解决了大电流直流电源高频隔离、纹波干扰大等问题，实现了大电流电感的偏流特性分析。⑥基于 LXI 的工业互联网系统组网技术。可将若干测试与生产设备、计算机、数据采集分析软件随需互联，实现智能制造在线自动检测、统计与分析、产品质量追溯。项目核心技术经中国机械工业联合会鉴定，总体技术指标达到国际先进水平，数字化自动平衡电桥测试技术在测试效率上达到国际领先水平，项目获授权发明专利 12 项、软件著作权 3 项；发表高质量 SCI 论文 6 篇（其中一区 2 篇、二区 3 篇，其中 2 篇论文入选 Top1%ESI 数据库高被引论文）

（2）发行人在获奖项目中承担的工作内容

根据发行人的说明并经律师核查，发行人作为该项目主要参与方，负责该项目开发过程中的系统设计、硬件电路设计、软件设计、机械结构设计、硬件系统设计、软件系统设计等核心工作内容。

（3）发行人获奖项目是否与公司主营业务相关，相关技术是否已经产业化

根据中国机械工业科学技术奖推荐书记载，为了满足科技发展对电子元器件参数测试提出的新要求，该项目采用创新的数字化自动平衡电桥测试技术、欠采样混频技术、高速取样及软件矢量检相技术、大电流电感偏流源等，使测试精度、速度全面提升，硬件成本大幅降低；采用创新的矩阵式治具智能扫描技术，大幅提高了自动化测试水平；利用创新的算法提供 Cpk、Ck、Cp 等统计分析功

能，帮助客户快速获取产品质量分析数据，以找到质量差异成因；采用基于 LXI 的工业互联网系统组网技术实现组网连通和数据传递，构建网络化测量平台，实现一体化操作，满足生产企业对磁性元器件进行全面高效测试的要求。

发行人的主营业务为电子测量仪器的研发、生产和销售，据此，该获奖项目与发行人主营业务紧密相关。

根据发行人的说明，本项目相关技术已实现产业化，具体情况如表 17-18 所示。

表 17-18 相关技术实现产业化

序号	产品名称	产品型号	产业化时间
1	自动变压器测试系统	TH2829NX	2013 年
2	自动变压器测试系统	TH2829AX	2012 年
3	自动变压器测试系统	TH2829CX	2013 年

5. 补充说明在申请专利技术长期未获得核准的原因

（1）发行人在申请专利情况

根据发行人提供的关于在审专利的说明并经在中国及多国专利审查信息查询平台的查询，截至 2020 年 6 月 30 日，发行人有 21 项正在申请的专利，其中 20 项为发明专利，1 项为实用新型专利（已于期后取得授权）。具体如表 17-19 所示。

表 17-19 发行人在申请专利具体情况

序号	申请号	专利名称	专利类型	申请日期	状态
1	—	用于消除扫描测试线圈电阻时反向电动势的方法及装置	发明	2017.6.30	等待实审提案
2	—	基于模拟乘法器用于交流电源的有效功率测量方法及装置	发明	2017.6.30	等待实审提案
3	—	用于消除感性负载 DCR 测量时反向电动势的装置	发明	2017.8.18	等待实审提案
……	……	……	……	……	……

由上表可见，报告期内，发行人在申请专利技术长期未获得核准的情形主要表现在发行人在申请的发明专利上。

（2）发行人已授权的发明专利平均授权周期

截至 2020 年 6 月 30 日，发行人已授权发明专利从申请之日起至取得授权所需周期情况如表 17-20 所示。

表 17-20　发行人已授权发明专利所需周期

序号	专利号	专利名称	申请日	授权公告日	周期约/月
1	—	欠采样混频电路	2010.5.28	2012.7.4	25
2	—	基于二分法的线路通断快速测试方法	2012.1.31	2014.7.2	29
3	—	从交直流叠加信号中提取直流信号的装置及方法	2012.12.26	2015.2.11	26
……	……	……	……	……	……
发明专利平均授权周期					30

综上，发行人在申请专利技术长期未获得核准的原因主要是发行人在审专利 21 项中有 20 项为发明专利；根据《中华人民共和国专利法》等的规定，发明专利授权要求较高，发明专利的审查时长受到发明技术的内容、审查员对发明的理解、审查员的工作安排以及审查员与申请人或其代理人之间文件往复的时间等多项因素影响；结合发行人已授权发明专利平均授权周期，发行人在申请专利技术长期未获得核准的情形合理。

【案例二】LQ 公司

反馈问题：关于创新型特征

根据问询回复，发行人属土木工程建筑业，主要从事市政工程施工及市政设施养护业务。①发行人 4 项发明专利中有 2 项为共有发明专利，共有专利系发行人技术体系中的一个组成部分，并非发行人重要或关键的技术。②报告期内，公司总工程师办公室负责制定研发活动的具体计划，然后将研发任务分解并分配至对应的部门、分公司或子公司执行。公司从事研发活动的人员在履行各自所在部门职责的同时亦开展研发工作。2021 年 7 月，发行人将总工程师办公室的日常管理职能剥离，使其专门从事研发及研发成果的应用推广工作，发行人将总工程师办公室负责统筹协调的此前分散在公司各部门、分公司和子公司的技术人员集中起来，组成四个研发团队，并进一步明确了其各自的研发方向。③发行人将各数字化管理模块进行集成，打造全方位的智慧养护平台，并运用数字化成果为市政设施管理单位提供全方位、数字化管理方案。④发行人申报的多项科技创新成果获 2021 年度杭州市市政行业科技创新成果奖，其中，除全天候冷补沥青混合料研制外，其他均非发行人独立申请取得。发行人冷补料已累计在杭州市城区如同协路、丁兰路等多条道路上使用，整体情况良好，反馈优异。

请发行人就以下内容回复。

①列表披露公司每项核心技术、发明专利、研究成果所应用的具体项目及收入

占比，说明核心技术、发明专利、研究成果是否应用于项目关键环节，是否显著增强了项目获取能力；结合公司报告期内的收入变动、新增订单、毛利率变动等情况，采用定性及定量的方式说明公司核心技术、发明专利、研究成果对经营业绩的贡献程度及提升作用；结合上述情况，说明创新成果与核心竞争力的关系。

②补充说明报告期内公司是否具备独立自主的研发体系，报告期各期研发费用均为零能否体现公司的研发创新能力，如何体现研发创新在公司经营中的重要性，能否体现公司的创新特征；2021年7月后新组建的四个研发团队是否专职从事研发活动，若否，说明主要研发团队非专职从事研发活动是否符合创新性特征，相关研发费用归集及处理是否符合《企业会计准则》等规定；结合发行人在专利合作研发、课题合作研发中的角色、贡献、作用、成果分享模式，说明公司主要研发项目或在关键业务领域的研发活动是否依赖合作方，采取合作研发的原因及必要性，是否具备独立完成上述研究项目的能力。

③模拟测算报告期各期发行人的研发费用，并结合行业创新性特征、可比公司的研发投入、创新成果及应用情况，区分施工、养护业务，分别说明发行人的技术先进性，是否具有更强的创新性；结合主要竞争对手冷补材料的性能及项目应用情况，说明公司研发的新型冷补料是否具有显著优势，是否为客户选取供应商的关键考量因素；说明公司智能养护模式的实施难度如何体现，能否明显促进养护业务收入增长，是否已经为行业内通行做法，若否，说明竞争对手不采取智能养护模式的原因。

④结合施工业务的发展前景、研发创新、募投项目及行业技术发展情况，说明公司如何实现传统产业的转型升级；说明公司智能养护模式在解决行业痛点、满足客户更高要求、创造客户新需求等方面如何体现，招股说明书及问询回复中相关内容的描述是否存在夸大情形，若存在，请进行删除或修改。

以下介绍发行人回复的内容。

1.列表披露公司每项核心技术、发明专利、研究成果所应用的具体项目及收入占比，说明核心技术、发明专利、研究成果是否应用于项目关键环节、是否显著增强了项目获取能力；结合公司报告期内的收入变动、新增订单、毛利率变动等情况，采用定性及定量的方式说明公司核心技术、发明专利、研究成果对经营业绩的贡献程度及提升作用；结合上述情况，说明创新成果与核心竞争力的关系

（1）列表披露公司每项核心技术、发明专利、研究成果所应用的具体项目及收入占比，说明核心技术、发明专利、研究成果是否应用于项目关键环节、是否显著增强了项目获取能力

公司主要从事市政工程施工和市政设施养护业务，根据《上市公司行业分

类指引》的要求，公司从事的市政工程施工业务收入占比超过 50%，因此所属行业为土木工程建筑业。但市政设施养护业务是公司营业利润的重要来源之一，属于公共设施管理业。报告期内，公司市政设施养护业务的毛利占比接近 50%，且在各业务类别中占比最高，公司将以发展养护业务为战略发展方向，因此市政设施养护业务的营业收入和毛利占公司整体业务相应指标的比例将持续增长。

公司各期各业务毛利情况如表 17-21 所示。

表 17-21　公司各期各业务毛利情况

毛利	2021 年 1—6 月 金额（万元）	比例	2020 年度 金额（万元）	比例	2019 年度 金额（万元）	比例	2018 年度 金额（万元）	比例
养护类	6,638.16	49.83%	9,633.00	47.72%	10,741.76	54.57%	9,382.24	52.78%
工程类	5,624.53	42.23%	8,624.76	42.73%	8,144.26	41.38%	8,392.48	47.22%
销售类	1,056.94	7.94%	1,927.16	9.55%	797.69	4.05%	—	—
合计	13,319.63	100.00%	20,184.92	100.00%	19,683.71	100.00%	17,774.72	100.00%

在"十三五"期间，公司以养护业务为根基，同时大力发展工程和沥青销售业务，三大业务联动发展，形成具有核心竞争优势的业务组合。同时，为进一步夯实养护主业的竞争力，公司安排资金预算着力研发智慧养护软件，建立专业的开发团队，形成与养护场景的深度契合，依托新一代信息技术，打造了全方位的"智慧养护平台"。在"十四五"期间，公司坚持以养护业务为主导，重新构建发展养护核心竞争力，进一步挖掘内部潜力和效益，提升精细化管理水平，加大投入力度，迭代升级"智慧养护平台"，积极拓宽"智慧养护模式"业务渠道，在数字化时代的竞争中掌握先机，优化提升企业的核心竞争力。因此，公司的创新性主要体现在其市政设施养护业务上。

养护业务是公司核心业务，公司的核心技术、发明专利以及研究成果主要应用于养护业务，具体情况如表 17-22 所示。

表 17-22　公司的核心技术、发明专利以及研究成果应用情况

编号	类型	名称	业务类型	具体项目/用途	是否应用于关键环节	报告期累计收入金额（万元）	占报告期累计主营业务收入比例
1	核心技术	沥青路面就地热再生施工技术	养护业务	道路养护	是	110,085.22	16.72%
2		桥梁立柱钢棒托架施工工法	养护业务	桥梁养护	是	56,241.69	8.54%

续表

编号	类型	名称	业务类型	具体项目/用途	是否应用于关键环节	报告期累计收入金额（万元）	占报告期累计主营业务收入比例
3	核心技术	城市道路杂填土路基注浆加固技术	养护业务	道路养护	是	110,085.22	16.72%
4		钱塘江在役桥梁群结构健康监测与预警关键技术应用	养护业务	桥梁养护	是	56,241.69	8.54%
5		建筑固废高效利用关键技术及工程应用	其他业务	—	否	—	—
6		城市大规模隧道全寿命安全运维关键技术及应用	养护业务	隧道养护	是	60,059.22	9.12%
7		全天候冷补料的研究及在城镇道路养护中的应用	养护业务	道路养护	是	26,433.92	4.02%
8	发明专利	一种方便拆装堆放和高度可调节的钢便桥	养护业务	桥梁养护	否	—	—
9		一种盆式支座位置空间较低情况下的支座更换方法	养护业务	道路养护	是	110,085.22	16.72%
10		噪声路面及其施工方法	工程业务	路面摊铺	是	124,976.96	18.98%
11		一种散装建筑材料配送方法、装置、系统及可读存储介质	销售业务	仁和沥青生产基地	是	51,726.54	7.86%
12	研究课题	通行限速提高对紫之隧道全寿命运维的影响研究	养护业务	紫之隧道养护	是	13,198.35	2.00%
13		在役桥梁正交异性钢桥面板应力监测与疲劳性能评估	养护业务	桥梁养护	是	56,241.69	8.54%
14		新型双层高弹改性SMA钢桥面铺装技术研究	养护业务	桥梁养护	是	56,241.69	8.54%
15		城市隧道渗漏水病害发生机理及治理技术研究	养护业务	隧道养护	是	60,059.22	9.12%
16		低排放沥青拌和站环保工艺研究	销售业务	仁和沥青生产基地	是	51,726.54	7.86%

续表

编号	类型	名称	业务类型	具体项目/用途	是否应用于关键环节	报告期累计收入金额（万元）	占报告期累计主营业务收入比例
17	研究课题	高耐久抗车辙型特种沥青创新结构层在市政养护上的研究与应用	养护业务	道路养护	是	110,085.22	16.72%
18		紫之隧道全寿命运维管理技术标准研究	养护业务	紫之隧道养护	是	13,198.35	2.00%
19		杭州市建筑装修垃圾组分分析、产量预测与资源化研究项目	其他业务	—	否	—	—

[注] 存在同一项目同时应用多项核心技术、发明专利、研究成果的情形。上述核心技术、发明专利、研究成果均应用于项目实施过程中的某一环节，可以普遍应用于多个具体项目，如沥青路面就地热再生施工技术、城市道路杂填土路基注浆加固技术主要应用于道路养护项目，报告期内主要的道路养护项目包括拱墅区莫干山路、上塘路等市属区管道路市政环卫一体化项目，江干区城市管理局九堡区域27条段道路、排水、保洁一体化综合养护项目等；桥梁立柱钢棒托架施工工法主要应用于桥梁养护项目，报告期内主要的桥梁养护项目包括市管大型桥隧（高架快速路1标）养护项目、市管大型桥隧（特大型桥梁隧道）养护项目等；城市大规模隧道全寿命安全运维关键技术及应用主要应用于隧道养护项目，报告期内主要的隧道养护项目包括紫之隧道养护项目、庆春路过江隧道运营维护项目等。

上述技术或者专利的缺失会影响项目方案实施的顺利程度以及实施效果，属于项目的关键环节。

核心技术、发明专利、研究成果是公司项目招投标过程中的重要考量因素，以市管大型桥隧（高架快速1标）市政设施养护项目为例，根据其招标文件，维修相关的工法和专利占比为3分（满分100分），公司在相关领域拥有的核心技术、发明专利、研究成果能增强公司的项目获取能力。

除上述与养护及施工业务相关的技术、发明专利和研究成果外，公司自行开发的"智慧养护平台"亦属于公司的核心技术，公司已摸索出一套以"智慧养护平台"为指引的养护操作管理模式，并以技术输出和带资合作的投资方式推动公司业务不断向外拓展。公司通过多种方式先后承接了杭州市城市管理局"智慧市政"一期、二期项目，义乌城投"义乌数字养护平台"项目，象山城投"养护大数据管理中心"等多个项目。

以象山城投"养护大数据管理中心"为例，依托该平台，公司与象山县城市建设投资集团有限公司合资成立了象山县城路市政运维建设有限公司（公司股份占比为49%），合资公司主要业务为承接当地中心城区的市政、公园、绿化、内河的管养工作，提升象山县的城市运维能力，合资公司预计收入规模为4,000万元/年。以"智慧养护平台"为核心的"智慧养护模式"的推广，显著增强了公司项目获取能力（项目收入未并表）。

（2）结合公司报告期内的收入变动、新增订单、毛利率变动等情况，采用定性及定量的方式说明公司核心技术、发明专利、研究成果对经营业绩的贡献程度及提升作用

报告期内，公司各期收入变动情况如表17-23所示。

表17-23 公司各期收入变动情况

业务类型	2021年1—6月 金额（万元）	增长比例	2020年度 金额（万元）	增长比例	2019年度 金额（万元）	增长比例	2018年度 金额（万元）	增长比例
工程类	71,504.01	34.60%	106,249.61	−1.77%	108,167.33	43.98%	75,124.58	—
养护类	43,902.84	12.71%	77,903.34	3.04%	75,604.24	8.75%	69,521.46	—
销售业务	8,130.28	10.16%	14,760.74	97.99%	7,455.40	—	—	—
合计	123,537.13	24.21%	198,913.69	4.02%	191,226.97	32.20%	144,646.04	—

注：2021年1—6月增长率已年化计算。

由表17-23可知，报告期内，除2020年工程类业务收入外，公司各类业务收入均逐年稳步增长。2020年工程类业务收入略有下滑主要是因为受到新冠疫情的影响、施工进度减缓、工期延迟、施工工程量未达预期。

报告期内，公司各业务毛利率受项目结构及细分产品毛利率波动的影响有所波动，总体变动较小，但其中养护业务和沥青销售业务，随着相关技术的逐步应用、成熟，毛利率稳中有升。

养护项目和施工项目在招投标过程中，主要考虑投标方是否有良好的品牌及市场信誉、相应的业务资质、相关的项目经验以及实施质量、符合要求的项目实施方案和技术工法、与项目匹配的管理能力和执行团队、合适的报价等。

公司的核心技术、发明专利和研究成果有利于公司业务资质的申请、业务机会的获取、项目方案的顺利实施以及项目质量的保障，从而对公司经营业绩起到一定的提升作用。

（3）结合上述情况，说明创新成果与核心竞争力的关系

综上所述，公司的主要核心技术、发明专利、研究成果以及公司自行开发的"智慧养护平台"等创新成果均应用于项目的关键环节，能够显著增强公司的项目获取能力，提升公司的经营业绩，使得公司在与同行业公司的竞争中取得一定的竞争优势，构成了公司的核心竞争力。

2. 补充说明报告期内公司是否具备独立自主的研发体系，报告期各期研发费用均为零能否体现公司的研发创新能力，如何体现研发创新在公司经营中的重要性，能否体现公司的创新特征；2021年7月后新组建的四个研发团队是否专职从事研发活动，若否，说明主要研发团队非专职从事研发活动是否符合创新性特征，相关研发费用归集及处理是否符合《企业会计准则》等规定；结合发行人在专利合作研发、课题合作研发中的角色、贡献、作用、成果分享模式，说明公司主要研发项目或在关键业务领域的研发活动是否依赖合作方，采取合作研发的原因及必要性，是否具备独立完成上述研发项目的能力

（1）公司具有独立自主的研发体系

长期以来，总工程师办公室的职责是统筹、规划和协调公司各级部门的研发活动。2021年7月，公司将总工程师办公室日常管理职能剥离后，总工程师办公室专职从事研发及研发成果应用推广工作。公司在总工程师办公室协调下，与分散在公司各级部门的兼职研发人员集中起来，组成了公司内部研发团队。

公司主要提供市政工程施工服务和市政设施养护服务，此类业务类型决定了公司的研发需求主要来源于各类业主的个性化需求以及一线实施人员在实践中遇到的问题和障碍。长期以来，公司业务部门将实时收集的研发需求汇总至总工程师办公室，总工程师办公室进行分析、分解，将具体的研发任务分配至具备相应研发能力的特定部门的兼职研发人员，经过部门兼职研发人员、总工程师办公室以及业务部门多轮讨论和试验后，以专利、工艺方法、行业专业著作或行业标准的方式形成研发成果，由业务部门在实践中综合运用以满足业主的需求。由此可见，公司研发体系的主体由直接参与项目执行、实际技术应用的各业务部门人员组成是符合公司行业特性的，具有合理性。

在少数项目中，公司遇到内部研发体系短期内无法解决的研发需求，通过与高校或知名研究院合作研发的方式，借助于外部专家解决公司的技术难题。

公司于2021年7月26日设立子公司LW科技信息有限公司，专注于道路养护相关信息系统的开发与实施。

报告期内，公司主营业务收入构成情况如表17-24所示。

表 17-24　公司主营业务收入情况

项目	2021年1—6月 金额（万元）	比例(%)	2020年度 金额（万元）	比例(%)	2019年度 金额（万元）	比例(%)	2018年度 金额（万元）	比例(%)
工程类	71,504.01	57.88%	106,249.61	53.41%	108,167.33	56.56%	75,124.58	51.94%
养护类	43,902.84	35.54%	77,903.34	39.17%	75,604.24	39.54%	69,521.46	48.06%
销售类	8,130.28	6.58%	14,760.74	7.42%	7,455.40	3.90%	—	—
合计	123,537.13	100.00%	198,913.69	100.00%	191,226.97	100.00%	144,646.04	100.00%

报告期内，在公司自主研发体系支撑下，市政工程施工服务和市政设施养护服务的收入均有稳步增长，表明公司在业务实施过程中利用自身的工艺方法和技术优势能够满足业主的个性化需求。公司已建立的研发体系为公司维持正常的生产经营提供了重要保障。

由于报告期内参与研发活动的部门、人员较多，各级业务部门人员实施的研发活动存在于工程、养护项目执行的过程中，因此区分统计业务人员从事研发活动的时间与从事本职工作的时间难度较大，且兼职研发人员的工资薪金支出不符合税前加计扣除的条件，因此公司未对研发活动相关的支出单独归集核算，出于谨慎性原则已将相关费用统一计入管理费用，未单独列示研发费用。

报告期内体现公司创新性的科研成果较多，其中比较突出的项目如下：

①参与制定了《城镇道路养护技术规范》（国家行业标准）、《城市地下综合管廊运行维护技术规范》（浙江省工程建设标准）、《城镇道路掘路修复技术规程》（浙江省工程建设标准）和《SBS改性沥青混合料应用技术规程》（浙江省工程建设标准）等多项行业标准；

②公司研发的建筑固废高效利用关键技术及工程应用获得了浙江省科学进步奖二等奖，城市大规模隧道全寿命安全运维关键技术及应用获得了中国产学研合作创新成果奖二等奖与产学研合作创新与促进奖；

③2022年1月11日，杭州市市政行业协会发布《关于公布2021年度杭州市市政行业科技创新成果的通知》（杭市政业〔2022〕1号），公司申报的多项科技创新成果获2021年度杭州市市政行业科技创新成果奖。

（2）公司研发团队非专职从事研发活动符合公司经营发展需要

2021年7月起，公司将总工程师办公室的日常管理职能剥离，总工程师办公室专职从事研发及研发成果应用推广工作，公司各部门、分公司和子公司的技术人员在履行各自所在部门职责的同时亦开展研发工作。

公司研发团队主要人员情况如表 17-25 所示。

表 17-25　公司研发团队主要人员情况

序号	姓名	所属研发团队	入职时间	学历	职称
1	张海东	智慧信息研发团队	1995 年 7 月	本科	正高级工程师
2	田章华	智慧信息研发团队	2015 年 11 月	本科	正高级工程师
3	宓波	智慧信息研发团队	2016 年 7 月	本科	高级工程师
4	陈雍	智慧信息研发团队	2004 年 11 月	本科	工程师
5	张玮	智慧信息研发团队	2017 年 5 月	本科	工程师
6	陈韵	智慧信息研发团队	2006 年 3 月	本科	工程师
7	周敏	智慧信息研发团队	2007 年 1 月	本科	助理工程师
……	……	……	……	……	……

公司主要提供市政工程施工服务和市政设施养护服务，此类业务类型决定了公司的研发需求主要来源于各类业主的个性化需求以及一线实施人员在实践中遇到的问题和障碍。公司从事研发活动的人员大部分是亲临施工现场的一线人员，他们可以在研发需求出现的第一时间收集数据，通过与业务部门、总工程师办公室协同试验完成研发任务，因此公司主要研发团队非专职从事研发活动是符合公司经营发展需要的，也形成了较多可以体现公司创新性的科研成果。

（3）公司的研发费用归集及处理符合《企业会计准则》等规定

根据《财政部关于企业加强研发费用财务管理的若干意见》（财企〔2007〕194 号），企业研发费用，指企业在产品、技术、材料、工艺、标准的研究、开发过程中发生的各项费用，包括：

①研发活动直接消耗的材料、燃料和动力费用；

②企业在职研发人员的工资、奖金、津贴、补贴、社会保险费、住房公积金等人工费用以及外聘研发人员的劳务费用；

③用于研发活动的仪器、设备、房屋等固定资产的折旧费或租赁费以及相关固定资产的运行维护、维修等费用；

④用于研发活动的软件、专利权、非专利技术等无形资产的摊销费用；

⑤用于中间试验和产品试制的模具、工艺装备开发及制造费，设备调整及检

验费、样品、样机及一般测试手段购置费，试制产品的检验费等；

⑥研发成果的论证、评审、验收、评估以及知识产权的申请费、注册费、代理费等费用；

⑦通过外包、合作研发等方式，委托其他单位、个人或者与之合作进行研发而支付的费用；

⑧与研发活动直接相关的其他费用，包括技术图书资料费、资料翻译费、会议费、差旅费、办公费、外事费、研发人员培训费和培养费和专家咨询费、高新科技研发保险费用等。

由于报告期内参与研发活动的部门、人员较多，各级业务部门人员实施的研发活动存在于工程、养护项目执行的过程中，因此区分统计业务人员从事研发活动的时间与从事本职工作的时间难度较大，且兼职研发人员的工资薪金支出不符合税前加计扣除的条件，因此公司未对研发活动相关的支出单独归集核算，出于谨慎性原则已将相关费用统一计入管理费用，未单独列示研发费用。2021年7月起，公司将总工程师办公室日常管理职能剥离，总工程师办公室专职从事研发及研发成果应用推广工作，公司各部门、分公司和子公司的技术人员在履行各自所在部门职责的同时亦开展研发工作。自2021年7月以来，公司已严格按照《企业会计准则》的要求，设置研发活动经费台账，兼职从事研发活动的人员根据实际从事研发工作的时间做考勤记录，将符合条件的费用计入研发费用。

....

三、企业上市之商标问题

（一）重要商标未注册

不同的企业由于产品、商业模式、客户构成等的差异，对商标的依赖性不同。有些企业由于历史原因商标被抢注，造成重要的商标没有注册的问题。

【案例一】TD公司

反馈问题：根据申请文件，公开信息显示，发行人旗下主要有两大品牌"天赋力"和"振龙"，实际控制人之一的周某及其亲属持股多家商号为"振龙"的公司。

请发行人说明：发行人是否存在使用"振龙"品牌开展生产经营的情况，若存在，请说明未申请商标权的原因及是否存在纠纷或潜在纠纷，周某及其亲属持股的商号为"振龙"的公司是否为周某实际控制，是否影响发行人资产和业务独立性。

以下介绍发行人回复的内容。

1. 未申请"振龙"商标权的原因

振龙电源公司因经营不善破产清算时，处置图形相似的中文"振龙"商标和英文"振龙"商标，TD 公司仅有意向购买其英文"振龙"商标。2018 年 1 月，振龙电源公司管理人与 TD 公司签署了商标转让协议，将英文"振龙"商标转让给 TD 公司，其后，振龙电源公司将中文"振龙"商标转让给第三方。

由于 TD 公司未受让振龙电源公司另一相似商标，根据《中华人民共和国商标法》（以下简称"《商标法》"）第四十二条，"对容易导致混淆或者有其他不良影响的转让，商标局不予核准"，因此受让商标无法办理权属变更，该"振龙"商标登记的权利人仍为振龙电源公司（已注销），由于公司与振龙电源公司已签署商标转让协议，未办理权属变更不影响公司使用该商标。

2. 是否存在纠纷或潜在纠纷

公司购买的"振龙"商标已于 2021 年 6 月 13 日届满，由于振龙电源公司已注销，因此未办理"振龙"商标续展手续，目前该商标处于"无效"状态，公司已提交英文"振龙"商标的注册申请。

根据《商标法》第五十九条，"商标注册人申请商标注册前，他人已经在同一种商品或者类似商品上先于商标注册人使用与注册商标相同或者近似并有一定影响的商标的，注册商标专用权人无权禁止该使用人在原使用范围内继续使用该商标，但可以要求其附加适当区别标识"，在公司申请注册"振龙"商标前，不影响公司使用该商标；如届时公司未成功注册"振龙"商标，亦不影响在目前使用范围内继续使用该商标。

公司自受让英文"振龙"商标后，使用该商标，不存在争议或潜在争议。

综上所述，公司购买"振龙"商标并少量使用，报告期内相关产品销售收入占总销售收入比例较低，虽无法办理权属变更且现已有效期届满失效，但不会对其持续生产经营以及资产独立性、完整性构成不利影响，不会对本次发行构成实质性法律障碍。

【案例二】QZ 公司

反馈要求核查发行人商标未注册原因，商标未注册对发行人持续盈利能力的影响。发行人答复称：发行人属于光电子行业，相关产品为中间产品而非最终产品，由厂商深加工处理成为最终产品后再向消费者出售；发行人客户看重设施设备、技术力量、企业管理和质量体系等；发行人已申请注册 4 项商标，尚在注册审查阶段；客户对发行人商标的依赖性很弱，推迟商标注册对发行人盈利能力无实质性影响。

【案例三】ZH 公司

反馈意见：请发行人补充披露新商标尚未正式批准期间使用新商标的过渡安排。

发行人答复称：根据商标局网站的查询记录，新商标已通过了初步审定并予以公告，公告期三个月满无异议的，国家商标局将予以核准注册，并颁发商标注册证。

根据代理机构出具的商标报告，未发现与该商标相同或近似商标申请在先，确认该商标本身具有显著性，不存在违反《商标法》规定的不予注册的情形。

发行人在新商标获得核准注册前，将继续在其产品上使用该商标，发行人使用该商标未违反相关法律法规的规定，不存在侵犯他人注册商标或与其他企业存在商标方面纠纷的情况。

（二）重要商标的依赖性

重要商标的依赖性，主要存在于发行人和集团公司共同使用一个商标的情形或者发行人使用的商标由发行人母公司申请，但是，在重组时未将该商标转入发行人的情形。实践中，一些集团化发展的企业，基于集团发展的考虑，希望通过永久免费授权使用的方式解决商标使用问题，但是考虑到发行人资产的完整性，应当将对于发行人具有重要作用的商标，尤其是发行人经营类别的商标转入发行人。

【案例一】AEG 公司

反馈问题：根据申请文件，公司多项商标权系继受取得；ABB（中国）有限公司（以下简称"ABB"）分别授予极奕开关、极奕元件一项不可转让、非排他性的商标许可；伊莱克斯就"AEG"商标授予极奕元件非排他性许可。

请公司补充说明以下内容。

①公司继受取得商标权的背景、受让价格、定价依据及合理性。

②公司被授权使用商标权的授权类型、期限、限制性要求等，授权价格、定价依据及合理性；相关商标权是否在同一销售范围内授权公司及子公司以外的其他主体使用，相关使用情况对公司业务开展的影响；授权使用的商标权对公司业务的贡献情况，公司是否在商标权使用方面存在重大依赖。

以下介绍公司回复的内容。

1. 公司被授权使用商标权的授权类型、期限、限制性要求，授权价格、定价依据及合理性

（1）授权类型、期限、限制性要求

公司目前被授权使用的商标情况如表 17-26 所示。

表 17-26　公司目前被授权使用的商标情况

商标名称	被许可方	许可方	授权类型	期限	限制性要求
ENTELLIGUARD	极奕开关	ABB	不可转让、非排他	生效日（生效日为极奕开关60%股权交割日）起开始的5年，除非协议终止，授权期限将自动续期5年，续展次数不受限制	被许可方不得授权商标的进一步分许可。经许可方事先书面同意，被许可方可将商标分许可给其关联方……
RECORD	极奕元件				
……	……	……	……	……	……

（2）授权价格、定价依据及合理性

根据《商标分许可协议》约定，极奕开关和极奕元件分别按照收入的0.5%向ABB支付商标许可费。在公司收购极奕开关和极奕元件前，ABB收取的技术授权费为2%，并没有单独针对"ENTELLIGUARD"和"RECORD"两项商标单独收取商标授权费。公司收购极奕开关和极奕元件后，经过与ABB商议，决定将原本2%的技术授权费拆分为1.5%的技术授权费和0.5%的商标授权费，因此，技术授权费和商标授权费的定价为延续此前的定价，存在合理性。

根据《商标许可协议》约定，"AEG"商标的授权费系根据各被授权公司使用"AEG"商标产品的年度合计销售额一定比例向伊莱克斯进行支付，具体比例如表17-27所示。

表 17-27　商标授权费计算方式

费率	销售额（美元）
3%	净销售额：0~27,000,000
2.5%	净销售额：27,000,001~40,000,000
2%	净销售额：40,000,001~60,000,000
1.5%	净销售额：60,000,001 及以上

就商标使用费率，对比部分A股上市公司公开披露的信息：

a. HD公司依据该公司销售收入计征商标使用费，商标使用费率为2%；

b. LS公司根据净销售收入计征商标使用费，商标使用费率为3%；

c. YJ公司根据实际收入金额计算商标使用费，商标使用费率为2%。

综上所述，公司与伊莱克斯约定的商标使用费率与其他上市公司商标授权使用费率差异不大，授权价格是合理的。

2. 相关商标权是否在同一销售范围内授权公司及子公司以外的其他主体使用，相关使用情况对公司业务开展的影响

对于"ENTELLIGUARD"和"RECORD"商标，公司子公司与ABB签署的分许可协议为非排他性许可。该两项商标对于公司来说不是核心商标，仅作为产品的品类标志，客户选择产品主要基于"AEG"商标以及具体的产品型号，品类标志通常不是其主要考虑因素。此外，公司目前已基本不使用"RECORD"商标，并且在推出新的MEX系列产品后将停止使用"ENTELLIGUARD"商标。因此，商标授权许可为非排他性许可的情况不会对公司业务开展产生不利影响。

对于"AEG"商标，尽管公司子公司与伊莱克斯签订的协议为非排他性许可，但是协议同时约定，在被许可方履行协议项下义务的情况下，许可方不得在被许可方销售地区寻找新的被许可人，也不得在被许可方销售地区销售"AEG"产品。因此，在同一销售范围内，除了极奕元件享有向安奕极工业、极奕开关、安奕极、安奕极智能、安奕极电源和邦德利分许可的权利之外，不存在其他主体可以使用"AEG"商标销售同类型产品。上述主体除安奕极工业和邦德利外，均为公司及公司子公司。安奕极工业和邦德利作为公司控股股东广电电气的子公司，其主要产品为开关柜、变压器和面板开关，与公司的断路器产品配套销售至下游经销商和盘厂，对公司的业务存在促进作用，不存在不利影响。

3. 授权使用的商标权对公司业务的贡献情况，公司是否在商标权使用方面存在重大依赖

（1）ABB集团授权的商标

报告期内，ABB集团授权的商标权的收入贡献情况如表17-28所示。

表17-28 ABB集团授权的商标权的收入贡献情况

商标	2022年1—10月销售收入（万元）	占营业收入比例	2021年度销售收入（万元）	占营业收入比例	2020年度销售收入（万元）	占营业收入比例
ENTELLIGUARD	6,874.15	17.45%	7,162.43	14.31%	9,343.60	16.79%
RECORD	540.51	1.37%	2,327.91	4.65%	1,773.45	3.19%
合计	7,414.66	18.82%	9,490.34	18.96%	11,117.05	19.98%

"ENTELLIGUARD"和"RECORD"商标对应产品销售占公司报告期内营业收入比例合计分别为 19.98%、18.96% 和 18.82%，如不包括销售给 ABB 的部分，比例将会降低至 6.04%、8.20% 和 7.12%，占比较低。如前所述，客户选择公司产品主要基于"AEG"商标以及具体的产品型号，此两项商标仅为产品的品类标志，并不是品牌名称，客户通常并不关注此类品类标志名称。此外，公司目前已很少使用"RECORD"商标，在 2022 年 1—10 月"RECORD"商标产生的收入占比仅为 1.37%；另外，公司计划在推出新的 MEX 系列产品后停止使用"ENTELLIGUARD"商标。因此，公司对"RECORD"和"ENTELLIGUARD"商标不存在重大依赖。

（2）"AEG"商标

报告期内，"AEG"商标的收入贡献情况如表 17-29 所示。

表 17-29　"AEG"商标的收入贡献情况

商标	2022 年 1—10 月销售收入（万元）	占营业收入比例	2021 年度销售收入（万元）	占营业收入比例	2020 年度销售收入（万元）	占营业收入比例
AEG	26,972.71	68.46%	32,680.63	65.30%	23,460.47	42.15%

"AEG"商标代表公司的主要品牌，在报告期内相关产品销售占公司营业收入比例分别为 42.15%、65.30% 和 68.46%，公司对此商标存在重大依赖。根据公司与伊莱克斯签订的《商标许可协议》，授权期间为 2020 年 1 月 1 日至 2029 年 12 月 31 日，公司如在 2020—2027 年间实现每年的销售目标并履行了全部合同义务，则可选择将协议延长 10 年。该商标的授权状态预期为长期且稳定，公司的持续经营能力不会受到重大不利影响。但基于该授权商标的重要性，公司已于《公开转让说明书》的重大事项部分予以披露。

【案例二】HS 公司

2007 年 HS 公司第一次申请上市被否，审核认为，发行人销售中使用的主要商标"甲天下"与其他生产食品的企业共有，有关协议书中未明确划分共有双方的使用领域，发行人对该无形资产的权利受到较大限制，发行人未来经营中使用该商标存在出现较大不利变化的风险。

2009 年 HS 公司二次上会成功通过审核，其应对措施如下。

①战略上放弃使用商标"甲天下"，逐步淡化"甲天下"商标在已使用产品上的显著性，突出"HS 乳业"商标。

②发行人经营业绩表明，放弃使用商标对发行人持续经营和盈利无不利影响。

③控股股东承诺：如商标共有造成发行人损失，自行承担全部责任。

【案例三】LK 公司

反馈意见：请发行人进一步说明和披露"必恩迪"商标的许可和共有是否影响发行人的资产独立性，是否存在对合作伙伴的商标有重大依赖的情形。

以下为发行人的答复内容。

发行人和成都思来共同共有"必恩迪"商标，共有协议约定，成都思来在商标共有期间不得将该商标用于除发行人生产产品以外的其他任何产品，且共有期间对共有商标进行法律上处置时，均需取得发行人的同意。该等共有不会对发行人享有该商标的专用权构成不利影响，发行人合法拥有该商标所有权及使用权。

发行人是一家专注于兽药研发、生产和销售的高新技术企业，商标相对于新兽药证书、兽药生产许可证等核心资质而言重要性较低，其商业信誉主要在于其产品质量本身而非商标，因而发行人不存在对合作伙伴的商标有重大依赖的情形。

【案例四】WM 公司

反馈意见：发行人通过无偿许可使用方式，使用 WM 集团 3 项商标。请发行人补充披露上述许可交易的原因和背景，无偿许可的考虑，是否为独家排他性许可。

发行人答复：使用集团商标系基于 WM 集团统一的集团形象管理，WM 集团对集团内所属公司许可均系无偿许可，以便于使用，非独家排他性许可，均为普通许可。

反馈意见：报告期内发行人主要产品销售是否使用上述许可商标，是否存在关联方企业与发行人使用相同或类似商标的情形。

发行人答复：主要产品均使用 WM 集团商标，发行人关联方大多使用 WM 集团上述商标。

反馈意见：发行人使用 WM 集团许可的商标事宜，是否符合发行监管对独立性的要求。

发行人答复：主要产品均属工业品而非消费品，产品商标不在下游客户审核的范围之内，发行人与客户之间签署的相关协议亦不存在关于产品商标的约定，发行人使用何种商标不影响产品销售，其业务也不会对商标产生依赖；发行人使用 WM 集团许可的商标，不会对发行人的销售及业务构成实质性影响，不会对发行人独立性以及本次发行及上市构成实质性障碍。

反馈意见：说明发行人就上述事项的整改措施。

以下为发行人答复的内容。

发行人曾出具承诺：自 2016 年 6 月 1 日起 12 个月内，公司将逐步在自产产品上使用自有商标，12 个月后，公司将不再在自产产品上使用 WM 集团许可使用的商标。

经发行人说明并经北交所律师在发行人现场核查发行人主要产品的外观、包装、说明材料等，截至本补充法律意见书出具之日，发行人已不再在自产产品上使用万马集团许可使用的商标。

【案例五】JC 公司

反馈问题：根据公开发行说明书，发行人主营业务为仪表类产品、系统集成及技术咨询与运维；主营业务收入按销售模式分为直销和经销；2020 年向第二大客户 SE 公司销售额为 3,182.28 万元；报告期内，发行人前五大客户变化较大且较为分散。

请发行人说明：使用 JC 电子许可使用商标的具体情况，包括报告期各期产品类型、涉及数量、销售金额及占比情况；JC 电子无偿授权发行人使用商标履行的程序及其合规性，是否存在影响发行人持续使用的法律风险，是否存在到期无法续期或者终止许可的风险，对发行人生产经营的影响及应对措施。

以下介绍发行人回复的部分内容。

报告期内，JC 公司主要在仪表类产品及系统集成类产品上使用 JC 电子授权的相关商标，具体情况如表 17-30 所示。

表 17-30 使用商标的具体情况

年度	产品类型	涉及数量（万台）	销售金额（万元）	占当期销售总额比例
2022 年	仪表类产品	231.53	38,979.40	79.85%
	系统集成	—	8,357.65	17.12%
2021 年	仪表类产品	183.41	31,530.72	74.01%
	系统集成	—	4,895.95	11.49%
2020 年	仪表类产品	126.10	31,277.31	77.12%
	系统集成	—	5,309.53	13.19%

综上所述，JC 公司使用 JC 电子授权的相关商标涉及的仪表类产品形成的收入占比较高，对 JC 电子相关商标存在一定的依赖性。但是，JC 公司主要通过招标以及与客户进行商业谈判的方式获取订单，与控股股东及其关联方均为独立的企业法人，与客户独立地进行商业谈判，独立签署商业合同并独立提供售后服

务，不存在销售渠道重合或 JC 公司依赖 JC 电子销售渠道的情形。同时，经过多年积累与发展，JC 公司已经成为智能仪表行业的知名企业，其开展业务时也更多地依托丰富的行业经验、良好的产品质量、优秀的管理团队和研发团队等因素。因此，JC 公司对于 JC 电子相关商标的依赖程度较低，不会对自身独立性构成重大不利影响。

（三）商标对外许可问题

【案例】XD 科技

审核关注：2009 年 7 月 31 日，XD 科技与 XD 生物签署了商标许可使用协议，约定 XD 科技许可 XD 生物无偿使用 ×× 号商标，许可期限为 1 年；若使用期限届满，XD 生物需要继续使用商标，双方另行协商确定许可使用费事宜。

XD 科技与 XD 生物的实际控制人相同，XD 科技将自己拥有的商标无偿许可实际控制人控制的企业使用，没有因商标许可而获得收益，关联交易定价不公允，损害了发行人的合法权益。

（四）商标侵权纠纷

实务当中认定构成商标侵权的情形主要有如下三种：

①未经许可，在同种商品上使用相同的商标；

②未经许可，在同种商品上使用近似商标，导致混淆的；

③未经许可，在类似商品上使用相同或者近似商标，导致混淆的。

商标侵权抗辩主要有以下四种类型：即不相同或不相近似的抗辩、通用名称抗辩、在先权利抗辩与合理使用抗辩。

【案例】XC 公司

以下为反馈问题。

根据申报材料，发行人前身为 2009 年 5 月设立的 XJ 公司，住所为 A 地，现办公地址为 B 地。公司成立时多名股东均为 XJ 集团下属公司员工。2009 年 4 月，XJ 集团与 XJ 公司设立时的股东签订《关于 XJ 公司设立相关问题的协议》，协议约定：XJ 集团以"XJ"商标、商誉、无形资产有偿入股，并免除收取 XJ 公司任何费用。后续 XJ 集团和 XJ 公司签订了补充协议、框架协议等，约定 XJ 公司向 XJ 集团支付商标商号使用费。XJ 公司成立后，承担了 XJ 集团下属公司职工安置工作。2017 年，发行人不再使用"XJ"商标商号，并与 XJ 集团及其下属公司就前述事项签署了终止协议。2017 年 5 月，公司名称变更为 XC 公司。发行人共有 7 项发明专利，均为 2017 年及以前取得。

请发行人：①说明公司成立的背景，公司成立时股东主要为 XJ 集团下属公司前员工且公司承担 XJ 集团职工安置工作的原因及合理性,除使用"XJ"商标、商号外,公司与 XJ 集团是否有其他约定或关联关系,是否存在股权代持,报告期内公司与 XJ 集团有无业务往来和资金往来;②说明公司与 XJ 集团在人员、资产、业务、技术等方面的关系,公司停止使用"XJ"商标、商号后,是否存在利用相似名称进行市场推广、客户开拓及产品销售的情况,是否存在侵权风险;③说明公司发明专利对应的产品或服务、实现的营业收入,发明专利的发明人是否为 XJ 集团员工,如是,相关人员是否存在利用 XJ 集团的物质技术条件进行发明创造的情形,相关专利是否属于职务发明,是否存在权属纠纷或者侵权风险。

四、企业上市之著作权问题

(一)著作权的归属

1. 委托作品

《中华人民共和国著作权法》(以下简称"《著作权法》")对于委托作品的规定如下:受委托创作的作品,著作权的归属由委托人和受托人通过合同约定;合同未作明确约定或者没有订立合同的,著作权属于受托人。

2. 职务作品

一般职务作品,著作权由作者享有,但法人或者其他组织有权在其业务范围内优先使用。作品完成两年内,未经单位同意,作者不得许可第三人以与单位使用的相同方式使用该作品。

特殊职务作品,主要是利用法人或者其他组织的物质技术条件创作,并由法人或者其他组织承担责任的工程设计图、产品设计图、地图、计算机软件等职务作品;法律、行政法规规定或者合同约定著作权由法人或者其他组织享有的职务作品。特殊职务作品,作者享有署名权,著作权的其他权利由法人或者其他组织享有,法人或者其他组织可以给予作者奖励。

【案例】TYEH 公司

反馈问题:根据申请文件,发行人报告期内研发费用增长率分别为 55.73%、30.65%、79.57%,持续高速增长;2019 年公司研发人员 12 人,报告期内大量招聘至报告期末 64 人;报告期内存在大量购置资产并摊销计入研发费用的情形。

请发行人说明以下内容。

①报告期内研发模式是否发生变化,报告期内研发费用快速增长的原因及合理性,是否与研发成果产业化程度及收入贡献匹配,报告期内研发费用大幅增加

而研发项目大幅减少是否合理。

②报告期内委托研发比例、成果归属，是否存在纠纷；通俗易懂地说明研发项目与业务（项目）的关系，委托研发与自主研发与对应核心技术的关系。

③说明报告期购置并摊销至研发费用的资产类目，与核心技术及业务的关系及摊销原则。

④结合研发项目的具体情况、起止时间及系统集成项目起止时间，说明研发项目是否为专门业务项目而投入，研发人员和项目人员如何区分，研发人员成本和项目人员成本如何划分，研发人员专业背景及工作经验是否与研发项目匹配，是否存在应计入项目成本而计入研发费用的情形，相关内控措施是否有效确保报告期内相关人工成本核算的完整性。

（二）著作权的授权许可

著作权许可使用是著作权人授权他人以一定的方式，在一定的时期和一定的地域范围内商业性使用其作品并收取报酬的行为。

（三）著作权纠纷

实务当中对著作权侵权认定依据为接触和实质性相似。接触，是指在先作品已发表，或者由于某种特殊原因，使在后创作者有机会获得该作品。实质性相似，是指在后作品与在先作品在表达上存在实质性的相同或近似，使读者产生相同或近似的欣赏体验。

那么，当企业在申请上市的过程中，被举报著作权侵权时，往往会作出抗辩，实务当中被法律保护的抗辩只有两种，即合理使用和法定许可。

在《著作权法》第24条规定的十二种情况下使用作品，可以不经著作权人许可，不向其支付报酬，但应当指明作者姓名、作品名称，并且不得侵犯著作权人依照著作权法享有的其他权利。

【案例】HHRB 公司

反馈问题：结合相关技术的来源或形成过程，说明公司取得的专利权、著作权等是否存在其他单位的职务发明，是否存在侵犯他人知识产权的情况；披露董监高人员、核心技术（业务）人员与原任职单位在知识产权、竞业禁止等方面的协议及履行、纠纷情况（如有）；若存在相关情况的，请披露公司面临的法律风险，量化分析对公司生产经营的影响，说明已（拟）采取的应对措施。

五、企业上市之商业秘密问题

商业秘密与专利的区别如表17-31所示。

表 17-31　商业秘密与专利的区别

比较客体	商业秘密	专利
权利产生方式	立即取得	申请授权取得
权利产生条件	保密	公开换保护
权利客体范围	技术信息、经营信息	发明、实用新型、外观设计
权利取得要件	秘密性、价值型、保密性	新颖性、创造性、实用性

商业秘密在实务当中主要有两种类型：技术信息和经营信息。技术信息指专业技术、技术诀窍，它主要包括大家熟知的配方、研究开发的文件如会议纪要、实验结果、检验方法等、图纸、改进的机器设备、工艺程序、产品。

经营信息主要是指能够构成商业秘密的其他信息，它包括客户情报、其他与竞争和效益相关的商业信息，如采购计划、供货渠道、重要的管理方法等。企业通过不正当的手段来获取商业秘密或者违反保密义务而擅自披露商业秘密的，都会被认定是侵犯商业秘密的行为。

【案例】ZC 公司

反馈问题：根据申请文件及问询回复，发行人 2022 年度共有 138 家贸易商，大部分贸易商客户以客户信息涉及商业秘密为由拒绝提供终端客户的名称等具体信息，仅有 17 家贸易商客户提供了下游终端客户的信息，中介机构对终端客户进行核查的比例较低。

六、企业上市之集成电路布图设计问题

集成电路是指半导体集成电路，即以半导体材料为基片，将至少有一个是有源元件的两个以上元件和部分或者全部互连线路集成在基片之中或者基片之上，以执行某种电子功能的中间产品或者最终产品。

集成电路布图设计，是指集成电路中至少有一个是有源元件的两个以上元件和部分或者全部互连线路的三维配置，或者为制造集成电路而准备的上述三维配置。

集成电路布图设计专有权系基于《集成电路布图设计保护条例》规定，权利人享有的对受保护的布图设计的全部或者其中任何具有独创性的部分进行复制的权利以及将受保护的布图设计、含有该布图设计的集成电路或者含有该集成电路的物品投入商业利用的权利。

【案例】HXW 公司

反馈问题：请发行人说明报告期内新增专利、集成电路布图设计专有权的数量和实际应用情况、在研项目的进展情况，MCU 芯片等产品的可靠性和良率是否符合下游客户需求，在 RISC-V 指令架构下进行研发的技术路线与主要采用 ARM 指令架构进行研发的同行业公司在产品性能和兼容性上是否存在差距，充分披露技术迭代对于发行人持续经营能力的影响及相关风险。

七、拟上市企业知识产权重大法律问题及注意事项

（一）重大法律问题及注意事项

拟上市企业有关知识产权的重大法律问题主要如下。

①影响资产完整性方面：核心知识产权共有、许可、权利瑕疵或负担、第三方依赖、涉嫌职务发明等。

②影响公司持续经营：核心知识产权侵权、纠纷、失效、终止或被宣告无效等。

在尽职调查过程中应加强知识产权的专项核查，包括：

①发行人已获得的知识产权及其法律状态；

②发行人正在使用的知识产权与已获得的知识产权的一致性，是否涉及侵权；

③拟受让知识产权的状态、排他性、期限、期限届满后的约定；

④拟申请的知识产权，申请后的定期维护、更新；

⑤知识产权纠纷和潜在纠纷等。

对于发行人生产经营过程中的重要知识产权，应进行防御性的、战略性的保护。如为发行人未来业务可能涉及的相关商品/服务项目申请注册商标，委托专业机构定期维护（申请、续费或延展、变更等），企业内部专人定期跟踪等，保持相关知识产权的披露信息与法律状态一致。

企业在上市过程中，应特别注意避免因防御性、战略性保护而产生知识产权纠纷或潜在纠纷。

（二）对于已经存在知识产权问题的处理原则和处理方案

1. 处理原则

消除审核部门对因知识产权问题而引发的资产完整性、持续盈利能力等方面的担忧，消除或减少知识产权问题对审核和发行上市的进程、结果的影响。

2. 处理方案

①通过申请，原始取得相关知识产权，以替代存在独立性、不确定性和可能引发诉讼的知识产权；

②通过交易的方式，继受取得相关知识产权；

③规范知识产权授权使用协议，保证标的知识产权的使用权在未来可预见的期限内是稳定的、确定的；

④非发行人核心产品若无法取得知识产权所有权或使用权，发行人可对产品进行更新换代或剥离相关业务；

⑤如实披露已经发生的重大诉讼和仲裁事项，并在披露后的最短时间内解决，体现公司的诚信态度，赢得投资者的长期信任。

第六节　返程投资外汇登记合规问题

一、返程投资外汇登记的相关规定

为进一步简化和便利境内居民通过特殊目的公司从事投融资活动所涉及的跨境资本交易，国家外汇管理局于 2014 年 7 月 4 日发布了《关于境内居民通过特殊目的公司境外投融资及返程投资外汇管理有关问题的通知》（以下简称"37号文"），对通过特殊目的公司返程投资等境外架构合规性予以规范。

（一）特殊目的公司

特殊目的公司指境内居民（含境内机构和境内居民个人）以投融资为目的，以其合法持有的境内企业资产或权益，或者以其合法持有的境外资产或权益，在境外直接设立或间接控制的境外企业。

（二）返程投资

返程投资指境内居民直接或间接通过特殊目的公司对境内开展的直接投资活动，即通过新设、并购等方式在境内设立外商投资企业或项目，并取得所有权、控制权、经营管理权等权益的行为。

（三）境内居民个人

境内居民个人指持有中国境内居民身份证、军人身份证件、武装警察身份证件的中国公民，以及虽无中国境内合法身份证件、但因经济利益关系在中国境内习惯性居住的境外个人。

二、返程投资外汇登记的办理

根据 37 号文，外汇局对境内居民设立特殊目的公司实行登记管理。在 37 号文实施前，境内居民以境内外合法资产或权益已向特殊目的公司出资但未按规定办理境外投资外汇登记的，境内居民应向外汇局出具说明函说明理由。外汇局根据合法、合理等原则办理补登记,对涉嫌违反外汇管理规定的,依法进行行政处罚。

(一)办理主体(如表 17-32 所示)

表 17-32 返程投资外汇登记的办理主体

持有证件类型	是否可办理／是否需办理	相关案例
中国身份证	应当办理／可以办理	高鹏矿业(HK02212)、国瑞置业(HK02329)
中国护照	应当办理／可以办理	—
军人身份证件／武装警察身份证件	应当办理／可以办理	—
因经济利益关系在中国境内习惯性居住的境外个人	应当办理／可以办理,但对于持护照的外国公民(包括无国籍人)以及持港澳居民来往内地通行证、台湾居民来往大陆通行证的港澳台同胞,在境内办理境外投资外汇登记业务时,须审核相关真实性证明材料(如境内购买的房产、内资权益等相关财产权利证明文件等)	BBI 生命科学(HK01035)
同时持有境内合法身份证件和境外(含港澳台)合法身份证件	无须办理／无法办理(视同境外个人管理)	集成伞业(HK01027)
持外国护照／外国国籍及港澳台通行证	无须办理／无法办理,但不包括"因经济利益关系在中国境内习惯性居住的境外个人"的情形	呷哺呷哺(HK00520)、奥星生命科技(HK06118)、中国宏泰发展(HK06166)、粤丰环保(HK01381)

如果多个境内居民个人共同设立特殊目的公司,可委托其中一人在受托人境内资产权益所在地或者户籍所在地外汇分局(外汇管理部)集中办理。

(二)办理时点

境内居民以境内外合法资产或权益向特殊目的公司出资前,应向外汇局申请办理境外投资外汇登记手续。

(三)受理单位

境内居民个人以境内资产或权益向特殊目的公司出资的,应向境内企业资产或权益所在地银行申请办理境内居民个人特殊目的公司外汇登记。如有多个境内企业资产或权益且所在地不一致时，境内居民应选择其中一个主要资产或权益所在地银行集中办理登记。境内居民个人以境外合法资产或权益出资的，应向户籍所在地银行申请办理登记。

（四）申请材料

境内居民个人以境内外合法资产或权益（包括但不限于货币、有价证券、知识产权或技术、股权、债权等）向特殊目的公司出资的，应提交以下材料：

①书面申请与《境内居民个人境外投资外汇登记表》；

②境内居民个人身份证明文件；

③特殊目的公司登记注册文件及股东或实际控制人证明文件（如股东名册、认缴人名册等）；

④境内外企业权力机构同意境外投融资的决议书（企业尚未设立的，提供权益所有人同意境外投融资的书面说明）；

⑤境内居民个人直接或间接持有拟境外投融资境内企业资产或权益，或者合法持有境外资产或权益的证明文件；

⑥在前述材料不能充分说明交易的真实性或申请材料之间的一致性时，要求提供的补充材料；

⑦境内居民个人以境内外合法资产或权益已向特殊目的公司出资但未按规定办理境外投资外汇登记的，还应提交说明函。

（五）办理时限

10个工作日。涉及境内居民个人特殊目的公司外汇补登记的，20个工作日内处理完毕。

（六）相关罚则

就境内居民未按规定办理返程投资外汇登记等情形，37号文明确了相关罚则（如表17-33所示）。

表17-33 相关罚则

序号	情形	处罚结果
1	境内居民或其直接、间接控制的境内企业通过虚假或构造交易汇出资金用于特殊目的公司	《中华人民共和国外汇管理条例》第三十九条：由外汇管理机关责令限期调回外汇，处逃汇金额30%以下的罚款；情节严重，处逃汇金额30%以上等值以下的罚款；构成犯罪的，依法追究刑事责任

续表

序号	情形		处罚结果
2	境内居民未按规定办理相关外汇登记、未如实披露返程投资企业实际控制人信息、存在虚假承诺等行为		《中华人民共和国外汇管理条例》：由外汇管理机关责令改正，给予警告，对机构可以处30万元以下的罚款，对个人可以处5万元以下的罚款
3	在境内居民未按规定办理相关外汇登记、未如实披露返程投资企业实际控制人信息或虚假承诺的情况下	若发生资金流出	《中华人民共和国外汇管理条例》第三十九条：由外汇管理机关责令限期调回外汇，处逃汇金额30%以下的罚款；情节严重的，处逃汇金额30%以上等值以下的罚款；构成犯罪的，依法追究刑事责任
		若发生资金流入	《中华人民共和国外汇管理条例》第四十一条：由外汇管理机关责令改正，处违法金额30%以下的罚款；情节严重的，处违法金额30%以上等值以下的罚款
		若发生资金结汇	《中华人民共和国外汇管理条例》第四十一条：由外汇管理机关责令对非法结汇资金予以回兑，处违法金额30%以下的罚款
4	境内居民与特殊目的公司相关跨境收支未按规定办理国际收支统计申报的		《中华人民共和国外汇管理条例》：由外汇管理机关责令改正，给予警告，对机构可以处30万元以下的罚款，对个人可以处5万元以下的罚款

三、上市返程投资外汇登记案例

拟上市企业或其相关股东/实际控制人如因该股东/实际控制人未及时办理返程投资外汇登记而被问询甚至收到外汇管理局处罚，可能对企业的上市进程造成一定程度的影响。上市实践中亦存在返程投资未及时办理外汇登记的情形。

【案例】TM 公司

反馈问题如下。

① TM 公司的前身 TM 有限，系由 HL 电机厂、香港 TM 于 2000 年 4 月共同出资设立的中外合资经营企业。浙江省人民政府向 TM 有限颁发了《中华人民共和国台港澳侨投资企业批准证书》。

②香港 TM 是张某通过杭州 YM 和香港 YM 控股的公司。2021 年 6 月 30 日国家外汇管理局富阳支局（以下简称"富阳外管局"）于出具的复函中称张某通过香港 TM 出资设立发行人前身未办理相关外汇登记，构成返程投资，未按照有关规定办理特殊目的公司标识及返程投资登记事项，不符合外汇管理相关法律法规的规定。

③ 2020 年 12 月 30 日，受让方张某与转让方香港 TM 签订股份转让协议，约定香港 TM 将其发行人 11,621,992 股股份以 40,095,872.40 元的价格通过特定事项协议转让的方式转让给张某。协议对股权转让价款的支付方式具体约定如下：a. 本协议签订后，第一笔支付的金额为受让方代垫的税务局核定的税金金额；b. 剩余股权转让价款由转让方与受让方协商在 10 年内分期付清，第二笔转让款为剩余股权转让价款的 10%，由受让方于 2025 年 12 月 31 日前支付完毕，在 2030 年 12 月 31 日前，受让方须支付完毕除去第一笔、第二笔转让价款外的其余股权转让款；c. 若调整付款日期，各方可另行协商。张某已于 2021 年 3 月 8 日就本次特定事项股权转让代扣代缴税金 165.94 万元，履行完毕第一笔金额的支付义务。

请发行人：结合张某仍持有香港 TM95% 股份并担任其董事的情况，进一步核查并说明张某的返程投资是否存在因违法违规被处罚的情形，是否可能影响发行条件。

以下介绍发行人回复的内容。

1. 张某间接持有香港 TM 股权并担任其董事的具体情况

截至本问询函回复出具之日，张某持有杭州 YM95% 的股权，杭州 YM 持有香港 YM100% 的股权，香港 YM 持有香港 TM100% 的股权，张某担任香港 TM 的董事。前述持股关系具体图示如下（图略）。

2. 张某的返程投资是否存在因违法违规被处罚的情形，是否可能影响发行条件

1999 年 6 月，张某作为主要创始股东设立香港 TM。2000 年 4 月，香港 TM 与温州 HY 的前身 HY 起重电机厂共同出资成立 TM 有限。

《关于境内居民通过境外特殊目的公司融资及返程投资外汇管理有关问题的通知》（汇发〔2005〕75 号，2014 年 7 月 4 日废止）第八条规定："本通知实施前，境内居民已在境外设立或控制特殊目的公司并已完成返程投资，但未按规定办理境外投资外汇登记的，应按照本通知规定于 2006 年 3 月 31 日前到所在地外汇局补办境外投资外汇登记。" 37 号文第十二条规定："本通知实施前，境内居民以境内外合法资产或权益已向特殊目的公司出资但未按规定办理境外投资外汇

登记的，境内居民应向外汇局出具说明函说明理由。外汇局根据合法性、合理性等原则办理补登记，对涉嫌违反外汇管理规定的，依法进行行政处罚。"张某的前述投资行为未按照该规定补办境外投资外汇登记。

为解决前述未办理境外投资外汇登记的瑕疵，2015年7月7日，张某作为主要股东之一设立杭州YM；2015年7月30日，杭州YM通过其全资香港子公司香港YM间接收购了香港TM100%的股权。就上述股权收购，杭州YM已于2015年9月17日按照《境内机构境外直接投资外汇管理规定》（汇发〔2009〕30号）的规定办理了境外投资外汇登记手续。

2022年5月11日，富阳外管局出具复函确认：香港YM收购了香港TM100%股权后，张某个人境外投资香港TM的行为已终止，不再给予行政处罚；杭州YM间接收购香港TM100%股权，相关外汇业务已经办理了登记，符合相关法律法规的规定；截至2022年5月10日，富阳外管局对张某、TM公司、杭州YM不存在行政处罚记录。

综上所述，张某返程投资未办理外汇登记的行为不符合37号文的规定，但张某已于2015年7月通过杭州裕铭间接收购香港天铭100%的股权并办理境外直接投资外汇登记的形式终止了个人的返程投资架构，不存在因返程投资被处罚的情形。

最近36个月内，张某不存在贪污、贿赂、侵占财产、挪用财产或者破坏社会主义市场经济秩序的刑事犯罪，不存在欺诈发行、重大信息披露违法或者其他涉及国家安全、公共安全、生态安全、生产安全、公众健康安全等领域的重大违法行为；最近12个月内，张某不存在受到证监会及其派出机构行政处罚，或因证券市场违法违规行为受到全国股转公司、证券交易所等自律监管机构公开谴责的情形；张某不存在因涉嫌犯罪正被司法机关立案侦查或涉嫌违法违规正被证监会及其派出机构立案调查，尚未有明确结论意见的情形；张某不存在被列入失信被执行人名单且尚未消除的情形。因此，张某不存在可能影响发行条件的情形。

第七节　红筹回归合规问题

中国企业到海外上市主要通过搭建红筹架构实现境外上市融资。由于境内外证券市场监管体系的差异、法律体系的差异、投资环境的差异等，一些中国企业通过搭建红筹架构在境外上市，进行全球募资。但是，随着中国全面注册制的推出，一部分在海外上市的红筹企业通过私有化回归国内资本市场再上市，也有一部分已搭建红筹架构的企业转向回归国内证券市场。尽管《国务院办公厅转发证监会关于开展创新企业境内发行股票或存托凭证试点若干意见的通知》（国办发〔2018〕21号）允许已经搭建红筹架构的企业保留境外红筹架构在国内上市，但是与国内企业直接上市相比较，条件较高，因此，不符合采用红筹架构在国内上市的企业，还需要拆除红筹架构后直接在国内申请上市。

一、红筹架构拆除的基本方式

（一）直接持股模式

直接持股模式是指实际控制人控制的红筹企业直接或间接持有运营实体100%股权。在此模式下，拆除红筹架构首先要将实际控制人对运营实体的控制权由境外转移至境内，即由实际控制人或其境内设立的公司直接持有运营实体股权，运营实体的性质由外商独资企业变更为内资企业或中外合资企业，之后再注销红筹架构中的特殊目的公司。

在实践操作中，一般通过实际控制人或其设立的境内公司受让境外公司持有的运营实体股权，或者通过实际控制人或其设立的境内公司直接对运营实体进行增资的方式实现运营实体控制权从境外转移到境内。就股权转让方式而言，其虽然可解决境外投资人退出的资金需求，但在未新引进境内投资人的情况下，实际控制人作为股权受让方的资金压力较大，同时可能涉及所得税的缴纳；就增资方式而言，其虽然可以避免所得税缴纳，并节约资金跨境流动的时间和费用成本，但实际控制人作为增资方仍存在较大资金压力。

（二）协议控制模式

协议控制模式是指红筹企业通过协议的方式控制运营实体，从而将运营实体纳入合并报表。在此模式下，拆除红筹架构须解除WFOE与运营实体、运营实体股东之间签署的包括独家购买权合同、独家技术咨询和服务协议、股权质押合同、授权委托书、确认函等在内的一整套控制协议。

如果境外投资人希望在红筹架构拆除过程中退出，红筹企业还须回购境外投资人持有的股份。红筹企业若缺乏资金，可通过实际控制人和/或境内新投资人向运营实体增资等方式提供资金支持，WFOE或其上级公司以清算或分红的方式将收到的款项层层上缴，由红筹企业向拟退出的境外投资人支付回购价款，最后注销红筹架构中的相关特殊目的公司。

二、红筹架构拆除的实务操作

【案例一】KLHC 公司（2019 年 1 月在创业板上市）

1. 主要拆除步骤

（1）红筹架构拆除前 KLHC 的股权架构（如图 17-3 所示）

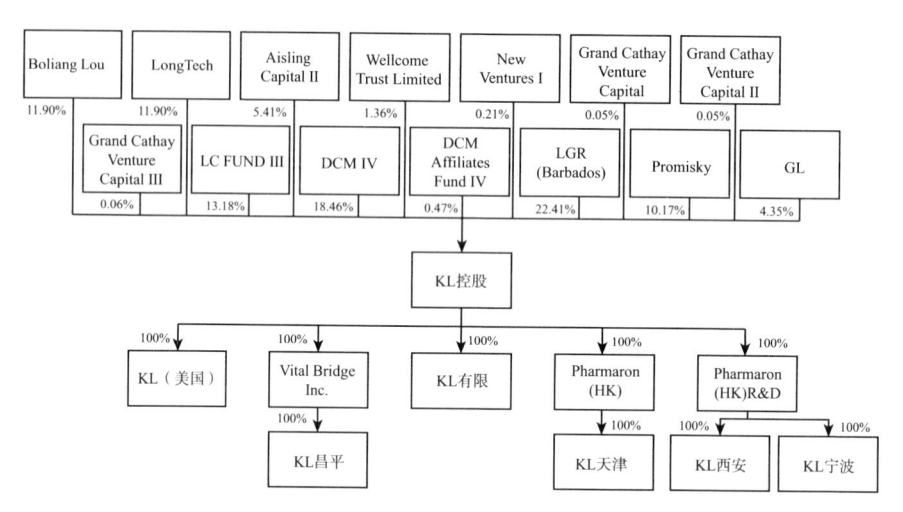

图 17-3　红筹架构拆除前 KLHC 的股权架构

（2）KL 控股回购除 Boliang Lou 外其他股东持有的 KL 控股股份

2015 年 10 月，KL 控股分别以 1 美元及与人民币 6,929,141 元等值的美元回购 LongTech 及境外投资人 GL 持有的 KL 控股股份。LongTech 为楼某持股 100% 的公司，鉴于 LongTech 取得 KL 控股股权时无实际成本，经协商，拆除红筹架构时 KL 控股以名义金额 1 美元回购 LongTech 股权，同时楼某直接和通过宁波 LTK 间接以 1 元/注册资本向 KL 有限增资。LongTech 原持有 KL 控股的股权比例与红筹架构拆除后楼某直接和间接合计持有的 KL 有限股权比例基本一致。此外，GL 持有的 KL 控股股权被回购后，以 1 元/注册资本的方式增资 KL 有限，境外回购金额均用于境内向 KL 有限增资，原持有 KL 控股股权比例与红筹架构拆除后持有 KL 有限股权比例基本一致。

2016 年 1 月，KL 控股回购其他境外投资人持有的 KL 控股股份，回购价款系境外投资人与 KLHC 新引进的投资人根据市场化原则协商一致确定。

（3）KLHC 股权调整

实际控制人、GL 对 KL 有限增资：2015 年 9 月，楼某、郑某以及 GL 分别自行或通过其指定主体以 1 元/注册资本的价格向 KLHC 增资，KL 控股以 1 元/注册资本的价格增加其对 KLHC 的投资，其中 GL 向 KL 有限支付的增资价款与 KL 控股向 GL 回购股份的价款基本相等,系 GL 从 KL 控股平移至 KLHC 持股。

引进新投资人:2015 年 9 月,因拆除红筹架构的资金需求,KL 控股将其持有的 KLHC 41.709% 股权转让给新投资人;同时,KLHC 以 13.2146 元/注册资本的价格引入新投资人。

(4)整合业务

2015—2016 年,KLHC 收购原体系下 KL 控股下属子公司,整合集团药物发现、药物开发等业务。

(5)清算注销红筹架构下的特殊目的公司(包括 LongTech)

红筹架构拆除后,KLHC 的股权结构如图 17-4 所示。

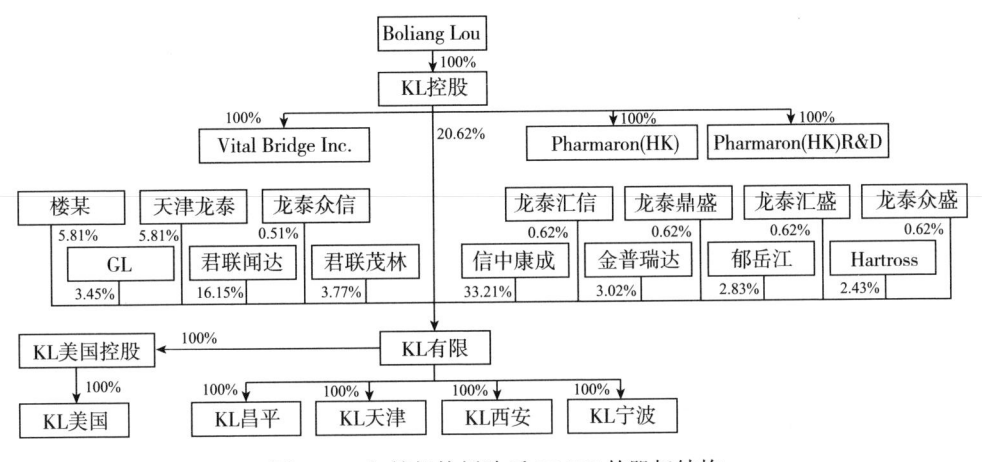

图 17-4 红筹架构拆除后 KLHC 的股权结构

2. 红筹架构拆除过程中的外汇登记和涉税问题

发行人红筹架构拆除的各环节,包括 KL 控股回购除 Boliang Lou 外其他股东持有的 KL 控股股份、KLHC 股权调整、KLHC 收购原体系下 KL 控股下属子公司所涉及的相关主体均已履行外汇登记和税收缴纳义务,符合相关法律法规的规定。

【案例二】MRHD 公司(2019 年 3 月在创业板上市)

1. 主要拆除步骤

(1)红筹架构拆除前,MRHD 公司的股权架构(如图 17-5 所示)

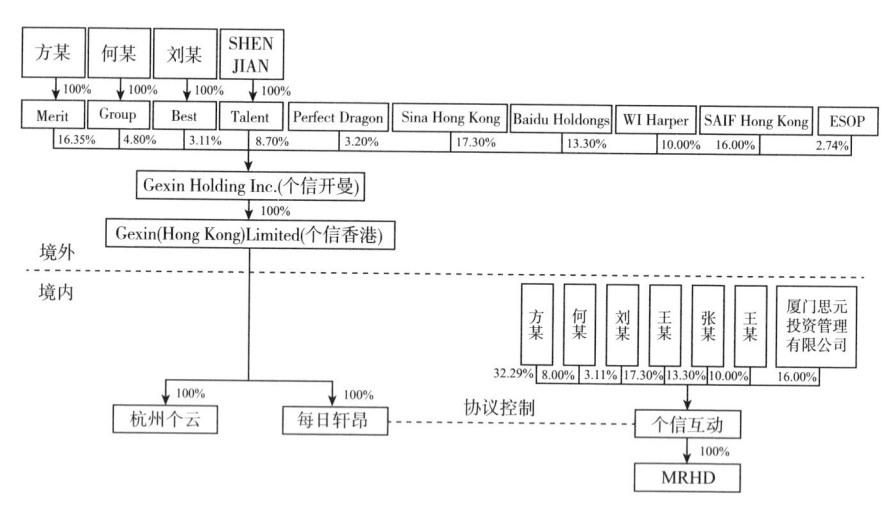

图 17-5　红筹架构拆除前 MRHD 公司的股权架构

（2）各方确定相关内容

2015 年 10 月，相关各方确定重组方案及境内拟上市主体（即浙江 MRHD 网络科技有限公司，系 MRHD 公司前身），相关各方签署重组协议及附件（包括 VIE 终止协议、股权转让协议、股份回购协议等）。

（3）MRHD 公司股权调整

①实际控制人、境内投资人及员工持股平台落地境内。2015 年 11 月，方某、沈某、何某、刘某、杭州我了个推投资管理合伙企业（系员工持股平台，与方某、沈某为一致行动人）受让个信互动持有的 MRHD 公司股权，其中方某、沈某、何某、刘某的受让价格为 1.8 元/注册资本，系参考 2015 年 6 月 30 日 MRHD 公司账面净资产协商确定；我了个推的受让价格为 4.9758 元/注册资本，系参考境外员工期权 ESOP 行权价格及 2015 年 6 月 30 日 MRHD 公司账面净资产值综合确定。

②原境外部分投资人落地境内。2015 年 11 月，北京禾裕创业投资中心（有限合伙）（新浪控股主体）、北京鼎鹿中原科技有限公司（百度控股主体）、北京信天商务服务有限公司（去哪儿控股主体）以 4.7057 元/注册资本的价格对 MRHD 公司进行增资，系境外投资者的境内主体以原始投资价格平移至 MRHD 公司持股。

③引进境内投资人。2015 年 12 月，MRHD 公司因拆除红筹架构的资金需求，以 64.32 元/注册资本的价格引入境内投资人；同时，沈某以 64.32 元/注册资本的价格向境内投资人转让其持有的部分 MRHD 公司股权，为拆除红筹架构

第十七章 北交所上市之重大问题解决合规要点

所需资金提供支持。

（4）受让个信香港所持每日轩昂的 100% 股权

2016 年 1 月 28 日，MRHD 公司作为股权受让方向杭州市西湖区税务局代扣代缴个信香港股权转让所得税，并取得杭州市西湖区税务局出具的《服务贸易等项目对外支付税务备案表》。2016 年 3 月 3 日，MRHD 公司向国家外汇管理局提出申请，取得了 FDI 境内机构转股外转中业务登记凭证，并于 2016 年 3 月 15 日向个信香港支付了税后股权转让款。

（5）个信开曼回购境外投资人股权

2015 年 10 月 15 日，个信开曼与新浪香港、百度控股、去哪儿、赛富、中经合签署了重组协议及股份回购协议。2016 年 3 月 18 日，个信开曼股东会通过决议，同意根据重组协议回购全部优先股股票及去哪儿持有的全部普通股股票。2016 年 3 月 30 日，新浪香港、百度控股、去哪儿、赛富香港、中经合收到个信开曼支付的全部股份回购款，并分别确认自收到回购款之日起不再享有任何股东权利及权益，且回购事项不存在任何纠纷或潜在纠纷。

（6）清算注销红筹架构相关主体

相关主体主要包括个信开曼、个信香港、个信互动、境外 BVI 平台、杭州个云等。

红筹架构拆除后，MRHD 公司的股权架构如图 17-6 所示。

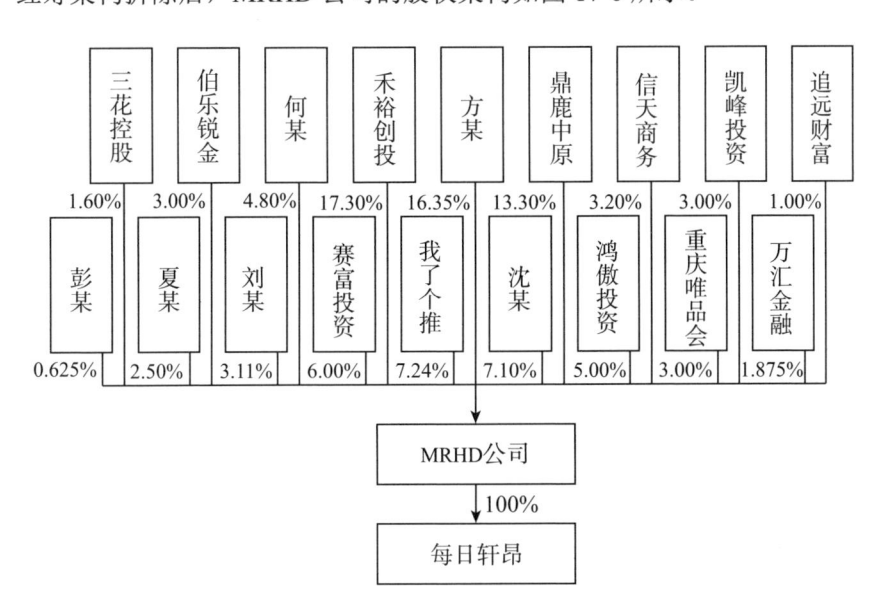

图 17-6　红筹架构拆除后 MRHD 公司的股权架构

2. 红筹架构拆除过程中的外汇登记情况

（1）方某、何某、刘某

鉴于方某、何某、刘某均为中国居民，针对红筹架构搭建过程所涉及的境外投资事宜，方某、何某、刘某等取得国家外汇管理局北京外汇管理部核发的"境内居民个人境外投资外汇登记表"，就其设立投资境外 BVI 平台公司、个信开曼、个信香港的情况进行登记，并分别就境外融资行为进行了变更登记。

红筹架构拆除后，2016 年 3 月 3 日，方某、何某、刘某分别向北京外汇管理部提交"境内居民个人境外投资外汇登记表"，办理了外汇登记注销手续。

（2）每日轩昂

每日轩昂设立后历次增资及外债借款均已履行审批备案手续。2017 年 2 月 7 日，每日轩昂取得国家外汇管理局北京外汇管理部出具的"外汇管理行政处罚记录证明"，证明自 2013 年 1 月 1 日至 2015 年 12 月 31 日期间未发现每日轩昂存在逃汇、非法套汇及逾期未核销等违法行为，无外汇管理行政处罚记录。

3. 红筹架构拆除过程的涉税情况

2015 年 10 月 15 日，根据股权转让协议，个信香港以 38,906.5217 万元的价格向 MRHD 公司转让每日轩昂 100% 的股权。2016 年 1 月 28 日，MRHD 公司作为股权受让方向杭州市西湖区税务局代扣代缴个信香港股权转让所得税，并取得杭州市西湖区税务局出具的"服务贸易等项目对外支付税务备案表"。

根据个信开曼与新浪香港、百度控股、去哪儿、赛富、中经合签署的重组协议及股份回购协议，个信香港取得的上述股权转让款项应用于个信开曼回购全部新浪香港、百度控股、赛富、中经合持有的优先股股票及去哪儿持有的全部普通股股票。就上述红筹架构拆除方案，发行人已与主管税务机关进行沟通，MRHD 公司作为每日轩昂股权受让方已代扣代缴个信香港企业所得税，该事项已作税务处理。

2016 年 3 月个信开曼回购股份时，个信香港已转让每日轩昂全部股权，个信开曼已不再间接持有每日轩昂股权，因此个信开曼股东也就不存在持有并间接转让中国居民企业股权的情形，不适用《国家税务总局关于非居民企业间接转让财产企业所得税若干问题的公告》。

【案例三】BT 公司

关于红筹架构的搭建与拆除，公开转让说明书披露以下内容。

2018 年 9—11 月，为筹划境外上市，廖某、吕某分别设立维尔京群岛离岸持股平台欣瑾国际、宝嘉国际；欣瑾国际、宝嘉国际、萧某共同设立宝特开曼；

宝特开曼设立宝特维尔京；宝特维尔京设立宝泰克集团，由宝泰克集团全资持有公司股权。②廖某、吕某、萧某未对境外红筹架构实际出资，宝泰克集团亦未支付股权转让款，2020年12月经法院调解，因宝泰克集团丧失支付股权转让款的履约能力，分别与廖某、吕某、萧某达成调解协议，宝泰克集团向廖某、吕某、萧某返还已转让的股权。

请公司补充说明以下内容。①境外红筹架构的股权结构图（穿透后公司股权的最终持有主体）。②境外红筹架构的搭建至拆除所涉税款是否均已缴纳，是否符合税收监管要求；境外红筹架构的搭建至拆除所涉外资股权变动是否履行外商投资的审批或备案手续；境外红筹架构的搭建至拆除所涉资金出入境情况，是否涉及境内主体投资或资金来源于境内，是否按规定办理返程投资等外汇审批或登记手续。③境外红筹架构穿透后公司股权的最终持有主体，相关主体的出资情况、资金来源及其合法合规性，是否涉及代持或其他利益安排。④境外红筹架构的拆除是否彻底，拆除后公司股权是否明晰，是否涉及代持或其他特殊利益安排；泰克集团与廖某、吕某、萧某的诉讼纠纷情况，包括但不限于基本案情、诉讼请求、判决结果及执行情况，目前是否存在潜在纠纷。⑤境外红筹架构拆除后公司是否仍存在萧某等境外股东，相关股东履行的外商投资、外汇登记手续情况及其合法合规性，公司业务是否涉及外商投资限制。

三、红筹回归的主要法律问题

（一）外汇合规问题

红筹回归过程中涉及的外汇问题主要包括红筹架构搭建以及后续融资、返程投资及红筹架构拆除过程中的外汇初始登记、变更登记及注销登记，可能的外汇处罚以及各环节涉及进出境资金的来源及外汇合规性。

根据37号文等的规定，境内居民自然人通过个人特殊目的公司进行返程投资应当办理外汇登记，若在未办理外汇登记的情形下存在涉嫌套汇行为和外汇出境行为，可能会对上市产生实质性障碍；在特定情形出现时，境内居民自然人还应当办理外汇变更登记及注销登记。此外，返程投资设立的外商投资企业整个存续期间内重大事项（包括外汇资金出入境事项），需要进行相应登记。

红筹企业境外融资或募集资金进行返程投资时，主要是通过向WFOE增资或提供股东贷款的方式，因此资金的入境及其结汇需要遵守相关规定，尤其是有关外汇资本金结汇规定及外债登记监管规定的相关要求。

此外，红筹架构拆除过程中需要向拟退出的境外投资人支付转让价款或回购价款，相关出境资金的来源及其支付汇出时预提扣缴事宜也需要遵守相应的监管要求。

（二）税务合规问题

红筹回归过程中涉及的税务问题集中在外商投资企业的性质变为内资或外资持股比例低于25%后，之前享受的所得税优惠的处理，以及红筹架构拆除过程中股权转让相关所得税的申报缴纳。

对于拆除红筹架构的企业，其之前作为外商投资企业享有的税收优惠，应当根据其变更之后的企业性质（外资或内资）和外资股权比例（是否低于25%）的情况分别对待。若论证外商投资企业之前享有的税收优惠不予补缴，则应有明确的依据，如外商投资企业系按照外资优惠外的其他优惠政策（如高新产业优惠、经济特区优惠）享有税收优惠或拆除红筹架构后外商投资企业的外资比例仍不低于25%，否则存在补缴税收优惠的风险。

在红筹架构的搭建和拆除过程中，涉及相关主体的股权在不同股东之间频繁变化的情况，而股权转让时转让对价的确定关乎所得税的缴纳。在确定股权转让对价时，应遵循公平交易原则，合理确定交易价格。

（三）实际控制人及管理层的稳定性问题

红筹回归过程中涉及的实际控制人、管理层事项主要是指境内拟上市主体的实际控制人及管理层在报告期内是否发生重大变更。根据《首次公开发行股票注册管理办法》要求，发行人最近三年（创业板及科创板为两年）内实际控制人没有发生变更，董事、高级管理人员没有重大变化。

因此，企业在红筹回归的过程中，应尽量保持境内拟上市主体实际控制人不变更及管理层不发生重大变化，以免对上市进程造成影响。

（四）资产、业务重组问题

一些红筹企业因涉及境外销售等业务，导致红筹架构拆除后的境内拟上市主体未拥有境外资产或业务的相关权益，存在资产、业务不完整、不独立的可能。为实现资产、业务的独立，境内上市主体一般会在上市前收购境外相关实体的股权，将其纳入上市架构，而该类收购通常属于同一控制下的合并行为。

第八节　税务合规问题

税务合规，越来越成为企业合规管理的一个重要环节。企业税务合规体系的规划，不仅是与国家税务信息化、智能化和大数据监管的接轨，而且是依法进行合规税务筹划、降低企业成本费用的战略需要，亦是企业上市首先要解决的一个重大法律问题。

一、税收优惠的合规性

1. 税收优惠的合法性

税收优惠的合法性，其基本原则是企业享受税收优惠要符合税法明确规定可以享受税收优惠的条件，即税收法定原则。企业上市过程中，需要重点关注地方政府制定的税收优惠是否符合税收法定原则以及税法是否授权地方政府就某项税收优惠作出明确的授权。

【案例】AW 公司

反馈意见：申报材料称，报告期内，发行人的主要产品之一试剂的销售收入分别为 2,529.77 万元、2,754.06 万元、3,253.90 万元，其中的软件销售收入占比分别为 91.96％、91.90％、91.77％；同时，招股说明书称，试剂为 AVE-76 系列尿液有形成分分析仪专用，主要用于仪器的日常清洗和维护。请保荐代表人说明发行人以前述数据申请软件产品增值税即征即退是否涉嫌税务违法。

2. 税收优惠的持续性

【案例】TP 公司

以下为反馈意见。

①发行人为国家级高新技术企业，拥有 5 项核心技术，均为自主研发；拥有 5 项发明专利，其中一项为"一种用于智能家居的多媒体设备"。

②发行人拥有 12 项国内商标、4 项国际商标，其中 11 项商标为受让取得，发行人多功能工业机器人 AII-B4、机器人生产线等设备成新率低于 40%。

③发行人与外销客户的合作模式主要为 ODM 模式，由公司根据客户需求自主开发、设计产品，并在生产完成后直接发运给客户，由客户的销售渠道实现终端销售。

请发行人：说明披露的核心技术、发明专利"一种用于智能家居的多媒体设备"与主营产品的相关性；说明是否存在影响发行人持续取得高新技术企业资格及相关税收优惠的不利因素。

3. 税收优惠的依赖性

企业经营对政府补贴和税收优惠具有较大依赖性，则可能直接影响企业发行上市，案例如表 17-34 所示。

表 17-34　税收优惠依赖性相关案例

公司	审核问询的主要问题	具体情况
AJ公司（被否）	发行人经营成果对税收优惠不存在严重依赖的理由及依据	2014年度、2015年度、2016年度和2017年1—6月公司享受的税收优惠金额占同期利润总额的比例分别为46.02%、142.25%、56.92%和63.33%。2015年度超过100%，主要是因为当期进行股份支付，且研发和销售费用投入加大，使得利润总额较小，占比相对较高
LYZY公司（被否）	分析政府补助和税收优惠的持续性，说明发行人是否对政府补助及税收优惠存在重大依赖	报告期发行人获得的政府补助和税收优惠占净利润的比例高，分别为436.36%、2,519.85%、433.61%和769.10%

二、依法纳税问题

（一）报告期内补税

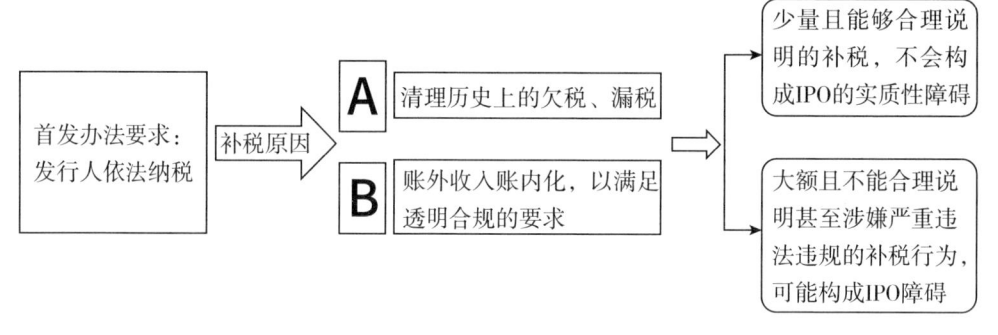

图 17-7　报告期内补税与 IPO

【案例】GH 公司

反馈意见（说明兼职讲师提成课酬的合法合规性）：录播课程的讲师课酬由固定的报酬和提成（2.5%~5%）构成，发行人以咨询服务费的形式向杨某、李某昊等兼职教师的个人独资公司发放返点课酬。

请发行人：①说明发行人与个人独资公司签订的合同具体条款是否具有商业实质；②说明发行人对咨询费的进项税已抵扣，且未按照劳务报酬所得代扣代缴个人所得税，是否涉及向税务机关补税，存在面临行政处罚等税务风险，是否已取得税务机关出具的相关证明文件，并审慎测算如补缴税款或面临处罚对发行人的业绩影响，是否存在导致发行人不再符合发行上市条件的风险；③请结合银行流水的核查数量、手段、金额等情况，说明对兼职讲师发放提成是否构成资金占用（拆借）、利益输送等情形。

（二）发行人历次股权转让、转增股本涉及个人所得税

【案例一】WL 公司

反馈意见：发行人自然人股东未就 2016 年发行人股改中资本公积金转增股本缴纳个人所得税。请发行人代表说明前述资本公积金的来源并说明前述情形是否符合相关税收法律规定。请保荐代表人发表明确核查意见。

【案例二】HHRB 公司

反馈意见：历次股权变动的合规性及价格的合理性。请公司披露历次增资及股权转让的价格及确定依据、出资（受让款）来源，同期或相近时期增资、股权转让价格存在差异的原因及合理性；说明历史股东 SCG 公司的基本情况以及 2018 年入股、2020 年退股的原因和背景，各机构股东入股以来对公司治理、生产经营等方面的具体影响；说明历次股权转让、转增股本等过程中是否存在争议或潜在纠纷，控股股东及实际控制人缴纳所得税情况及其合法合规性。

（三）虚开增值税发票问题

虚开增值税发票的法定情形包括：①为他人、为自己开具与实际经营业务情况不符的发票；②让他人为自己开具与实际经营业务情况不符的发票；③介绍他人开具与实际经营业务情况不符的发票。

《中华人民共和国发票管理办法》（2023 年）第三十五条规定，虚开发票的，由税务机关没收违法所得；虚开金额在 1 万元以下的，可以并处 5 万元以下的罚款；虚开金额超过 1 万元的，并处 5 万元以上 50 万元以下的罚款；构成犯罪的，依法追究刑事责任。

《中华人民共和国税收征收管理法》第六十三条规定，对纳税人偷税的，由税务机关追缴其不缴或者少缴的税款、滞纳金，并处不缴或者少缴的税款 50% 以上 5 倍以下的罚款；构成犯罪的，依法追究刑事责任。

《刑法》第二百零五条对虚开增值税专用发票作出规定。虚开增值税专用发票处 3 年以下有期徒刑或者拘役，并处 2 万元以上 20 万元以下罚金；虚开的税款数额较大或者有其他严重情节的，处 3 年以上 10 年以下有期徒刑，并处 5 万元以上 50 万元以下罚金；虚开的税款数额巨大或者有其他特别严重情节的，处 10 年以上有期徒刑或者无期徒刑，并处 5 万元以上 50 万元以下罚金或者没收财产。单位犯罪的，对单位判处罚金，并对其直接负责的主管人员和其他直接责任人员，处 3 年以下有期徒刑或者拘役；虚开的税款数额较大或者有其他严重情节的，处 3 年以上 10 年以下有期徒刑；虚开的税款数额巨大或者有其他特别严重

情节的，处 10 年以上有期徒刑或者无期徒刑。

【案例】YXT 公司

反馈问题（关于前期会计差错更正）：

根据回复，你公司 2021 年末对 38 名客户进行函证，其中回函不符金额 62,849,800.00 元，未回函金额 55,729,915.08 元。客户反馈不符主要是……客户已不再需要公司产品，拟与公司商谈解除销售合同。依据上述函证结果，公司认为上述收入涉及的软件转让合同款基本已无法收回，由此冲回了 2016—2020 年不符合收入准则的收入。

公司冲减已经开具发票收入涉及本部及子公司 YY 公司的 16 个客户、31 份销售合同，合同金额合计 20,512,750 元，收回现金 586,034 元，应收账款余额 19,926,716 元（其中销项税 2,504,351.17 元，不含税收入 17,422,363.91 元），合同内容均为软件转让，合同签订及交易均存在真实的交易背景，不存在虚开增值税发票等违法行为。

请你公司：

①详细列示回函不符客户及未回函客户的名称、注册资本、成立时间、参保人数、原账面记录应收账款余额及其账龄结构等，并结合以前年度确认营业收入的依据、以前年度发函回函情况说明你公司以前年度确认收入的依据是否充分，是否存在虚增营业收入的情形；

②列示冲减开票收入涉及的 16 个客户的名称、注册资本、成立时间、参保人数、合同金额及对应累计开具发票金额、冲减发票金额，并结合你公司对各合同的履约进度，说明你公司是否存在虚开增值税发票的情形。

三、税务处罚问题

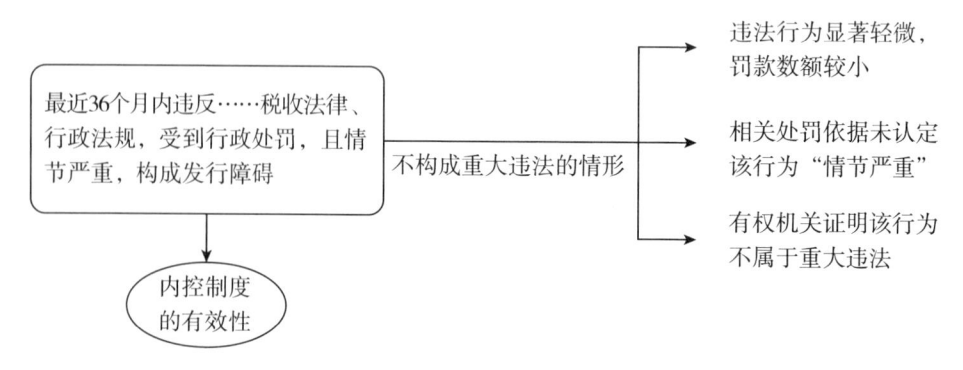

图 17-8　企业上市与税务处罚问题

【案例】HB 公司

反馈问题：根据你公司披露的《中审众环会计师事务所关于 HB 公司财务报表更正事项的专项鉴证报告》，你公司 2020 年通过股东个人卡、安装费报销形式发放管理人员、销售人员年终奖，因个人卡事项调增管理费用 728,178.16 元，调增销售费用 833,309.20 元，调增应交税费 1,099,233.55 元，调增营业外支出 169,649.15 元，调增应付职工薪酬 631,903.00 元。

请你公司：

①结合存放公司存款的所有个人账户交易情况，说明该部分账户是否为公司专用专户，公司资金和该账户其他资金是否可明确区分，是否能保证补入账金额准确、完整；

②按交易类型披露个人卡交易情况（发生年度、金额、交易对象），说明是否存在与公司客户、供应商的业务往来，是否存在为公司代垫成本费用、虚增收入或业绩、资金体外循环的情况，是否存在利益输送或其他利益安排；

③说明账外个人卡交易的涉税情况，涉税事项是否已经足额申报、缴纳，你公司是否会面临税务处罚风险；

④针对上述个人卡收支的不规范行为，是否已完成清理整改，你公司后续拟采取的整改及防范措施；

⑤说明账外个人卡交易的涉税情况，涉税事项是否已经足额申报、缴纳，你公司是否会面临税务处罚风险。

四、拟上市企业税务合规注意事项

综上所述，为避免对首发上市造成障碍，拟上市企业在税务合规方面应关注以下几点。

①拟上市企业应确保其享受的税收优惠具有法律、行政法规依据，并确保其能够持续符合税收优惠的资格条件，同时应避免经营成果对税收优惠存在严重依赖。

②拟上市企业应依法开具和使用发票，依法纳税和履行代扣代缴义务，并敦促其历次转增股本、分红、股权转让的相关方及时、足额纳税，避免报告期内因会计差错等情形产生大额补税。

③拟上市企业应及时、足额申报纳税，避免出现情节严重的税务违法行为或受到税务主管部门的重大行政处罚；受到税务主管部门行政处罚的，需通过税务主管部门出具确认文件等方式，证明该处罚不构成重大行政处罚。

第九节　商业特许经营（加盟）的合规问题

企业是否具备持续经营能力是判断企业是否能够发行上市的重要条件，发行人的经营模式如商业特许（加盟）的合规性对判断企业是否具备持续经营能力具有重要的作用。

一、商业特许经营监管法律法规

①《商业特许经营管理条例》（2007）；
②《商业特许经营备案管理办法》（2011）；
③《商业特许经营信息披露管理办法》（2012）。

二、商业特许经营需要重点关注的法律问题

（一）关于商业特许经营的登记备案

《商业特许经营管理条例》第八条规定：特许人应当自首次订立特许经营合同之日起15日内，依照条例的规定向商务主管部门备案。在省、自治区、直辖市范围内从事特许经营活动的，应当向所在地省、自治区、直辖市人民政府商务主管部门备案；跨省、自治区、直辖市范围从事特许经营活动的，应当向国务院商务主管部门备案。

商业特许经营的备案工作实行全国联网。符合《商业特许经营管理条例》规定的特许人，应当通过政府网站进行备案。

《商业特许经营备案管理办法》第六条规定，申请备案的特许人应当向备案机关提交以下材料：①商业特许经营基本情况；②中国境内全部被特许人的店铺分布情况；③特许人的市场计划书；④企业法人营业执照或其他主体资格证明；⑤与特许经营活动相关的商标权、专利权及其他经营资源的注册证书；⑥符合《商业特许经营管理条例》第七条第二款规定的证明文件；直营店位于境外的，特许人应当提供直营店营业证明（含中文翻译件），并经当地公证机构公证和中国驻当地使领馆认证；⑦与中国境内的被特许人订立的第一份特许经营合同；⑧特许经营合同样本；⑨特许经营操作手册的目录（须注明每一章节的页数和手册的总页数，对于在特许系统内部网络上提供此类手册的，须提供估计的打印页数）；⑩国家法律法规规定经批准方可开展特许经营的产品和服务，须提交相关主管部门的批准文件；⑪经法定代表人签字盖章的特许人承诺；⑫备案机关认为应当提交的其他资料。

（二）关于商业特许经营的信息披露要求

《商业特许经营信息披露管理办法》第四条规定"特许人应当按照《条例》（《商业特许经营管理条例》）的要求，在订立特许经营合同之日前至少30日，以书面形式向被特许人披露本办法第五条规定的信息"。

特许人进行信息披露应当包括以下内容。

1. 特许人及特许经营活动的基本情况

①特许人名称、通信地址、联系方式、法定代表人、总经理、注册资本额、经营范围以及现有直营店的数量、地址和联系电话；②特许人从事商业特许经营活动的概况；③特许人备案的基本情况；④由特许人的关联方向被特许人提供产品和服务的，应当披露该关联方的基本情况；⑤特许人或其关联方在过去2年内破产或申请破产情况。

2. 特许人拥有经营资源的基本情况

①注册商标、企业标志、专利、专有技术、经营模式及其他经营资源的文字说明；②经营资源的所有者是特许人关联方的，披露该关联方的基本信息、授权内容，特许人同时应当说明一旦解除与该关联公司的授权合同，如何处理该特许经营系统；③特许人（或其关联方）的注册商标、企业标志、专利、专有技术等经营资源涉及诉讼或仲裁的情况。

3. 特许经营费用的基本情况

①特许人及代第三方收取费用的种类、金额、标准和支付方式，不能披露的，应当说明原因；收费标准不统一的，应当披露最高和最低标准，并说明原因。②保证金的收取、返还条件、返还时间和返还方式。③要求被特许人在订立特许经营合同前支付费用的，应当以书面形式向被特许人说明该部分费用的用途以及退还的条件、方式。

4. 向被特许人提供产品、服务、设备的价格、条件等情况

①被特许人是否必须从特许人（或其关联公司）处购买产品、服务或设备及相关的价格、条件等；②被特许人是否必须从特许人指定（或批准）的供应商处购买产品、服务或设备；③被特许人是否可以选择其他供应商，以及供应商应具备的条件。

5. 为被特许人持续提供服务的情况

①业务培训的具体内容、提供方式和实施计划，包括培训地点、方式和时间长度；②技术支持的具体内容，说明特许经营操作手册的目录及相关页数。

6. 对被特许人的经营活动进行指导、监督的方式和内容

①特许人对被特许人的经营活动进行指导、监督的方式和内容，被特许人须

履行的义务和不履行义务的后果；②特许人对消费者投诉和赔偿是否承担连带责任，如何承担。

7. 特许经营网点投资预算情况

①投资预算可以包括下列费用：加盟费；培训费；房地产和装修费用；设备、办公用品、家具等购置费；初始库存；水、电、气费；为取得执照和其他政府批准所需的费用；启动周转资金。②上述费用的数据来源和估算依据。

8. 中国境内被特许人的有关情况

①现有和预计被特许人的数量、分布地域、授权范围、有无独家授权区域（如有，应说明预计的具体范围）的情况；②对被特许人进行经营状况评估情况，特许人披露被特许人实际或预计的平均销售量、成本、毛利、纯利的信息，同时应当说明上述信息的来源、时间长度、涉及的特许经营网点等，如果是估算信息，应当说明估算依据，并明示被特许人实际经营状况与估计可能会有不同。

9. 最近两年的经会计师事务所或审计事务所审计的特许人财务会计报告摘要和审计报告摘要

10. 特许人最近五年内与特许经营相关的重大诉讼和仲裁情况

重大诉讼和仲裁指涉及标的额 50 万元人民币以上的诉讼和仲裁。应当披露此类诉讼的基本情况、诉讼所在地和结果。

11. 特许人及其法定代表人重大违法经营记录情况

①被有关行政执法部门处以 30 万元以上罚款的；②被追究刑事责任的。

12. 特许经营合同文本

①特许经营合同样本；②如果特许人要求被特许人与特许人（或关联公司）签订其他有关特许经营的合同，应当同时提供此类合同样本。

三、商业特许经营模式下企业上市关注要点

（一）商业特许经营的合法合规性

根据企业上市审核实践，特许经营权（包括商业特许经营）的取得和使用不得对发行人的持续经营能力产生重大不利影响。

审核实践主要关注并核查拟上市企业是否按照商业特许经营的相关规定开展经营活动，查验发行人商业特许经营权的备案信息及特许经营协议、特许经营管理制度等文本，并进一步判断拟上市企业开展商业特许经营是否符合《商业特许经营管理条例》《商业特许经营备案管理办法》及《商业特许经营信息披露管理办法》等规定。另外，还须核查加盟商是否满足相关法律法规和行业规范要求的具体资质。

（二）经营模式的稳定性

当企业采用直营（自营）结合特许加盟的经营模式时，还应关注直营店和特许加盟店是否会产生利益冲突，拟上市企业单独增加直营店或单独增加特许加盟店时会不会给原有经营模式带来冲击。

拟上市企业在报告期内应避免经营模式的重大改变，以减少审核对持续盈利能力的质疑。另外，企业可通过"不同区域差别化经营"的方式减少直营店和加盟店之间的利益冲突，并通过特许经营协议和加盟商管理制度来控制异地扩张的经营风险，加强稳定性。

（三）品牌管理风险

企业虽通过特许经营的方式实现商业模式的复制和低成本扩张，但不能保证独立经营的加盟商所提供的产品和服务与企业保持一致，从而可能致使企业品牌形象受损，所以采用特许经营模式的拟上市企业应当在招股说明书中提示和说明品牌管理的风险，并通过完善加盟管理体系或履约保证金、奖惩淘汰制度、内部控制制度等措施加强品牌管理。

（四）关联加盟商问题

对于存在关联加盟商的拟上市企业，审核主要关注该类加盟商的收入占比情况，毛利率是否与非关联加盟商基本一致，关联交易价格公允性、程序完备性，减少关联交易的措施等，从而进一步判断关联加盟对公司独立性的影响。拟上市企业应在报告期内尽量避免或减少关联加盟的产生，降低关联加盟商的收入占比，通过增加非关联加盟门店、建立关联交易制度等方式弱化不利影响。

【案例】THX 公司

以下为反馈问题。

①报告期各期发行人主营业务收入分别为 23,477.27 万元、30,914.48 万元和 37,108.94 万元，扣非后归母净利润分别为 916.98 万元、1,658.88 万元、3,063.17 万元，发行人产品包括蚕丝被、床品套件、丝绸饰品、丝绸服饰四大产品系列，2021 年蚕丝被、床品套件收入占比为 85.86%。

②发行人的销售模式包括线上、线下两种，2021 年线下销售收入占比 50.32%、线上销售收入占比 49.86%。线下营销主要是通过直营专卖店、直营商场专柜、经销商、企业客户集采等渠道。线上销售有线上自营店铺、平台入仓和直发模式三种模式，主要是通过天猫、京东、唯品会、亚马逊等电子商务平台宣传推广并销售。

③和经销商的关联关系及经销收入的真实性。根据申请文件，发行人目前拥有经销商 10 家，报告期各期经销商渠道销售收入分别为 1,241.49 万元、1,109.67

万元和 734.51 万元，呈逐年下降趋势，主要原因是，2020 年发行人原经销商 THX 家居（员工谷某持有 100% 的股权）由于经营未达预期，其股东谷某于 2020 年 11 月将 THX 家居注销，不再与公司合作。

请发行人说明以下内容。

①发行人与 THX 家居的合作模式，THX 家居使用发行人"THX"商号的原因，是否取得发行人授权，是否存在纠纷或潜在纠纷，THX 家居是否实质为发行人加盟店，是否专门或主要销售发行人产品；发行人及其实际控制人、董监高与 THX 家居及其实际控制人、董监高是否存在关联关系，是否存在股权代持、利益输送情形。

②发行人对经销商的管理模式，经销商的退换货政策以及各期退换货情况，经销商的期末库存情况、终端销售情况等，是否存在向经销商压货的情形。

以下为发行人回复的内容。

THX 家居为公司的经销商，非发行人加盟店。THX 家居主要销售 THX 产品，使用"THX"商号已经过发行人授权，发行人为鼓励经销商开拓销售市场，打造"THX"品牌，允许经销商在合作期内使用"THX"商号。现 THX 家居已注销，其存续期间及之后与发行人均不存在纠纷或潜在纠纷。

中介机构核查了 THX 家居、谷某个人银行流水，THX 家居与发行人因开展业务往来发生相应的货款资金往来，谷某在发行人任职期间存在从公司领取薪酬的情形。除此之外，发行人及其实际控制人、董监高与 THX 家居及其董监高不存在关联关系、其他业务往来，也不存在股权代持、利益输送情形。

第十节　客户、供应商入股问题

基于维护上下游客户、供应商供应链体系，越来越多的拟上市企业选择与客户、供应商达成战略性合作，并同意客户、供应商入股拟上市企业，形成稳固的合作关系。客户、供应商入股拟上市公司只要存在合理的商业目的并不会构成上市的障碍，但是会成为上市审核的关注点。

客户、供应商入股后，基于股权投资关系将原本市场化的销售和采购关联化，此种情形的销售和采购形成关联交易，基于现代公司治理的架构，关联交易达到一定比例需要履行相应的决议程序和披露程序。

客户、供应商入股后，基于股权投资关系而形成的关联交易比例影响公司独立面向市场的能力，关联交易超过 30%，一般会形成对关联方的重大依赖。

客户、供应商入股后，公司有可能存在股东利用关联关系进行利益输送的情形,需要对关联交易的合理性、关联交易价格的公允性、是否利用关联交易调节短期业绩作出符合商业逻辑的说明。

综上所述,一般地,拟上市企业为了稳固供应链关系和客户关系,同意客户、供应商入股存在一定的商业合理性,为了解决拟上市企业在审核中存在的上述问题,建议单一客户、供应商入股比例一般不超过 5%,关联交易总体控制在 30% 以下。

一、客户、供应商入股的案例

根据申请材料,在发行人历次增资过程中,存在发行人客户的股东、员工入股发行人的情形。入股人员包括 LT 电力股东、XS 煤电员工、JN 电力员工、SN 电力股东、YT 电气股东、DM 电力股东、ZH 电子股东、CH 电力股东、JS 变压器股东等。2020 年,发行人与前述相关客户的交易金额合计 3,316.20 万元。此外,YT 电气既是发行人客户又是发行人供应商,LT 电力为发行人 2018 年和 2019 年的前五大客户之一。

请发行人说明历次涉及客户的股东、员工入股的增资和股权转让的原因、定价依据及商业逻辑,相应款项是否实际支付,出资额是否为自有资金,发行人及实际控制人是否提供了财务资助,是否存在特殊投资条款或特殊利益安排,是否存在纠纷或潜在纠纷,是否合法合规。

二、客户、供应商入股的审核关注要点

1. 客户、供应商入股的合理性

客户、供应商入股应当具有合理的商业逻辑,该商业逻辑可能是基于双方已合作多年,出于公司发展战略考虑,客户、供应商入股以分享发行人的成长收益,更好地维持长期合作;或者是市场集中度较高,客户、供应商入股系历史原因形成且符合行业特点。

此外,客户、供应商入股的价格应当公允,如果入股的价格较低,可能会存在通过降低入股价格来获取订单或其他利益输送的嫌疑。

进行合理性的说明,最终目的是打消审核机构对粉饰业绩、操纵利润、业务依赖、持股换订单等因素的疑虑。

2. 客户、供应商持股比例的高低、对公司生产经营的影响力大小

客户、供应商直接或间接持股比例在 5% 以上的,应作为关联方披露,相关交易应认定为关联交易,须履行关联交易的相关审议程序。并且,持股比例越高,越容易引起关注,发行人及相关中介机构应作更详尽的核查和披露。

客户、供应商直接或间接持股比例低于 5% 的，一般而言，对发行人生产经营难以产生重大影响。入股比例越低，对发行人的生产经营和独立性的影响越小。当然，如果入股的客户或供应商是发行人的主要或新增重要客户、供应商，且交易占比较大，即便入股比例较低，审慎起见，也应依照实质重于形式原则，比照关联方及关联交易进行披露。

此外，在治理结构上，发行人尽量不与入股的客户、供应商存在"特殊事项否决权"、派驻董事或高管等特殊权利的约定，以避免审核部门考虑入股客户、供应商对发行人的经营决策有重大影响力。

3. 发行人与入股客户、供应商交易的公允性、稳定性和可控性

①在交易价格方面。关注入股前后发行人与入股客户、供应商的交易价格是否发生重大变化，与入股客户、供应商的交易价格是否与其他客户、供应商的交易价格存在重大差异。

②在业务稳定性方面。对于相同或相似产品，发行人和入股客户、供应商之间交易的毛利率与发行人和其他客户、供应商之间交易的毛利率是否存在差异；在入股前后，发行人与入股客户、供应商的业务合作是否发生重大变化，金额、占比是否稳定，交易的其他条款（比如信用政策）是否发生变化，是否存在放宽账期以获取大量订单的情形。

③在业务可控性方面。如发行人与入股客户、供应商历史上已存在且保持长期采购、供货关系，未来的合作系可预期的维持或增长，不属于为了利益输送而进行的短期往来，则更有说服力；同时关注在入股前后，发行人是否有合适的替代客户或供应商，是否对入股的客户、供应商存在重大依赖。如果目前发行人与入股客户、供应商的交易占比较高，未来的交易应当逐渐降低至合理范围，以打消审核部门对于业务依赖的疑虑。

4. 发行人的内控制度是否健全

这关注的主要是，发行人是否具有完整、独立的采购、生产、销售模式，对供应商的选择是否有统一严格的标准和流程，对客户的开拓和维护是否有统一的标准和成本控制机制；发行人是否已建立和完善关联交易的审批权限和交易流程等制度，独立董事是否对重大关联交易发表了独立意见。